成都统计年鉴

CHENGDU STATISTICAL YEARBOOK

2018

成 都 市 统 计 局
国家统计局成都调查队 编

STATISTIC BUREAU OF CHENGDU
NBS SURVEY OFFICE IN CHENGDU

中国统计出版社
China Statistics Press

图书在版编目（CIP）数据

成都统计年鉴. 2018 / 成都市统计局, 国家统计局成都调查队编. -- 北京 : 中国统计出版社, 2018.9
ISBN 978-7-5037-8613-6
I. ①成… II. ①成… ②成… ③国… III. ①统计资料 - 成都 - 2018 - 年鉴
IV. ①C832.711-54
中国版本图书馆CIP数据核字(2018)第185557号

成都统计年鉴—2018

作　　者 / 成都市统计局　国家统计局成都调查队
责任编辑 / 陈越月　王建生
装帧设计 / 高　艳
出版发行 / 中国统计出版社
地　　址 / 北京市丰台区三环南路甲6号
邮政编码 / 100073
电　　话 / 邮购(010)63376909　书店(010)68783171
网　　址/ http://csp.stats.gov.cn
印　　刷 / 成都市人民政府机关文印中心
经　　销 / 新华书店
开　　本 / 890mm×1240mm　1/16
字　　数 / 526 千字
印　　张 / 23.25
版　　别 / 2018年9月第1版
版　　次 / 2018年9月第1次印刷
定　　价 / 300元

如有印装错误，由成都市统计局负责调换。

《成都统计年鉴—2018》编辑委员会

《成都统计年鉴—2018》编辑部

编者说明

一、《成都统计年鉴—2018》是一部全面反映成都市社会经济发展情况的综合性统计资料年刊，本书收录了成都市及区（市）县2017年社会、经济等方面大量的统计数据，以及建国以来，特别是改革开放以来重要年份全市及各区（市）县的主要统计数据。

二、本年鉴共分十六个部分：1、综合部分，包括行政区划及社会经济发展的主要指标；2、国民经济核算;3、人口及劳动力；4、固定资产投资、建筑业；5、能源购进、消费与库存；6、财政、金融和保险；7、人民生活、物价；8、城市公用事业；9、农业；10、工业；11、运输、邮电；12、国内贸易、外经、旅游；13、科技、教育和文化；14、体育、卫生、福利及其他；15、区（市）县；附录：全国重点城市主要指标。

三、根据最新掌握的统计资料以及国家新的统计制度规定，本年鉴对部分历史数据进行了重新核实调整，因此，读者在使用历史资料时，凡与本年鉴数据有出入的，均以本年鉴为准。

四、本年鉴中所使用的度量衡单位均采用国际标准计量单位。

五、本年鉴中统计数据的统计口径及资料来源在各部分都作了较为详细的说明。

六、本年鉴中部分数据合计数或相对数由于单位取舍不同而产生的计算误差均未作机械调整。

七、本年鉴的符号说明："..."表示数据不足本表最小单位数；"空格"表示该统计数据不详或无该项统计数据；"#"表示其中项；"①"表示表下方的第一项注解；"—"表示无该项统计指标。

目　录

CONTENTS

一、综　合

Chapter　1　General Survey

二、国民经济核算

Chapter　2　National Accounts

三、人口及劳动力

Chapter 3 Population and Labor Force

四、固定资产投资、建筑业
Chapter 4　Investment in Fixed Assets and Construction

五、能源购进、消费与库存

Chapter 5 Energy Purchasing, Consumption and Inventory

六、财政、金融和保险
Chapter 6 Government Finance, Banking and Insurance

七、人民生活、物价
Chapter 7 People's Livelihood, Price Indices

八、城市公用事业

Chapter 8 Urban Public Utilities

九、农　业
Chapter　9　Agriculture

十、工　业
Chapter　10　Industry

十一、运输、邮电

Chapter 11 Transportstion, Postal and Telecommunications Services

十二、国内贸易、外经、旅游
Chapter 12 Domestic Trade, Foreign Trade and Economic Cooperation, Tourism

十三、科技、教育和文化

Chapter 13 Science, Education and Culture

十四、体育、卫生、福利及其他

Chapter 14 Sports, Public Health, Social Welfare and Others

十五、区(市)县
Chapter 15 Distrcts, Cities at Country Level and Counties

一　综　合

简 要 说 明

主要内容

本部分包括成都的行政区划、国民经济和社会发展综合指标，成都与全国、全省对比情况等内容。

资料来源

气象资料来源于成都市气象局。

行政区域、街道、乡(镇)名录来源于成都市民政局。

其他资料主要依据成都市统计局综合统计年报和各专业统计年报及其相关部门的资料整理而得。

其他需要说明的问题

地区生产总值、工业总产值、农业总产值总量与结构指标按当年价格计算，速度指标均按可比价格计算。

1－1 成都市气象情况(2017年)

Meteorological Phenomenon in Chengdu(2017)

	平均气温（摄氏度）	日照时数（小时）	雾　日（天）	降雨日数（天）	降雨量（毫米）	平均风速（米/秒）
全　年	**16.6**	**1156.7**	**60**	**186**	**966.9**	**1.3**
一　月	7.3	51.7	10	8	4.3	1.2
二　月	8.2	37.7	6	14	20.5	1.2
三　月	11.1	57.5	5	19	34.3	1.4
四　月	17.2	115.5	6	17	58	1.4
五　月	21.5	155.1		13	33.7	1.6
六　月	23.4	94.7	3	17	72.3	1.3
七　月	26.7	230.3	1	21	383.3	1.4
八　月	25.9	129.2		19	249	1.5
九　月	22.3	66.3	1	21	38.7	1.2
十　月	16.5	29.8	5	24	61.6	1.3
十一月	12.4	72.4	12	8	10.8	1.2
十二月	6.5	116.5	11	5	1.5	1.1

1－2　成都市行政区划(2017年末)

Division of Administrative Areas in Chengdu (End of 2017)

单位:个

	乡政府	镇政府	街　道 办事处	社　区 居委会	村　民 委员会
全　　市	**52**	**206**	**117**	**1685**	**2658**
锦 江 区			16	89	
青 羊 区			14	79	
金 牛 区			15	110	
武 侯 区			17	127	
成 华 区			14	110	2
龙泉驿区	1	7	4	82	76
青白江区	1	8	2	32	92
新 都 区		10	3	128	127
温 江 区		6	4	81	35
双 流 区		18	8	180	116
郫 都 区		13	3	71	129
金 堂 县	2	18	1	68	164
大 邑 县	3	16	1	76	142
蒲 江 县	4	7	1	30	104
新 津 县	1	10	1	42	64
简 阳 市	29	25	4	71	781
都江堰市	1	13	5	69	187
彭 州 市		19	1	104	251
邛 崃 市	4	18	2	71	200
崇 州 市	6	18	1	65	188

注:本表中武侯区包含成都高新南区资料,双流区包含成都天府新区资料,郫都区包含成都高新西区资料,简阳市包含成都高新东区12乡镇资料。

1-3 成都市街道、乡(镇)名录

Name List of Street, Township and Villages in Chengdu

区(市)县	政府驻地	街道、乡(镇)
锦江区	书院街街办	街道:莲新 沙河 东光 柳江 三圣 督院街 盐市口 春熙路 书院街 合江亭 水井坊 牛市口 龙舟路 双桂路 狮子山 成龙路
青羊区	新华西路街办	街道:少城 府南 草堂 光华 金沙 东坡 苏坡 文家 太升路 草市街 西御河 汪家拐 黄田坝 新华西路
金牛区	抚琴街办	街道:黄忠 抚琴 西华 金泉 茶店子 营门口 九里堤 五块石 荷花池 驷马桥 西安路 天回镇 沙河源 凤凰山 人民北路
武侯区	浆洗街街办	街道:双楠 玉林 晋阳 簇桥 簇锦 华兴 望江路 跳伞塔 浆洗街 红牌楼 机投桥 金花桥 火车南站 芳草 石羊 桂溪 肖家河
成华区	猛追湾街办	街道:保和 圣灯 青龙 龙潭 猛追湾 双桥子 白莲池 建设路 府青路 桃蹊路 跳蹬河 万年场 二仙桥 双水碾
龙泉驿区	龙泉街办	街道:龙泉 大面 十陵 同安 镇:柏合 洛带 西河 洪安 黄土 茶店 山泉 乡:万兴
青白江区	红阳街办	街道:红阳 大弯 镇:弥牟 城厢 清泉 大同 祥福 姚渡 龙王 福洪 乡:人和
新都区	新都街办	街道:大丰 三河 新都 镇:新繁 清流 龙桥 新民 木兰 泰兴 马家 军屯 斑竹园 石板滩
温江区	柳城街办	街道:柳城 天府 涌泉 公平 镇:万春 金马 永宁 寿安 和盛 永盛
双流区	东升街办	街道:东升 华阳 西航港 九江 黄甲 公兴 协和 中和 镇:彭镇 煎茶 金桥 黄水 正兴 万安 新兴 永安 胜利 太平 合江 永兴 白沙 三星 兴隆 大林 籍田 黄龙溪
郫都区	郫筒街办	街道:郫筒 合作 西园 镇:犀浦 红光 团结 唐昌 古城 友爱 安德 唐元 德源 安靖 花园 三道堰 新民场
金堂县	赵镇街办	街道:赵镇 镇:淮口 五凤 竹篙 高板 三星 隆盛 清江 官仓 白果 福兴 赵家 金龙 又新 云合 广兴 土桥 转龙 三溪 乡:栖贤 平桥
大邑县	晋原街办	街道:晋原 镇:安仁 王泗 苏家 上安 董场 韩场 新场 三岔 悦来 斜源 出江 西岭 沙渠 蔡场 青霞 花水湾 乡:金星 鹤鸣 雾山
蒲江县	鹤山街办	街道:鹤山 镇:寿安 西来 成佳 大兴 大塘 甘溪 朝阳湖 乡:复兴 长秋 光明 白云
新津县	五津街办	街道:五津 镇:花桥 花源 普兴 金华 安西 新平 兴义 方兴 永商 邓双 乡:文井
简阳市	射洪坝街办	街道:简城 射洪坝 十里坝 杨柳 镇:石桥 新市 石盘 东溪 石钟 平泉 施家 禾丰 三合 平武 云龙 涌泉 金马 三星 踏水 青龙 养马 贾家 芦葭 三岔 草池 镇金 江源 石板凳 太平桥 乡:平窝 壮溪 五星 飞龙 安乐 普安 平息 五合 新星 同合 宏缘 灵仙 周家 永宁 五指 武庙 高明 坛罐 海螺 玉成 丹景 新民 望水 福田 清风 老龙 雷家 老君井 董家埂
都江堰市	灌口街办	街道:灌口 幸福 银杏 永丰 奎光 镇:蒲阳 崇义 胥家 柳街 石羊 安龙 大观 龙池 聚源 中兴 天马 玉堂 青城山 乡:向峨
彭州市	天彭街办	街道:天彭 镇:致和 濛阳 丽春 通济 新兴 白鹿 九尺 桂花 敖平 军乐 红岩 隆丰 升平 三界 磁峰 丹景山 龙门山 葛仙山 小鱼洞
邛崃市	临邛街办	街道:临邛 文君 镇:羊安 平乐 冉义 牟礼 回龙 固驿 高埂 前进 桑园 宝林 高何 水口 火井 夹关 临济 卧龙 天台山 南宝山 乡:茶园 大同 道佐 孔明
崇州市	崇阳街办	街道:崇阳 镇:怀远 羊马 街子 三江 王场 道明 三郎 元通 隆兴 江源 白头 廖家 文井江 观胜 大划 梓潼 桤泉 崇平 乡:燎原 锦江 公议 济协 集贤 鸡冠山

注:本表中武侯区包含成都高新南区资料,双流区包含成都天府新区资料,郫都区包含成都高新西区资料,简阳市包含成都高新东区12乡镇资料。

1－4 国民经济和社会发

Principal Aggregate Indicators on National Economic

	单 位	1978 年	1980 年	1990 年	2000 年
一、人口与就业					
人　口					
年末户籍总人口	万人	806.06	822.54	919.50	1013.35
#市区人口	万人	228.80	238.31	280.81	335.86
#城镇人口	万人	179.46	192.04	250.99	345.90
就　业					
从业人员数	万人	372.30	393.12	562.67	574.13
#在岗职工人数	万人	109.99	115.90	152.71	124.53
#乡村劳动力	万人	262.11	276.57	382.33	387.92
二、宏观经济					
国民核算					
地区生产总值	亿元	35.94	46.30	194.09	1156.79
第一产业	亿元	11.44	12.60	40.57	116.37
第二产业	亿元	16.97	22.98	77.07	422.13
工　业	亿元	16.35	21.60	67.92	328.72
建筑业	亿元	0.62	1.38	9.15	93.41
第三产业	亿元	7.53	10.72	76.45	618.29
#交通运输、仓储和邮政业	亿元	1.53	2.00	12.21	71.22
批发和零售业	亿元	1.96	2.83	16.59	121.01
住宿和餐饮业	亿元	0.55	0.82	5.76	52.72
金 融 业	亿元	0.56	0.81	7.15	65.71
房地产业	亿元	0.18	0.30	3.57	51.54

注:2003 年以后市区人口含新都区、温江区,2015 年市区人口含双流区,2016 年市区人口含郫都区,下同。

展总量与速度指标

and Social Development and Their Related Indices Growth Rates

2016 年	2017 年	2017 年为下列年度(%)				
		1978 年	1980 年	1990 年	2000 年	2016 年
1398.93	1435.33	178.1	174.5	156.1	141.6	102.6
773.85	811.56	3.5 倍	3.4 倍	2.9 倍	2.4 倍	104.9
784.60	623.77	3.5 倍	3.2 倍	2.5 倍	180.3	79.5
894.38	912.92	2.5 倍	2.3 倍	162.2	159.0	102.1
222.89	229.43	2.1 倍	198.0	150.2	184.2	102.9
327.16	319.37	121.8	115.5	83.5	82.3	97.6
12170.23	13889.39	72.1 倍	57.1 倍	23.7 倍	7.2 倍	108.1
474.94	500.87	5.3 倍	4.9 倍	3.0 倍	2.1 倍	103.9
5201.99	5998.19	127.0 倍	94.5 倍	36.1 倍	10.0 倍	107.5
4478.56	5217.18	132.7 倍	101.3 倍	39.6 倍	11.5 倍	108.4
782.24	849.51	203.1 倍	92.8 倍	25.6 倍	5.3 倍	102.1
6493.3	7390.34	100.3 倍	72.5 倍	25.1 倍	6.3 倍	108.9
530.01	587.47	37.7 倍	32.4 倍	13.2 倍	4.8 倍	109.6
843.01	901.86	60.8 倍	43.4 倍	18.3 倍	4.9 倍	106.4
403.87	438.02	95.2 倍	66.1 倍	23.2 倍	5.0 倍	107.0
1415.6	1604.33	220.1 倍	157.2 倍	43.9 倍	9.3 倍	108.4
710.73	740.92	327.7 倍	207.4 倍	42.6 倍	6.1 倍	101.3

1-4 续表1

	单　位	1978年	1980年	1990年	2000年
农　业					
农林牧渔业从业人员	万人	241.36	258.45	305.13	244.09
农林牧渔业总产值	亿元	15.71	17.15	60.19	197.74
主要农产品、畜产品产量					
粮　食	万吨	294.85	305.14	381.70	363.71
油菜籽	万吨	10.82	13.70	19.85	18.59
蔬　菜	万吨	87.61	75.09	222.80	409.82
水　果	万吨	2.66	4.21	11.17	52.40
肉　类	万吨	14.16	18.60	38.53	68.62
#猪　肉	万吨	12.95	17.14	33.79	46.52
牛　奶	万吨	1.17	1.30	3.17	4.98
禽　蛋	万吨	1.77	1.87	5.97	14.64
水产品	万吨	0.23	0.27	2.39	4.96
工　业					
主要工业产品产量					
钢　材	万吨	35.55	40.86	86.32	126.21
发电量	亿千瓦小时	10.36	7.06	23.60	53.13
水　泥	万吨	25.37	37.46	112.87	324.00
化学药品原药	吨	544	447	1344	3109
合成氨	万吨	61.44	61.99	55.58	74.40
汽　车	辆	641	966	5230	20124
卷　烟	亿支	11.19	12.60	22.01	51.10

注:2003年以前(含2003年)卷烟单位为万箱。

2016年	2017年	2017年为下列年度(%)				
		1978年	1980年	1990年	2000年	2016年
152.60	150.21	62.2	58.1	49.2	61.5	98.4
841.25	878.88	55.9倍	51.2倍	14.6倍	4.4倍	104.5
290.44	273.09	92.6	89.5	71.5	75.1	94.0
29.87	31.36	2.9倍	2.3倍	158.0	168.7	105.0
637.36	635.79	7.3倍	8.5倍	2.9倍	155.1	99.8
150.43	157.95	59.4倍	37.5倍	14.1倍	3.0倍	105.0
78.35	73.64	5.2倍	4.0倍	191.1	107.3	94.0
57.14	53.87	4.2倍	3.1倍	159.4	115.8	94.3
10.45	8.63	7.4倍	6.6倍	2.7倍	173.3	82.6
19.96	18.78	10.6倍	10.0倍	3.1倍	128.3	94.1
14.62	16.12	70.1倍	59.7倍	6.7倍	3.2倍	110.3
763.16	337.80	9.5倍	8.3倍	3.9倍	2.7倍	44.3
116.84	117.67	11.4倍	16.7倍	5.0倍	2.2倍	100.7
1712.39	1658.35	65.4倍	44.3倍	14.7倍	5.1倍	96.8
168847	150818	277.2倍	337.4倍	112.2倍	48.5倍	89.3
19.76	18.43	30.0	29.7	33.2	24.8	93.2
1153802	1329927	2074.8倍	1376.7倍	254.3倍	66.1倍	115.3
668.16	734.10	65.6倍	58.3倍	33.4倍	14.4倍	109.9

1－4　续表2

	单　位	1978 年	1980 年	1990 年	2000 年
固定资产投资					
全社会固定资产投资总额	亿元	2.94	5.57	40.12	475.90
#国有单位投资	亿元	2.83	5.20	28.20	227.86
#市及市以下投资	亿元	0.98	2.48	28.92	370.79
#更新改造投资	亿元		0.53	11.77	48.95
房地产投资	亿元			2.99	129.16
运输业					
货物运输量	万吨	2874	4295	10139	21489
货物周转量	亿吨公里	81.29	86.68	147.83	362.65
旅客运输量	万人	2635	4586	12894	46459
客运周转量	亿人公里	27.16	38.43	98.42	288.95
邮电通信业					
邮电业务总量	亿元	0.28	0.31	1.55	71.64
移动电话用户	万户				99.10
国内贸易与旅游					
社会消费品零售总额	亿元	13.81	20.51	85.69	554.21
旅游总收入	亿元				131.10
#创汇收入	万美元				8108

注:①从 2003 年起运输量只包括营运性运输,且从 2004 年后成都铁路局数据为西南三省合并后数据,2011 年为成都铁路加成都地铁数

2016 年	2017 年	2017 年为下列年度(%)				
		1978 年	1980 年	1990 年	2000 年	2016 年
8370. 50	9404. 24	3198. 7 倍	1688. 4 倍	234. 4 倍	19. 8 倍	112. 3
2124. 60	2573. 24	909. 3 倍	494. 8 倍	91. 2 倍	11. 3 倍	121. 1
7721. 31	8546. 68	8721. 1 倍	3446. 2 倍	295. 5 倍	23. 0 倍	110. 7
1955. 98	2780. 94		5247. 0 倍	236. 3 倍	56. 8 倍	142. 2
2638. 89	2487. 88			832. 1 倍	19. 3 倍	94. 3
26351	27121	9. 4 倍	6. 3 倍	2. 7 倍	126. 2	102. 9
334. 24	356. 02	4. 4 倍	4. 1 倍	2. 4 倍	98. 2	106. 5
79360	99361	37. 7 倍	21. 7 倍	7. 7 倍	2. 1 倍	125. 2
989. 71	1056. 90	38. 9 倍	27. 5 倍	10. 7 倍	3. 7 倍	106. 8
498. 2	451. 7	1613. 2 倍	1457. 1 倍	291. 4 倍	6. 3 倍	90. 7
2406. 7	2672. 8					111. 1
5742. 37	6403. 53	463. 7 倍	312. 2 倍	74. 7 倍	11. 6 倍	111. 5
2502	3033				23. 1 倍	121. 2
124193	130656				16. 1 倍	105. 2

据;②从 2011 年起,电信数据按国家新政策进行调整,故与往年不可比。

1－4 续表3

	单　位	1978年	1980年	1990年	2000年
物价指数(上年＝100)					
居民消费价格指数		101.1	106.6	103.5	100.2
#食 品 类		101.1	110.6	102.5	96.3
服务项目类		100.9	100.7	108.5	115.1
商品零售价格指数		101.1	107.1	102.9	98.2
对外贸易					
进出口总额(海关口径)	亿美元				14.81
#出　　口	亿美元				8.18
财政与金融					
财政收入	亿元	7.39	7.57	20.40	118.61
#一般公共预算收入	亿元				54.73
财政支出	亿元	2.96	3.34	11.92	82.94
国家银行存款余额	亿元	23.80	24.88	129.65	1298.25
国家银行贷款余额	亿元	22.53	26.96	137.66	1074.78
住户存款	亿元	2.40	4.28	79.15	831.00
三、教育文化					
教　　育					
专任教师数					
普通高等学校	万人	0.69	0.74	1.07	1.12
中等职业技术学校	万人	0.22	0.26	0.33	0.32
普通中学	万人	2.74	2.56	2.49	3.07
小　　学	万人	4.10	4.26	4.05	3.76

注:①从1999年起金融数据含省级在蓉机构数据;②2004年起中等专业学校数据含职业高中数,下同。

2016 年	2017 年	2017 年为下列年度(%)				
		1978 年	1980 年	1990 年	2000 年	2016 年
102. 2	102. 0					
104. 0	99. 4					
103. 0	105. 4					
100. 8	99. 4					
409. 85	583. 00				39. 4 倍	142. 2
219. 4	305. 6				26. 8 倍	139. 3
3344. 55	4222. 23	571. 3 倍	557. 8 倍	207. 0 倍	35. 6 倍	126. 2
1175. 41	1275. 53				23. 3 倍	108. 5
2429. 52	2995. 40	1012. 0 倍	896. 8 倍	251. 3 倍	36. 1 倍	123. 3
13513. 14	15222. 00	639. 8 倍	611. 8 倍	117. 4 倍	11. 7 倍	112. 6
9673. 89	10802. 92	479. 5 倍	400. 7 倍	78. 5 倍	10. 1 倍	111. 7
10807. 56	11970. 84	4987. 9 倍	2796. 9 倍	151. 2 倍	14. 4 倍	110. 8
4. 95	4. 84	7. 0 倍	6. 5 倍	4. 5 倍	4. 3 倍	97. 8
0. 98	0. 96	4. 4 倍	3. 7 倍	2. 9 倍	3. 0 倍	98. 0
5. 02	5. 11	186. 5	2. 0 倍	2. 1 倍	166. 4	101. 8
4. 67	5. 11	124. 6	120. 0	126. 2	135. 9	109. 4

1－4 续表4

	单　位	1978 年	1980 年	1990 年	2000 年
在校学生数					
普通高等学校	万人	1.96	2.88	5.69	14.07
中等职业技术学校	万人	1.50	1.73	2.80	6.50
普通中学	万人	57.40	43.82	34.70	48.25
小　　学	万人	120.25	123.44	67.07	77.16
文　　化					
公共图书馆					
图　书　馆	个			16	17
阅览室席数	个			2375	2200
总　藏　量	万册(件)			643	746
广播节目制作时间	小时			6200	42280
电视节目制作时间	小时			1183	12826
四、人民生活及其他					
家　　庭					
年末户籍总户数	万户	185.56	192.24	262.61	317.2
城镇居民平均每户家庭人口	人	4.19	3.84	3.15	2.88
农村居民平均每户家庭人口	人	5.55	5.17	4.20	3.60
城乡居民最低生活保障人数	人				47962
#城　　镇	人				27487
交通事故伤亡人数	人				5582
婚　　姻					
结 婚 数	万对			9.64	7.23
离 婚 数	万对			1.55	2.01

注:广播、电视节目制作时间1990年及以前年份未含区(市)县级广播、电视节目制作时间。

2016 年	2017 年	2017 年为下列年度(%)				
		1978 年	1980 年	1990 年	2000 年	2016 年
79. 16	81. 74	41. 7 倍	28. 4 倍	14. 4 倍	5. 8 倍	103. 3
24. 00	21. 90	14. 6 倍	12. 7 倍	7. 8 倍	3. 4 倍	91. 3
58. 62	58. 43	101. 8	133. 3	168. 4	121. 1	99. 7
90. 42	94. 18	78. 3	76. 3	140. 4	122. 1	104. 2
22	22			137. 5	129. 4	100. 0
10259	10611			4. 5 倍	4. 8 倍	103. 4
1709	1998			3. 1 倍	2. 7 倍	116. 9
102655	117510			19. 0 倍	2. 8 倍	114. 5
52842	65610			55. 5 倍	5. 1 倍	124. 2
536. 86	550. 65	3. 0 倍	2. 9 倍	2. 1 倍	173. 6	102. 6
2. 98	2. 97	70. 9	77. 3	94. 3	103. 1	99. 7
3. 31	3. 32	59. 8	64. 2	79. 0	92. 2	100. 3
147914	134246				2. 8 倍	90. 8
33525	28474				103. 6	84. 9
2213	2037				36. 5	92. 0
13. 18	13. 11			136. 0	181. 3	99. 5
7. 34	8. 22			5. 3 倍	4. 1 倍	112. 0

1-4 续表5

	单 位	1978年	1980年	1990年	2000年
居 住					
人均住宅建筑面积	平方米				
农村居民人均住房面积	平方米	9.6	10.0	20.6	34.9
居民收支					
城镇居民人均可支配收入	元	340	395	1755	7649
城镇居民人均消费性支出	元	328	391	1681	6423
农村居民人均可支配收入	元	140	223	773	2926
农村居民人均生活消费支出	元	117	186	693	2201
卫 生					
医院、卫生院数	个	556	556	516	568
执业(助理)医师数	万人		1.43	2.32	2.62
医院、卫生院床位数	万张		2.17	3.04	3.41
市政建设					
全市用电量	亿千瓦小时	19.70	23.68	35.61	82.10
自来水供应量	亿吨	0.82	0.97	4.10	4.68
天然气供气量	亿立方米	4.42	4.56	10.40	15.18
年末公共营运汽车	辆				
年末出租汽车	辆				
铺装道路长度	公里	319	324	423	1058
绿地面积	公顷	160	277	1896	4013

注:①城镇居民人均可支配收入1990年前为生活费收入;②2017年人均住宅建筑面积按全市年末城镇常住人口计算,2016年作同口径

2016 年	2017 年	2017 年为下列年度(%)				
		1978 年	1980 年	1990 年	2000 年	2016 年
42.38	43.45					102.5
55.02	52.26	5.4 倍	5.2 倍	2.5 倍	149.7	95.0
35902	38918	114.5 倍	98.5 倍	22.2 倍	5.1 倍	108.4
23514	25314	77.2 倍	64.7 倍	15.1 倍	3.9 倍	107.7
18605	20298	145.0 倍	91.0 倍	26.3 倍	6.9 倍	109.1
13428	14616	124.9 倍	78.6 倍	21.1 倍	6.6 倍	108.8
866	888	159.7	159.7	172.1	156.3	102.5
5.47	5.82		4.1 倍	2.5 倍	2.2 倍	106.4
12.14	12.75		5.9 倍	4.2 倍	3.7 倍	105.0
556.28	569.92	28.9 倍	24.1 倍	16.0 倍	6.9 倍	102.5
11.18	11.1	13.5 倍	11.4 倍	2.7 倍	2.4 倍	99.3
27.87	31.25	7.1 倍	6.9 倍	3.0 倍	2.1 倍	112.1
13479	14402					106.8
13089	11968					91.4
3700	4125	12.9 倍	12.7 倍	9.8 倍	3.9 倍	111.5
31084	32617	203.9 倍	117.8 倍	17.2 倍	8.1 倍	104.9

调整;③执业(助理)医师数 2009 年以前为医生数;④“年末公共营运汽车”和“年末出租汽车”数据为市区“11 +2”口径数据。

1-5 国民经济和社会发展结构指标

Structural Indicators on National Economic and Social Development

单位:%

	1978 年	1980 年	1990 年	2000 年	2016 年	2017 年
一、人口与就业						
人　口						
城镇与乡村结构						
城　镇	22.3	23.3	27.3	34.1	56.09	59.30
乡　村	77.7	76.7	72.7	65.9	43.91	40.70
性别结构						
男　性	50.9	50.9	51.2	50.9	49.78	49.66
女　性	49.1	49.1	48.8	49.1	50.22	50.34
地域结构						
市　区	28.4	29	30.5	33.1	55.32	56.54
县（市）	71.6	71	69.5	66.9	44.68	43.46
就　业						
从业人员产业结构						
第一产业	63.4	63.3	53.5	44.9	16.1	15.6
第二产业	16.2	16.1	25.9	26.5	32.8	33.0
第三产业	20.4	20.6	20.6	28.6	51.1	51.4
从业人员经济类型结构						
#国有经济	22.3	22.8	21.8	16.9	11.2	11.1
城镇私营及个体			1.7	6.5	29.7	30.1

注:2015 年起公安户籍上的农业人口和非农业人口不再统计,变更为乡村人口和城镇人口;2014 年及以前仍为农业人口和非农业人口。

1－5　续表1

单位：%

	1978 年	1980 年	1990 年	2000 年	2016 年	2017 年
二、宏观经济						
国民经济核算						
地区生产总值结构						
第一产业	31.8	27.2	20.9	10.1	3.9	3.6
第二产业	47.2	49.6	39.7	36.5	42.7	43.2
第三产业	21.0	23.2	39.4	53.4	53.4	53.2
固定资产投资						
投资经济类型结构						
#国有单位	96.4	93.3	70.3	47.9	25.4	27.4
集体单位	3.6	6.7	11.4	7.8	0.1	0.2
私营及个体经济			18.3	8.9	22.6	21.3
投资种类结构						
#更新改造		9.6	29.3	10.3	23.4	29.6
房地产			7.4	27.1	31.5	26.5
国内贸易						
社会消费品零售总额						
行业结构						
批发零售贸易业	90.0	85.2	75.4	58.9	87.7	87.6
餐饮业	5.9	5.8	8.2	18.5	12.3	12.4
其他	0.8	2.0	5.8	17.6	–	–

1－5 续表2

单位:%

	1978年	1980年	1990年	2000年	2016年	2017年
隶属关系结构						
市的零售额	47.4	48.0	65.9	64.1	96.0	96.0
县及县以下零售额	52.6	52.0	34.1	35.9	4.0	4.0
财　　政						
一般公共预算收入结构						
#增 值 税					17.3	25.5
营 业 税					9.4	0.3
企业所得税					9.1	11.4
个人所得税					4.5	5.5
一般公共预算支出结构						
#一般公共服务					9.9	11.3
公共安全					6.8	7.5
教　　育					14.3	15.7
社会保障和就业					11.0	10.0
医疗卫生					7.1	8.3
城乡社区事务					19.1	20.8
三、人民生活及其他						
居民生活消费						
城镇居民人均生活消费结构						

1－5　续表3

单位:%

	1978年	1980年	1990年	2000年	2016年	2017年
#食 品 类	57.6	57.8	51.4	38.8	34.2	33.7
衣 着 类	17.1	15.4	14.6	9	8.5	8.3
居　　住	5	4.6	4.9	11.9	20.2	20.1
交通通讯	1.2	1.1	1.3	5.9	12.1	12.1
医疗保健费	1.3	1.3	1.5	6.5	5.4	5.6
农村居民人均生活消费结构						
#食 品 类		71.1	63.6	51.2	37.8	37.3
衣 着 类		10.1	6.7	6.7	8.7	8.6
居　　住		8.9	16.6	14.6	16.5	16.4
交通及通讯		0.7	1.6	5.5	12.9	13.2
医疗保健费		0.5	2.4	4.5	7.1	7.3
卫　　生						
卫生技术人员结构						
#执业(助理)医师					36.9	36.8
注册护士					44.9	45.8
药剂人员					5.3	5.1

1-6 国民经济和社会发展比例和效益指标

Indicators on Proportions and Efficiency in National Economic and Social Development

	单　位	1978 年	1980 年	1990 年	2000 年	2016 年	2017 年
一、人　　口							
出 生 率	‰	10.3	11.2	13.1	9.6	12.5	13.9
死 亡 率	‰	6	6.1	6.4	6.6	7.5	13.2
自然增长率	‰	4.3	5.1	6.7	3.1	5.0	0.7
二、宏观经济							
全社会劳动生产率	**元/人**	**965**	**1203**	**3485**	**19994**	**141449**	**153703**
第一产业	元/人	485	517	1357	4550	34024	35032
第二产业	元/人	2817	3692	5326	27688	181476	201844
第三产业	元/人	986	1356	6746	36296	149438	159444
农　　业							
农业从业者人均提供农产品产量							
粮　　食	千克	1222	1181	1251	1463	1903	1818
油 菜 籽	千克	45	53	65	75	196	209
肉　　类	千克	59	72	126	276	513	490
水 产 品	千克	1	1	8	20	96	107
每公顷播种面积农产品产量							
粮　　食	千克	4010	4245	5433	5902	5681	5785
油 菜 籽	千克	1680	1807	1924	1948	2422	2464
蔬　　菜	吨	26	26	28	26	34	34

注:本表中“死亡率”因 2017 年公安部门对死亡未销户人口进行了清理,故该指标与往年不可比。

1－6 续表1

	单 位	1978 年	1980 年	1990 年	2000 年	2016 年	2017 年
工　业							
独立核算工业企业效益							
总资产贡献率	%				7.8	14.7	14.3
资本保值率	%				108.5	115.3	104.4
资产负债率	%				62.0	53.9	54.8
流动资产周转次数	次				1.2	1.9	1.77
成本费用利润率	%				4.0	7.74	8.72
建筑业							
产值利税率	%				4.69	4.66	5.32
固定资产投资							
固定资产投资率	%	8.2	12	20.7	41.1	68.8	49.2
房屋建设竣工率	%	52.6	53.9	73.8	56.8	15.8	13.9
财　政							
财政收入占地区生产总值比重	%	20.6	16.4	10.5	10.3	27.5	30.4
财政支出占地区生产总值比重	%	8.3	7.2	6.1	7.2	20.0	21.6

1－6 续表2

	单 位	1978年	1980年	1990年	2000年	2016年	2017年
三、教 育							
义教段学龄儿童入学率	%			99.5	99.95	99.98	100.00
小学升学率	%			68.3	98.3	100.96	100.00
初中升学率	%			51.2	80.8	96.71	95.60
每一教师负担学生数							
普通高等学校	人	2.8	3.9	5.3	12.5	16.0	16.6
中等职业技术学校	人	6.8	6.6	8.6	20.5	24.5	22.9
普通中学	人	20.9	17.1	13.9	15.7	11.7	11.4
小 学	人	29.3	29	16.6	20.5	19.3	18.4
四、人民生活及其他							
家 庭							
城镇居民家庭							
平均每户就业面	%	41.53	51.3	56.83	50.15	50.25	50.53
每一就业者负担人数	人	2.41	1.95	1.76	1.99	1.99	1.98
农村居民家庭							
平均每一劳动力赡养人口	人	2.2	2.0	1.4	1.4	1.32	1.3
卫 生							
每万人卫生技术人员	人			53.6	54.7	93.2	98.5
每万人执业(助理)医师数	人					34.4	36.3
每万人医院、卫生院床位数	张			33.3	33.8	76.3	79.4

1－7 社会经济主要指标人均水平

Per Capita Level of Main Indicators in Social and Economic Activities

	单 位	1978 年	1980 年	1990 年	2000 年	2016 年	2017 年
地区生产总值	元	**449**	**565**	**2123**	**11471**	**87693**	**98011**
农业总产值	元	**196**	**209**	**659**	**1961**	**6062**	**6202**
社会消费品零售总额	元	**172**	**250**	**937**	**5496**	**40692**	**45186**
城乡居民储蓄存款余额	元	**30**	**52**	**866**	**8240**	**77877**	**84474**
财政收入	元	**92**	**92**	**223**	**1198**	**24099**	**29794**
主要农产品产量							
粮　　食	千克	367.0	372.0	418.0	361.0	207.6	190.3
油 菜 籽	千克	13.4	16.7	21.7	18.4	21.4	21.8
蔬　　菜	千克	109.0	92.0	244.0	406.0	455.6	443.0
水　　果	千克	3.3	5.1	12.2	52.0	107.5	110.0
肉　　类	千克	17.6	22.7	42.2	68.0	56.0	51.3
#猪　　肉	千克	16.1	20.9	37	46.1	40.8	37.5
牛　　奶	千克	1.5	1.6	3.5	4.9	7.5	6.0
禽　　蛋	千克	2.2	2.3	6.5	14.5	14.3	13.1
水 产 品	千克	0.3	0.3	2.6	4.9	10.5	11.2

注：本表均按户籍平均人口数计算。

1－7 续表

	单 位	1978 年	1980 年	1990 年	2000 年	2016 年	2017 年
主要工业品产量							
钢 材	千克	44	50	94	125	546	235
发电量	千瓦小时	129	86	258	437	835	820
原 煤	千克	218	224	340	248	–	–
水 泥	千克	32	46	123	321	1224	1155
卷 烟	千支					4.8	5.1
人民生活							
城镇全部单位就业人员平均工资	元					61330	65098
城镇居民人均可支配收入	元	340	395	1755	7649	35902	38918
城镇居民人均消费性支出	元	328	391	1681	6423	23514	25314
农村居民人均可支配收入	元	140	223	773	2926	18605	20298
农村居民人均生活消费支出	元	117	186	693	2201	13428	14646

注:城镇居民人均可支配收入 1978 年、1980 年为生活费收入,农村居民人均可支配收入 2015 年以前为人均纯收入。

1－8　成都高新技术产业开发区主要指标

Main Indicators of Chengdu High－Tech Developing Zone

	单　位	2013 年	2014 年	2015 年	2016 年	2017 年
地区生产总值	亿元	1039.7	1178.2	1277.6	1436.5	1665.8
#第二产业	亿元	789.4	894.7	962.1	1051.2	1238.8
#工　业	亿元	735.4	837.0	905.5	985.1	1151.8
第三产业	亿元	250.1	283.4	315.4	368.3	409.5
技工贸总收入	亿元	3220	3800	4422	5744	6027
全部工业总产值	亿元	2870	3386	3641	5152	3940
#支柱产业产值	亿元	2376	2650	2870	2942	3152
#电　子	亿元	2148	2430	2383	2165	2516
医　药	亿元	77	100	124	139	174
工业利税	亿元	372.0	258.7	174.0	238.4	222.1
社会消费品零售总额	亿元	229.3	263.1	516.0	571.8	644.7
一般公共预算收入	亿元	101.3	115.1	140.9	134.6	156.8
实际到位外资金额	万美元	212000	214152	150491	183173	213375
全社会固定资产投资总额	亿元	650.9	606.3	552.3	636.7	944.8
年末总人口	万人	58.9	59.6	64.0	68.2	95.2
从业人员	万人	49.2	51.2	52.0	55.3	91.2

注：①本表数据含中和街道；②2017 年数据含简阳 12 个乡镇。

1-9 成都主要经济指标与全国、全省对比(2017年)

Positions of Chengdu in China and Sichuan Province(2017)

	单 位	全 国	全 省	成 都		
				绝对数	占全国比 重(%)	占全省比 重(%)
土地面积	万平方公里	960	48.5	1.43	0.1	2.9
年末常住人口	万人	139008	8302	1604.5	1.2	19.3
城镇化率	%	58.52	50.79	71.85		
地区生产总值	亿元	827122	36980	13889	1.7	37.6
第一产业	亿元	65468	4283	501	0.8	11.7
第二产业	亿元	334623	14294	5998	1.8	42.0
#工 业	亿元	279997	11517	5217	1.9	45.3
第三产业	亿元	427032	18403	7390	1.7	40.2
全社会固定资产投资	亿元	641238	32097	9404	1.5	29.3
#房 地 产	亿元	109799	5150	2488	2.3	48.3
社会消费品零售总额	亿元	366262	17481	6404	1.7	36.6
进出口总额(海关数)	亿美元		681	583		85.6
#出口总额	亿美元		376	306		81.4
居民消费品价格指数	%	101.6	101.4	102.0		
旅游创汇收入	亿美元	1234	14.5	13.1	1.1	90.1
年末金融机构人民币存款余额	亿元	1641000	71591	34423	2.1	48.1
#住户存款	亿元	643768	34801	11971	1.9	34.4
年末金融机构人民币贷款余额	亿元	1201000	48124	28359	2.4	58.9
原保险保费收入	亿元	36581	1939	952	2.6	49.1
城镇居民人均可支配收入	元	36396	30727	38918		
农村居民人均可支配收入	元	13432	12227	20298		

1－10　联网直报调查单位数

Network Direct Reporting Unit Number

单位：个

年　份	合　　计	规模以上工　　业	资　质　内建　筑　业	限额以上批发零售业	限额以上住宿餐饮业	房地产开发经　营　业	规模以上服　务　业
2011	9296	3187	1582	1650	1120	1757	
2012	10987	3188	1551	1668	1126	1771	1683
2013	10643	3208	1478	1734	1065	1567	1591
2014	11347	3248	1200	1864	967	1598	2470
2015	11189	3328	1206	1702	880	1558	2515
2016	11807	3577	1408	1665	885	1586	2686
2017	13620	3608	1733	1580	804	1519	2981

注：1. 本表只含联网直报法人库单位，不含联网直报产业库单位。2. 本表自2017年起，合计含其他有5000万元以上在建项目的法人单位。

1－11　联网直报调查单位增减变动情况（2017年）

Increase and Decrease of Direct Networking Investigation Unit(2017)

单位：个

	合　　计	规模以上工　业	资质内建筑业	限额以上批零住餐业	房地产开发经营业	规模以上服务业
合　　计	**3956**	**705**	**541**	**862**	**372**	**859**
新　　增	**2036**	**349**	**385**	**316**	**141**	**406**
新开业（投产）	1085	69	385	30	141	21
"四下"转"四上"	929	277		275		377
专业变更纳入	21	3		10		8
变　　更	**413**	**154**	**37**	**88**	**24**	**100**
退　　出	**1507**	**202**	**119**	**458**	**207**	**353**
"四上"转"四下"	597	117		200		280
当年没有经营活动的建筑业（房地产）企业	189		60		129	
破产、注（吊）销	97	34	22	26	5	9
专业变更退出	22	4		7		11
其他原因退出	602	47	37	225	73	53

注：1. 建筑业、房地产单位新增，不论开业（投产）时间，均按新开业（投产）审核；2. 本表中限额以上批零住餐业含非同产业活动单位，其他专业均为法人单位；3. 变更包括单位名称变更和组织机构代码变更；4. 本表只含通过申报流程经国家确认的新增、变更和退出，不含其它途径的新增、变更和退出；5. 本表合计含其他有5000万元以上在建项目的法人单位；6. 本表新增含1个跨省变更纳入，新开业（投产）含3个合并、拆分纳入；7. 本表退出含保留一年同期数的退出单位。

主要统计指标解释

市 是指经国家批准成立"市"建制的城市。

按城市常住人口规模分:

①超大城市:1000 万人以上;

②特大城市:500 至 1000 万人口;

③大城市:100 至 500 万人口;

其中:Ⅰ型大城市:300 至 500 万人口;

Ⅱ型大城市:100 至 300 万人口;

④中等城市:50 至 100 万人口;

⑤小城市:50 万以下人口;

其中:Ⅰ型小城市:20 至 50 万人口;

Ⅱ型小城市:20 万以下人口。

全市 指 11 区 5 市 4 县、成都天府新区和成都高新技术产业开发区。即锦江区、青羊区、金牛区、武侯区、成华区、龙泉驿区、青白江区、新都区、温江区、双流区、郫都区、金堂县、大邑县、蒲江县、新津县、简阳市、都江堰市、彭州市、邛崃市、崇州市、成都天府新区和成都高新技术产业开发区。

市区 包括城区和郊区,不包括市辖县(含县级市)。即锦江区、青羊区、金牛区、武侯区、成华区、龙泉驿区、青白江区、新都区、温江区、双流区、郫都区、成都天府新区和成都高新技术产业开发区。

镇 是指经省、自治区、直辖市批准的镇。

二　国民经济核算

简要说明

主要内容

本部分包括全市生产总值及其构成。

资料来源

地区生产总值资料来源于成都市统计局。

地区生产总值（亿元）

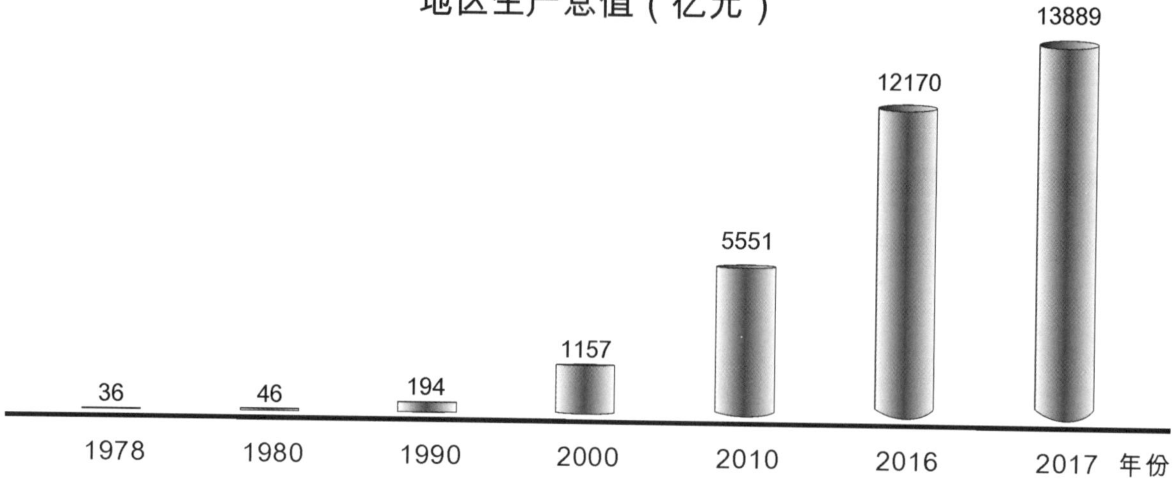

地区生产总值构成（%）

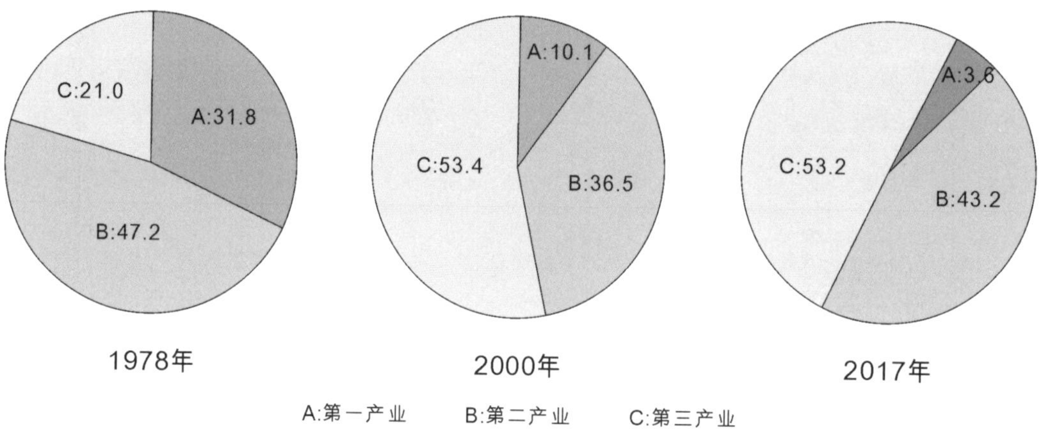

人均地区生产总值（元）

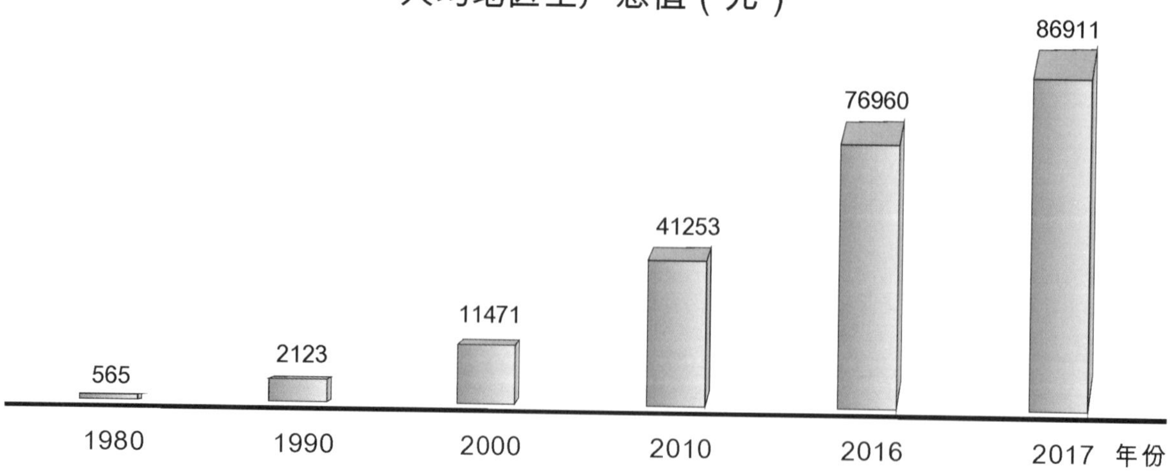

2－1 历年地区生产总值

Gross Domestic Product over the Years

年 份	地 区 生产总值 （万元）	第一产业	第二产业	第三产业	人均地区 生产总值 （元）
1949	39953	29315	3867	6771	80
1950	42058	30634	4041	7383	84
1951	45902	32471	5371	8060	91
1952	51090	35388	6510	9192	100
1953	62510	39415	9241	13854	121
1954	66230	41708	9384	15138	125
1955	69748	42413	10646	16689	128
1956	79610	44961	14538	20111	141
1957	90359	48206	19471	22682	154
1958	103925	49357	29659	24909	174
1959	125501	40997	53922	30582	210
1960	128171	30519	67266	30386	220
1961	79866	28874	26435	24557	142
1962	77482	35064	21974	20444	140
1963	84932	42271	23191	19470	151
1964	104283	50382	31250	22651	180
1965	136371	59250	45569	31552	228
1966	167303	63481	65756	38066	271
1967	146728	64966	44858	36904	231
1968	119505	60438	26949	32118	183
1969	151898	62810	53191	35897	227
1970	205059	68416	91279	45364	299
1971	232066	72740	105637	53689	328
1972	223627	72340	95511	55776	307
1973	231546	78786	95797	56963	311
1974	222283	83198	82927	56158	293
1975	248198	83355	110844	53999	321
1976	221926	81344	87763	52819	282
1977	287141	90442	131807	64892	362
1978	359356	114449	169748	75159	448
1979	413577	126351	196055	91171	510
1980	462957	126040	229767	107150	565
1981	490129	130146	239291	120692	592
1982	554095	163066	267797	123232	661
1983	627673	173242	315517	138914	742
1984	712035	189588	343487	178960	836
1985	864945	209288	420508	235149	1008

注：人均地区生产总值2001年前按户籍人口计算，2001年及以后按常住人口计算。

2－1 续表

年 份	地 区 生产总值 (万元)	第一产业	第二产业	第三产业	人均地区 生产总值 (元)
1986	948905	224929	437115	286861	1092
1987	1158644	273588	516883	368173	1315
1988	1464911	322463	687197	455251	1641
1989	1639063	344174	741164	553725	1814
1990	1940857	405650	770657	764550	2123
1991	2327841	413213	880691	1033937	2520
1992	2925556	454357	1089187	1382012	3138
1993	3885838	539474	1500798	1845566	4125
1994	5073962	745596	1987076	2341290	5319
1995	6472632	941089	2462805	3068738	6700
1996	7722699	1051228	2913114	3758357	7911
1997	8754888	1089434	3248582	4416872	8888
1998	9618871	1118116	3549095	4951660	9686
1999	10449059	1121532	3837886	5489641	10446
2000	11567929	1163651	4221275	6183003	11471
2001	13220544	1184869	4902971	7132704	11779
2002	14887638	1254993	5585906	8046739	12993
2003	17052732	1370525	6524538	9157669	14632
2004	20310663	1682481	8055886	10572296	17158
2005	23759858	1771481	9841863	12146514	19670
2006	27721734	1951271	11709654	14060809	22445
2007	33647844	2350971	14440778	16856095	26849
2008	39449148	2628824	17349512	19470812	31203
2009	45026032	2677725	20017952	22330355	35215
2010	55513336	2850910	24809035	27853391	41253
2011	69505786	3273391	31438233	34794162	49438
2012	81389438	3481001	37656163	40252274	57624
2013	91088904	3531673	41814908	45742323	63977
2014	100565926	3570705	45085303	51909918	70019
2015	108011633	3731535	47234926	57045172	74273
2016	121702335	4749396	52019898	64933041	76960
2017	138893940	5008695	59981888	73903357	86911

2－2 历年地区生产总值构成及增长速度

Composition and Growth Rate of Gross Domestic Product over the Years

年 份	三次产业构成(％)			增长速度(％)				地区生产总值发展指数(1949＝100)
	第一产业	第二产业	第三产业	地区生产总值	第一产业	第二产业	第三产业	
1949	73.4	9.7	16.9					
1950	72.8	9.6	17.6	5.0	4.5	4.5	8.9	105.0
1951	70.7	11.7	17.6	8.0	6.0	32.8	8.9	113.4
1952	69.3	12.7	18.0	10.5	9.0	21.1	13.7	125.4
1953	63.0	14.8	22.2	14.0	4.9	41.9	49.9	142.9
1954	62.9	14.2	22.9	5.5	5.3	1.5	8.7	150.8
1955	60.8	15.3	23.9	4.1	1.7	13.4	8.5	157.0
1956	56.4	18.3	25.3	11.7	5.6	36.6	20.2	175.3
1957	53.4	21.5	25.1	8.5	2.3	33.9	12.6	190.3
1958	47.5	28.5	24.0	12.0	2.4	52.3	9.8	213.2
1959	32.7	42.9	24.4	11.0	-20.5	81.8	22.5	236.6
1960	23.8	52.5	23.7	-2.6	-26.8	23.8	-0.9	230.4
1961	36.2	33.1	30.7	-38.1	-14.8	-61.0	-23.9	142.6
1962	45.2	28.4	26.4	-2.4	17.2	-16.9	-16.8	139.2
1963	49.8	27.3	22.9	10.4	20.0	5.5	-4.8	153.6
1964	48.3	30.0	21.7	21.6	19.2	34.7	13.5	186.7
1965	43.5	33.4	23.1	29.1	17.6	45.6	38.8	241.1
1966	37.9	39.3	22.8	20.6	7.1	43.3	20.6	290.7
1967	44.2	30.6	25.2	-10.8	2.3	-32.0	-3.1	259.3
1968	50.5	22.6	26.9	-17.5	-7.0	-40.4	-14.0	213.9
1969	41.4	35.0	23.6	23.6	3.9	96.5	11.8	264.4
1970	33.4	44.5	22.1	31.8	8.9	71.4	26.3	348.5
1971	31.3	45.6	23.1	11.6	4.0	15.7	18.3	389.0
1972	32.3	42.8	24.9	-4.1	-2.6	-9.6	3.9	373.0
1973	34.0	41.4	24.6	3.5	8.9	-0.1	1.0	386.1
1974	37.4	37.3	25.3	-4.6	2.1	-13.6	-1.4	368.3
1975	33.6	44.6	21.8	9.7	-1.8	33.5	-3.8	404.0
1976	36.7	39.5	23.8	-10.6	-4.1	-20.8	-2.2	361.2
1977	31.5	45.9	22.6	26.0	8.8	48.8	19.9	455.1
1978	31.8	47.2	21.0	19.2	10.2	28.7	14.6	542.5
1979	30.6	47.4	22.0	13.8	8.3	14.6	20.2	617.4
1980	27.2	49.7	23.1	10.9	-1.7	17.1	15.1	684.7
1981	26.6	48.8	24.6	4.1	2.9	3.1	7.7	712.7
1982	29.4	48.4	22.2	10.3	15.4	11.7	2.0	786.1
1983	27.6	50.3	22.1	11.2	6.0	14.5	10.4	874.2
1984	26.6	48.3	25.1	11.4	6.2	8.6	24.3	973.8
1985	24.2	48.6	27.2	18.4	3.0	24.3	22.6	1153.0

注:增长速度以上年为基期,按可比价格计算。

2-2 续表

年 份	三次产业构成(%)			增长速度(%)				地区生产总值发展指数(1949=100)
	第一产业	第二产业	第三产业	地区生产总值	第一产业	第二产业	第三产业	
1986	23.7	46.1	30.2	5.2	3.7	3.6	9.8	1213.0
1987	23.6	44.6	31.8	12.0	6.2	16.3	8.5	1358.5
1988	22.0	46.9	31.1	12.7	-0.9	20.2	8.2	1531.1
1989	21.0	45.2	33.8	2.7	3.1	0.9	6.5	1572.4
1990	20.9	39.7	39.4	4.8	4.6	0.8	13.9	1647.9
1991	17.8	37.8	44.4	14.1	2.6	10.8	23.4	1880.2
1992	15.5	37.2	47.3	16.2	5.8	15.9	21.1	2184.8
1993	13.9	38.6	47.5	18.4	4.4	25.9	17.2	2586.9
1994	14.7	39.2	46.1	13.5	3.1	14.8	15.8	2936.1
1995	14.5	38.0	47.5	11.8	3.9	13.6	12.5	3282.5
1996	13.6	37.7	48.7	11.3	4.4	12.2	12.3	3653.5
1997	12.4	37.1	50.5	11.2	3.2	12.8	11.9	4062.7
1998	11.6	36.9	51.5	10.0	3.1	10.3	11.4	4468.9
1999	10.7	36.8	52.5	10.1	3.4	10.0	11.7	4920.3
2000	10.1	36.5	53.4	10.7	4.3	11.3	11.5	5446.8
2001	9.0	37.1	53.9	12.8	4.3	14.9	12.9	6143.9
2002	8.4	37.5	54.0	13.1	5.3	15.7	12.6	6948.8
2003	8.0	38.3	53.7	13.0	5.6	15.8	12.3	7852.1
2004	8.3	39.7	52.0	13.6	5.7	17.9	11.6	8920.0
2005	7.5	41.4	51.1	14.0	5.7	17.4	12.6	10168.8
2006	7.0	42.3	50.7	14.2	4.8	17.1	13.2	11612.8
2007	7.0	42.9	50.1	15.7	5.5	18.1	15.0	13436.0
2008	6.6	44.0	49.4	12.4	4.4	14.9	11.2	15102.1
2009	5.9	44.5	49.6	14.7	3.7	17.7	13.4	17322.1
2010	5.1	44.7	50.2	15.0	4.1	19.8	11.8	19920.4
2011	4.7	45.2	50.1	15.2	3.7	19.8	12.4	22948.3
2012	4.3	46.2	49.5	13.0	3.8	15.6	11.5	25931.6
2013	3.9	45.9	50.2	10.2	3.6	12.2	8.8	28576.6
2014	3.6	44.8	51.6	8.9	3.4	9.8	8.6	31119.9
2015	3.5	43.7	52.8	7.9	3.9	7.2	9.0	33578.4
2016	3.9	42.7	53.4	7.7	4.0	6.7	9.0	36163.9
2017	3.6	43.2	53.2	8.1	3.9	7.5	8.9	39093.2

2－3 历年支出法地区生产总值

Gross Domestic Product by Expenditure Approach over the Years

年 份	支出法地区生产总值（万元）	#最终消费	#资本形成总额	最终消费率（%）	资本形成率（%）
1978	359356	170906	80326	47.6	22.4
1979	413577	210317	83971	50.9	20.3
1980	462957	253687	86934	54.8	18.8
1981	490129	290307	101708	59.2	20.8
1982	554095	308727	130072	55.7	23.5
1983	627673	342830	139400	54.6	22.2
1984	712035	422163	168301	59.3	23.6
1985	864945	520571	262097	60.2	30.3
1986	948905	595148	283415	62.7	29.9
1987	1158644	711667	373801	61.4	32.3
1988	1464911	953240	454188	65.1	31.0
1989	1639063	1038328	547435	63.3	33.4
1990	1940857	1128800	727239	58.2	37.5
1991	2327841	1298167	870581	55.8	37.4
1992	2925556	1519164	1191319	51.9	40.7
1993	3885838	1900524	1702254	48.9	43.8
1994	5073962	2643753	2145035	52.1	42.3
1995	6472632	3363453	2823044	52.0	43.6
1996	7722699	3967385	3465512	51.4	44.9
1997	8754888	4617586	3842845	52.7	43.9
1998	9618871	4942999	4443042	51.4	46.2
1999	10449059	5235461	4979985	50.1	47.7
2000	11567929	5825144	5553157	50.4	48.0
2001	13220544	6487929	6559727	49.1	49.6
2002	14887638	7079540	7634479	47.6	51.3
2003	17052732	7992132	8885391	46.9	52.1
2004	20310663	9408665	10723814	46.3	52.8
2005	23759858	10457264	13115156	44.0	55.2
2006	27721734	11754910	16142977	42.4	58.2
2007	33647844	14398185	19961699	42.8	59.3
2008	39449148	17377791	24897549	44.1	63.1
2009	45026032	20182729	33788975	44.8	75.0
2010	55513336	24603824	37790353	44.3	68.1
2011	69505786	30388473	44950790	43.7	64.7
2012	81389438	34629275	51650295	42.5	63.5
2013	91088904	38994327	58907056	42.8	64.7
2014	100565926	43389168	60642002	43.1	60.3
2015	108011633	48012041	64101783	44.5	59.3
2016	121702335	54687874	70897520	44.9	58.3
2017	138893940	60041604	80170142	43.2	57.7

2-4 历年支出法地区生产总值结构

Structure of Gross Domestic Product by Expenditure Approach over the Years

年 份	最终消费				资本形成总额			
	绝对额(万元)		比重(%)		绝对额(万元)		比重(%)	
	居民消费	政府消费	居民消费	政府消费	固定资本形成总额	存货增加	固定资本形成总额	存货增加
1978	128249	42657	75.0	25.0	23388	56938	29.1	70.9
1979	156184	54133	74.3	25.7	40323	43648	48.0	52.0
1980	190888	62799	75.2	24.8	44360	42574	51.0	49.0
1981	217958	72349	75.1	24.9	58293	43415	57.3	42.7
1982	228428	80299	74.0	26.0	75803	54269	58.3	41.7
1983	252809	90021	73.7	26.3	85363	54037	61.2	38.8
1984	312113	110050	73.9	26.1	116457	51844	69.2	30.8
1985	390488	130083	75.0	25.0	192491	69606	73.4	26.6
1986	448823	146325	75.4	24.6	198036	85379	69.9	30.1
1987	536428	175239	75.4	24.6	243153	130648	65.0	35.0
1988	712527	240713	74.7	25.3	290270	163918	63.9	36.1
1989	812590	225738	78.3	21.7	283744	263691	51.8	48.2
1990	892823	235977	79.1	20.9	358766	368473	49.3	50.7
1991	1013675	284492	78.1	21.9	513816	356765	59.0	41.0
1992	1227360	291804	80.8	19.2	764247	427072	64.2	35.8
1993	1520011	380513	80.0	20.0	1204357	497897	70.8	29.2
1994	2108378	535375	79.7	20.3	1577291	567744	73.5	26.5
1995	2710831	652622	80.6	19.4	2087927	735117	74.0	26.0
1996	3167271	800114	79.8	20.2	2696994	768518	77.8	22.2
1997	3670171	947415	79.5	20.5	3106393	736452	80.8	19.2
1998	3861050	1081949	78.1	21.9	3715621	727421	83.6	16.4
1999	3967190	1268271	75.8	24.2	4200054	779931	84.3	15.7
2000	4350956	1474188	74.7	25.3	4710674	842483	84.8	15.2
2001	4739697	1748232	73.1	26.9	5745946	813781	87.6	12.4
2002	5114619	1964921	72.2	27.8	6712748	921731	87.9	12.1
2003	5735507	2256625	71.8	28.2	7879353	1006038	88.7	11.3
2004	6659242	2749423	70.8	29.2	9591183	1132631	89.4	10.6
2005	7139668	3317596	68.3	31.7	11850681	1264475	90.4	9.6
2006	7864648	3890262	66.9	33.1	14672967	1470010	90.9	9.1
2007	9612137	4786048	66.8	33.2	18184929	1776770	91.1	8.9
2008	11514730	5863061	66.3	33.7	22747190	2150359	91.4	8.6
2009	13264317	6918412	65.7	34.3	31596673	2192302	93.5	6.5
2010	15928135	8675689	64.7	35.3	34763934	3026419	92.0	8.0
2011	20619647	9768826	67.9	32.1	40752886	4197904	90.7	9.3
2012	23316974	11312301	67.3	32.7	47479989	4170306	91.9	8.1
2013	25600563	13393764	65.7	34.3	52406605	6500451	89.0	11.0
2014	28214033	15175135	65.0	35.0	53776044	6865958	88.7	11.3
2015	31122116	16889925	64.8	35.2	58168315	5933468	90.7	9.3
2016	35855608	18832266	65.6	34.4	66040085	4857435	93.1	6.9
2017	39269615	20771989	65.4	34.6	75207595	4962547	93.8	6.2

2-5 支出法地区生产总值及构成

Gross Domestic Product and Its Composition by Expenditure Approach

	绝对额(万元)		增长速度(%)
	2016年	2017年	
地区生产总值	**121702335**	**138893940**	**8.1**
一、最终消费	54687874	60041604	8.2
1、居民消费	35855608	39269615	7.8
农村居民消费	6758844	7431210	8.4
城镇居民	29096764	31838405	7.7
2、政府消费	18832266	20771989	8.8
二、资本形成总额	70897520	80170142	6.8
1、固定资本形成总额	66040085	75207595	7.4
第一产业	1263239	1672097	
第二产业	15645951	21546214	
第三产业	49130895	51989284	
2、存货增加	4857435	4962547	-2.0
第一产业	182692	131402	
第二产业	2459642	3450352	
第三产业	2215101	1380793	
三、货物和服务净出口	-3883059	-1317806	

2－6 历年分产业地区

Gross Domestic Product and Its composition

	1978 年	1980 年	1985 年	1990 年	1995 年
绝 对 额 (万元)					
地区生产总值	**359356**	**462957**	**864945**	**1940857**	**6472632**
第一产业	114449	126040	209288	405650	941089
第二产业	169748	229767	420508	770657	2462805
工　　业	163508	215974	370931	679216	2063821
建 筑 业	6240	13793	49577	91441	398984
第三产业	75159	107150	235149	764550	3068738
交通运输、仓储和邮政业	15280	20028	38538	122114	390036
信息传输、计算机服务和软件业	1978	2656	6800	25514	194641
批发和零售业	19648	28314	57145	165873	672624
住宿和餐饮业	5548	8230	17042	57601	221758
金 融 业	5602	8072	16853	71529	345705
房地产业	1822	2969	10272	35660	203601
租赁和商务服务业	2125	3181	8102	24652	92470
科学研究、技术服务和地质勘查业	2860	4445	13004	45933	153074
水利、环境和公共设施管理业	1192	1718	4167	14699	50887
居民服务和其他服务业	5329	7881	18372	53175	187987
教　　育	4516	6773	15977	52747	198265
卫生、社会保障和社会福利业	1666	2444	6188	20498	74414
文化、体育和娱乐业	2564	3536	8115	25754	91391
公共管理和社会组织	5029	6903	14574	48801	191885
构　　成 (%)					
地区生产总值	**100.0**	**100.0**	**100.0**	**100.0**	**100.0**
第一产业	31.8	27.2	24.2	20.9	14.5
第二产业	47.2	49.7	48.6	39.7	38.0
工　　业	45.5	46.7	42.9	35.0	31.9
建 筑 业	1.7	3.0	5.7	4.7	6.1
第三产业	21.0	23.1	27.2	39.4	47.5
交通运输、仓储和邮政业	4.2	4.3	4.5	6.3	6.0
信息传输、计算机服务和软件业	0.6	0.6	0.8	1.3	3.0
批发和零售业	5.5	6.1	6.6	8.5	10.4
住宿和餐饮业	1.5	1.8	2.0	3.0	3.4
金 融 业	1.6	1.7	2.0	3.7	5.3
房地产业	0.5	0.6	1.2	1.8	3.2
租赁和商务服务业	0.6	0.7	0.9	1.3	1.4
科学研究、技术服务和地质勘查业	0.8	0.9	1.5	2.4	2.4
水利、环境和公共设施管理业	0.3	0.4	0.5	0.8	0.8
居民服务和其他服务业	1.5	1.7	2.1	2.7	2.9
教　　育	1.3	1.5	1.8	2.7	3.1
卫生、社会保障和社会福利业	0.5	0.5	0.7	1.1	1.2
文化、体育和娱乐业	0.7	0.8	0.9	1.3	1.4
公共管理和社会组织	1.4	1.5	1.7	2.5	3.0

注:从2014年起,行业分类执行《国民经济行业分类》(GB/T 4754－2011),产业分类执行《三次产业划分规定》(国统字〔2012〕108号)。

生产总值及构成

by Industry over the Years

2000 年	2005 年	2010 年	2014 年	2015 年	2016 年	2017 年
11567929	**23759858**	**55513336**	**100565926**	**108011633**	**121702335**	**138893940**
1163651	1771481	2850910	3570705	3731535	4749396	5008695
4221275	9841863	24809035	45085303	47234926	52019898	59981888
3287170	7509476	20628175	38554295	40561918	44785595	52171849
934105	2332387	4180860	7056223	7225572	7822383	8495108
6183003	12146514	27853391	51909918	57045172	64933041	73903357
712203	1234810	2603524	4366197	4701372	5300115	5874729
535748	1012315	2217779	3583071	3957562	4782859	6497963
1210087	2219522	4939955	7540389	7783427	8430123	9018595
527235	1047486	2075352	3292494	3596749	4038686	4380167
657144	1210959	4372812	10718095	12542262	14156027	16043336
515438	1409487	3316866	5785109	5977068	7107322	7409206
167334	393417	1228084	3701948	4055493	4954488	5966954
316443	653060	1508100	2353275	2906787	3143809	4020034
82831	134809	144332	290431	295361	326478	339452
344324	584912	791181	1210127	1309439	1580088	1781625
383268	792489	1513276	2688367	2750015	2958978	3245874
167512	332693	834289	1469232	1671498	1902169	2066291
175145	355542	796590	1517982	1737174	2146284	2507040
388291	765013	1511251	2730359	3060491	3347187	3885625
100. 0	**100. 0**	**100. 0**	**100. 0**	**100. 0**	**100. 0**	**100. 0**
10. 1	7. 5	5. 1	3. 6	3. 5	3. 9	3. 6
36. 5	41. 4	44. 7	44. 8	43. 7	42. 7	43. 2
28. 4	31. 6	37. 2	38. 3	37. 6	36. 8	37. 6
8. 1	9. 8	7. 5	7. 0	6. 7	6. 4	6. 1
53. 4	51. 1	50. 2	51. 6	52. 8	53. 4	53. 2
6. 1	5. 2	4. 7	4. 3	4. 4	4. 4	4. 2
4. 6	4. 3	4. 0	3. 6	3. 7	3. 9	4. 7
10. 5	9. 3	8. 9	7. 5	7. 2	6. 9	6. 5
4. 6	4. 4	3. 8	3. 3	3. 3	3. 3	3. 2
5. 7	5. 1	7. 9	10. 7	11. 6	11. 6	11. 6
4. 5	5. 9	6. 0	5. 8	5. 5	5. 8	5. 3
1. 4	1. 7	2. 2	3. 7	3. 8	4. 1	4. 3
2. 7	2. 7	2. 7	2. 3	2. 7	2. 6	2. 9
0. 7	0. 6	0. 3	0. 3	0. 3	0. 3	0. 2
3. 0	2. 5	1. 4	1. 2	1. 2	1. 3	1. 3
3. 3	3. 3	2. 7	2. 7	2. 5	2. 4	2. 3
1. 4	1. 4	1. 5	1. 5	1. 5	1. 6	1. 5
1. 5	1. 5	1. 4	1. 5	1. 6	1. 8	1. 8
3. 4	3. 2	2. 7	2. 7	2. 8	2. 8	2. 8

2-7 各时期地区生产总值

Gross Domestic Product by Period

单位:万元

时期	地区生产总值	第一产业	第二产业	第三产业
“一五”时期	368457	216703	63280	88474
“二五”时期	514945	184811	199256	130878
1963 - 1965年	325586	151903	100010	73673
“三五”时期	790493	320111	282033	188349
“四五”时期	1157720	390419	490716	276585
“五五”时期	1744957	538626	815140	391191
“六五”时期	3248877	865330	1586600	796947
“七五”时期	7152380	1570804	3153016	2428560
“八五”时期	20685829	3093729	7920557	9671543
“九五”时期	48113446	5543961	17769952	24799533
“十五”时期	89231435	7264349	34911164	47055922
“十一五”时期	201358094	12459701	88326931	100571462
“十二五”时期	450561687	17588305	203229533	229743849

注:各计划时期对应年份为:“一五”1953 - 1957年;“二五”1958 - 1962年;“三五”1966 - 1970年;“四五”1971 - 1975年;“五五”1976 - 1980年;“六五”1981 - 1985年;“七五”1986 - 1990年;“八五”1991 - 1995年;“九五”1996 - 2000年;“十五”2001 - 2005年;“十一五”2006-2010年;“十二五”2011-2015年。

2-8 各时期地区生产总值结构

Structure of Gross Domestic Product by Period

单位:%

时期	地区生产总值	第一产业	第二产业	第三产业
“一五”时期	100.0	58.8	17.2	24.0
“二五”时期	100.0	35.9	38.7	25.4
1963 - 1965年	100.0	46.7	30.7	22.6
“三五”时期	100.0	40.5	35.7	23.8
“四五”时期	100.0	33.7	42.4	23.9
“五五”时期	100.0	30.9	46.7	22.4
“六五”时期	100.0	26.6	48.9	24.5
“七五”时期	100.0	22.0	44.1	33.9
“八五”时期	100.0	15.0	38.3	46.7
“九五”时期	100.0	11.5	36.9	51.6
“十五”时期	100.0	8.2	39.1	52.7
“十一五”时期	100.0	6.2	43.9	49.9
“十二五”时期	100.0	3.9	45.1	51.0

2-9 地区生产总值构成项目(2017年)

Composition of Gross Domestic Product(2017)

单位:万元

	增加值	劳动者报酬	固定资产折旧	生产税净额	营业盈余
地区生产总值	**138893940**	**63766934**	**16930991**	**16392790**	**41803225**
农、林、牧、渔业	5190092	5108474	81618		
工　业	52171849	19186215	6789947	5967403	20228284
建筑业	8495108	4657006	490981	1765395	1581726
交通运输、仓储和邮政业	5874729	3138440	1665985	655018	415286
信息传输、软件和信息技术服务业	6497963	1747848	1311009	430150	3008956
批发和零售业	9018595	3443786	365903	2689566	2519340
住宿和餐饮业	4380167	3729716	222595	315352	112504
金融业	16043336	5614861	664102	1875781	7888592
房地产业	7409206	1374624	2344463	1238560	2451559
租赁和商务服务业	5966954	2874407	1296592	644774	1151181
科学研究和技术服务业	4020034	1884582	336193	316529	1482730
水利、环境和公共设施管理业	339452	148157	148092	18717	24486
居民服务、修理和其他服务业	1781625	1598956	39399	85325	57945
教　育	3245874	2605935	426145	11492	202302
卫生和社会工作	2066291	1629802	176697	15150	244642
文化、体育和娱乐业	2507040	1691559	242665	333552	239264
公共管理、社会保障和社会组织	3885625	3332566	328605	30026	194428
第一产业	5008695	4929930	78765		
第二产业	59981888	23591286	7191769	7654440	21544393
第三产业	73903357	35245718	9660457	8738350	20258832

主要统计指标解释

国内生产总值 是按市场价格计算的国内生产总值的简称。它是一个国家（地区）所有常住单位在一定时期内生产活动的最终成果。国内生产总值有三种表现形态，即价值形态、收入形态和产品形态。从价值形态看，它是所有常住单位在一定时期内所生产的全部货物和服务价值超过同期投入的全部非固定资产货物和服务价值的差额，即所有常住单位的增加值之和；从收入形态看，它是所有常住单位在一定时期内所创造并分配给常住单位和非常住单位的初次分配收入之和；从产品形态看，它是最终使用的货物和服务减去进口货物和服务。在实际核算中，国内生产总值的三种表现形态表现为三种计算方法，即生产法、收入法和支出法。三种方法分别从不同的方面反映国内生产总值及其构成。

行业分类执行《国民经济行业分类》（GB/T 4754－2011），产业分类执行《三次产业划分规定》（国统字〔2012〕108 号）。第一产业指农、林、牧、渔业（不含农、林、牧、渔服务业）；第二产业指采矿业（不含开采辅助活动），制造业（不含金属制品、机械和设备修理业），电力、热力、燃气及水生产和供应业，建筑业；第三产业指除第一产业、第二产业以外的其他行业。

按照国家统计局的统一规定，从 2004 年起省及以下 GDP 的中文称谓改为“地区生产总值”。

支出法国内生产总值 指一个国家（或地区）所有常住单位在一定时期内用于最终消费、资本形成总额，以及货物和服务的净出口总额，它反映本期生产的国内生产总值的使用构成。

最终消费 指常住单位在一定时期内对于货物和服务的全部最终消费支出，也就是常住单位为满足物质、文化和精神生活的需要，从本国经济领土和国外购买的货物和服务的支出。它不包括非常住单位在本国经济领土内的消费支出。最终消费分为居民消费和政府消费。

资本形成总额 指常住单位在一定时期内获得减去处置的固定资产和存货的净额，包括固定资产形成总额和存货增加两项。

三　人口及劳动力

简 要 说 明

主要内容

本部分反映了全市人口总量，构成及变动情况、婚姻状况、计划生育情况、劳动力资源配置、从业人员构成、工资总额等基本情况。

资料来源

人口资料来源于成都市公安局户籍统计年报资料。

婚姻状况资料来源于成都市民政局、成都市中级人民法院。

计划生育资料来源于成都市卫生和计划生育委员会。

城镇登记失业资料及其职业介绍机构资料来源于成都就业服务管理局。

劳动仲裁受理及保险福利费用等资料来源于成都市人力资源和社会保障局。

劳动力资源配置、从业人员、工资等资料来源于成都市统计局。

年末户籍总人口（万人）

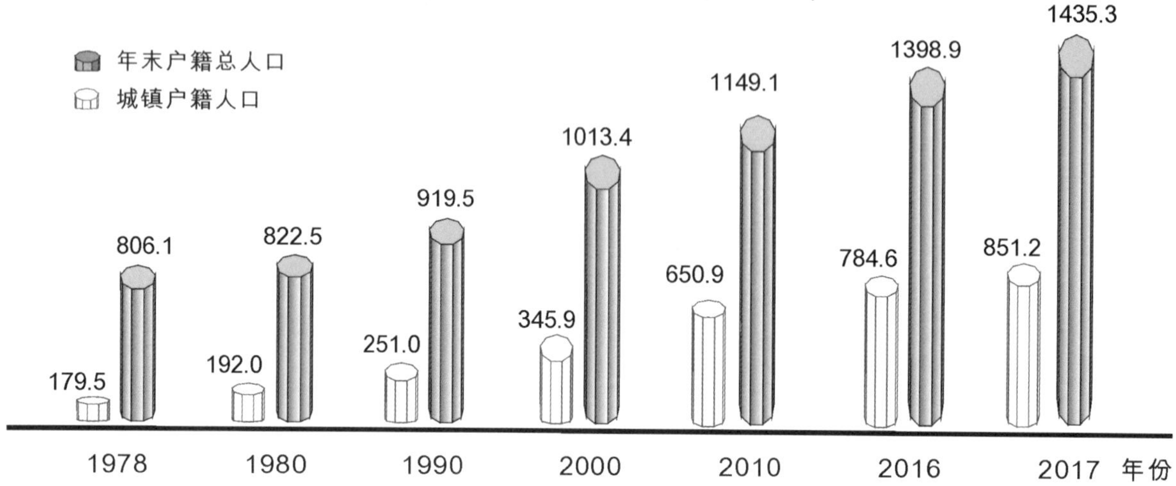

年末从业人员构成（%）

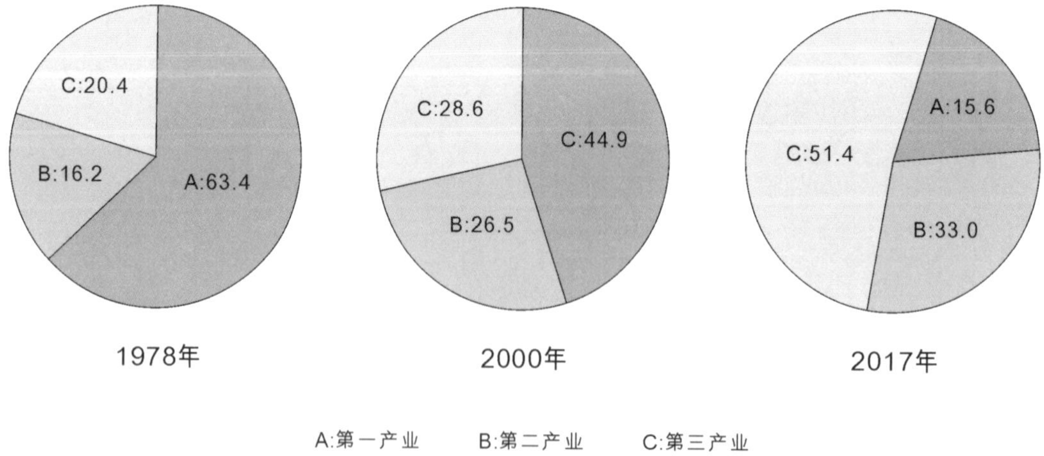

3-1 历年全市年末户籍总户数、总人口数

Total Registered Households and Population over the Years(Year-end)

年份	总户数（万户）	市区	县（市）	总人口（万人）	市区	县（市）
1949	105.83	24.35	81.48	501.32	112.50	388.82
1950	109.24	24.51	84.73	504.80	112.43	392.37
1951	111.39	26.10	85.29	507.07	109.67	397.40
1952	115.56	27.25	88.31	511.96	113.18	398.78
1953	118.02	27.84	90.18	523.51	117.68	405.83
1954	124.56	31.11	93.45	535.98	130.23	405.75
1955	126.30	32.14	94.16	549.77	136.22	413.55
1956	129.59	34.66	94.93	577.00	155.11	421.89
1957	132.10	36.41	95.69	594.19	162.69	431.50
1958	131.47	35.91	95.56	597.06	167.22	429.84
1959	131.51	38.11	93.40	595.79	180.41	415.38
1960	127.34	35.30	92.04	570.11	179.94	390.17
1961	129.27	36.56	92.71	552.59	174.85	377.74
1962	132.84	37.13	95.71	551.34	171.65	379.69
1963	134.17	38.07	96.10	572.14	178.56	393.58
1964	137.65	39.85	97.80	588.15	181.51	406.64
1965	138.74	40.38	98.36	609.38	188.83	420.55
1966	140.88	41.50	99.38	626.22	191.54	434.68
1967	142.91	42.29	100.62	641.81	195.60	446.21
1968	146.05	43.56	102.49	663.32	200.42	462.90
1969	151.85	45.10	106.75	676.44	199.14	477.30
1970	155.95	46.95	109.00	695.21	202.84	492.37
1971	159.29	47.47	111.82	719.81	207.57	512.24
1972	161.92	48.37	113.55	735.78	210.69	525.09
1973	165.76	49.40	116.36	752.25	214.24	538.01
1974	170.24	50.85	119.39	766.04	216.94	549.10
1975	175.16	52.03	123.13	781.97	218.71	563.26
1976	180.27	53.25	127.02	789.92	220.44	569.48
1977	184.15	54.38	129.77	798.60	223.06	575.54
1978	185.56	55.46	130.10	806.06	228.80	577.26
1979	188.15	56.70	131.45	815.81	234.90	580.91
1980	192.24	58.01	134.23	822.54	238.31	584.23
1981	200.00	61.39	138.61	833.41	242.77	590.64
1982	203.94	63.44	140.50	843.25	247.25	596.00
1983	208.06	65.02	143.04	848.85	250.54	598.31
1984	212.47	67.23	145.24	854.00	253.96	600.04
1985	218.24	69.08	149.16	862.68	258.31	604.37

3－1 续表1

年份	总户数（万户）	市区	县（市）	总人口（万人）	市区	县（市）
1986	224.18	71.15	153.03	874.73	264.24	610.49
1987	233.36	73.76	159.60	887.30	269.43	617.87
1988	244.41	76.25	168.16	898.57	273.65	624.92
1989	254.37	79.20	175.17	908.59	277.62	630.97
1990	262.61	81.12	181.49	919.50	280.81	638.69
1991	268.15	82.69	185.46	927.73	284.18	643.55
1992	274.56	84.93	189.63	936.86	288.28	648.58
1993	278.42	86.55	191.87	947.30	293.35	653.95
1994	285.05	89.83	195.22	960.39	301.47	658.92
1995	289.51	92.62	196.89	971.60	307.86	663.74
1996	295.50	96.95	198.55	980.74	317.12	663.62
1997	300.08	99.93	200.15	989.19	321.92	667.27
1998	304.29	102.16	202.13	997.00	325.98	671.02
1999	309.93	106.95	202.98	1003.56	330.29	673.27
2000	317.20	110.84	206.36	1013.35	335.86	677.49
2001	320.63	112.08	208.55	1019.90	341.52	678.38
2002	325.35	145.33	180.02	1028.48	439.79	588.69
2003	336.12	152.60	183.52	1044.31	452.57	591.74
2004	350.53	159.69	190.84	1059.69	464.54	595.15
2005	366.72	168.31	198.41	1082.03	482.07	599.96
2006	382.22	174.54	207.68	1103.40	497.15	606.25
2007	391.58	178.26	213.32	1112.28	502.70	609.58
2008	405.20	183.30	221.90	1124.96	510.16	614.80
2009	417.87	190.14	227.73	1139.63	520.86	618.77
2010	430.68	199.88	230.80	1149.07	535.15	613.92
2011	439.69	205.37	234.32	1163.28	544.78	618.50
2012	446.85	210.62	236.23	1173.35	554.18	619.17
2013	455.05	216.55	238.50	1187.99	564.94	623.05
2014	467.16	226.01	241.15	1210.74	581.63	629.11
2015	475.99	271.28	204.71	1228.05	698.14	529.91
2016	536.86	301.59	235.27	1398.93	773.85	625.08
2017	550.65	317.24	233.41	1435.33	811.56	623.77

注:2016年郫县改为郫都区,市区人口统计中包含郫都区数据。

3－1 续表2

年 份	在总人口中：		在总人口中：		性别比 (女＝100)
	乡村人口 (万人)	城镇人口 (万人)	男 (万人)	女 (万人)	
1949	399. 63	101. 69	259. 23	242. 09	107. 08
1950	404. 11	100. 69	258. 71	246. 09	105. 13
1951	410. 71	96. 36	258. 90	248. 17	104. 32
1952	417. 73	94. 23	260. 03	251. 93	103. 22
1953	427. 82	95. 69	265. 89	257. 62	103. 21
1954	428. 52	107. 46	274. 83	261. 15	105. 24
1955	436. 71	113. 06	281. 21	268. 56	104. 71
1956	447. 93	129. 07	299. 38	277. 62	107. 84
1957	455. 80	138. 39	305. 46	288. 73	105. 79
1958	445. 35	151. 71	308. 46	288. 60	106. 88
1959	424. 82	170. 97	311. 51	284. 28	109. 58
1960	398. 62	171. 49	297. 64	272. 47	109. 24
1961	391. 59	161. 00	284. 32	268. 27	105. 98
1962	402. 63	148. 71	282. 06	269. 28	104. 75
1963	418. 06	154. 08	292. 06	280. 08	104. 28
1964	433. 65	154. 50	302. 29	285. 86	105. 75
1965	446. 20	163. 18	311. 45	297. 93	104. 54
1966	462. 83	163. 39	320. 60	305. 62	104. 90
1967	476. 23	165. 58	329. 52	312. 29	105. 52
1968	492. 82	170. 50	340. 07	323. 25	105. 20
1969	512. 04	164. 40	344. 94	331. 50	104. 05
1970	530. 09	165. 12	355. 77	339. 44	104. 81
1971	553. 70	166. 11	368. 47	351. 34	104. 88
1972	567. 16	168. 62	375. 90	359. 88	104. 45
1973	581. 71	170. 54	384. 26	367. 99	104. 42
1974	594. 98	171. 06	391. 14	374. 90	104. 33
1975	611. 03	170. 94	398. 20	383. 77	103. 76
1976	619. 28	170. 64	402. 39	387. 53	103. 83
1977	625. 44	173. 16	406. 66	391. 94	103. 76
1978	626. 60	179. 46	410. 51	395. 55	103. 78
1979	627. 99	187. 82	415. 43	400. 38	103. 76
1980	630. 50	192. 04	418. 95	403. 59	103. 81
1981	635. 67	197. 74	424. 56	408. 85	103. 84
1982	639. 51	203. 74	429. 91	413. 34	104. 01
1983	639. 99	208. 86	432. 94	415. 91	104. 09
1984	628. 50	225. 50	435. 70	418. 30	104. 16
1985	627. 75	234. 93	440. 43	422. 25	104. 31

3-1 续表3

年份	在总人口中: 乡村人口(万人)	城镇人口(万人)	在总人口中: 男(万人)	女(万人)	性别比(女=100)
1986	647.48	227.25	447.02	427.71	104.51
1987	654.09	233.21	453.80	433.50	104.68
1988	658.41	240.16	459.70	438.87	104.75
1989	663.25	245.34	465.21	443.38	104.92
1990	668.51	250.99	471.00	448.50	105.02
1991	671.69	256.04	475.11	452.62	104.97
1992	670.12	266.74	479.67	457.19	104.92
1993	671.16	276.14	485.09	462.21	104.95
1994	669.41	290.98	491.01	469.38	104.61
1995	670.74	300.86	496.78	474.82	104.62
1996	670.59	310.15	501.16	479.58	104.50
1997	670.69	318.50	505.50	483.69	104.51
1998	669.71	327.29	508.64	488.36	104.15
1999	667.41	336.15	511.54	492.02	103.97
2000	667.45	345.90	515.80	497.55	103.67
2001	665.12	354.78	518.89	501.01	103.57
2002	662.76	365.72	523.61	504.87	103.71
2003	658.08	386.23	531.77	512.54	103.75
2004	605.96	453.73	538.17	521.52	103.19
2005	538.10	543.93	548.40	533.63	102.77
2006	531.90	571.50	558.28	545.12	102.41
2007	516.72	595.56	561.37	550.91	101.90
2008	512.88	612.08	566.68	558.28	101.50
2009	510.25	629.38	572.74	566.89	101.03
2010	498.16	650.91	575.75	573.32	100.42
2011	457.62	705.66	582.05	581.23	100.14
2012	456.63	716.72	585.97	587.38	99.76
2013	459.28	728.71	592.16	595.83	99.38
2014	454.97	755.77	602.47	608.27	99.05
2015	507.43	720.62	610.17	617.88	98.75
2016	614.33	784.60	696.36	702.57	99.12
2017	584.16	851.17	712.78	722.55	98.65

注:2015年起公安户籍上的农业人口和非农业人口不再统计,变更为乡村人口和城镇人口;2014年及以前仍为农业人口和非农业人口;市公安局按上级主管部门要求,对2015年户籍人口中城镇人口的统计口径进行调整。

3-2 历年户籍总人口自然变动

Statistics on Natural Changes of Total Registered Population over the Years

年 份	出 生		死 亡		自然增长	
	人 数（人）	出生率（‰）	人 数（人）	死亡率（‰）	人 数（人）	增长率（‰）
1949	133811		64491		69320	
1950	136426	27.1	65826	13.1	70600	14.0
1951	149622	29.6	77248	15.3	72374	14.3
1952	153469	30.1	73919	14.5	79550	15.6
1953	164276	31.7	67181	13.0	97095	18.7
1954	169748	32.1	58411	11.1	111337	21.0
1955	164417	30.3	62931	11.6	101486	18.7
1956	167416	29.7	58275	10.3	109141	19.4
1957	184963	31.6	74356	12.8	110607	18.8
1958	168719	28.3	115344	19.5	53375	8.8
1959	104306	17.5	230527	38.7	-126221	-21.2
1960	73974	12.7	307248	52.7	-233274	-40.0
1961	71568	12.8	151448	27.0	-79880	-14.2
1962	155735	28.2	76576	13.9	79159	14.3
1963	285634	50.9	57550	10.3	228084	40.6
1964	225550	38.9	52393	9.0	173157	29.9
1965	220307	36.8	52840	8.8	167467	28.0
1966	217252	35.3	45189	7.3	172063	27.9
1967	201477	31.8	42980	6.8	158497	25.0
1968	236703	36.3	46239	7.1	190464	29.2
1969	239366	35.8	46560	7.0	192806	28.8
1970	245224	35.9	45844	6.7	199380	29.2
1971	251582	35.7	57740	8.2	193842	27.5
1972	214835	29.5	58511	8.0	156324	21.5
1973	190465	25.6	51523	6.9	138942	18.7
1974	183811	24.2	55571	7.3	128240	16.9
1975	175745	22.7	54341	7.0	121404	15.7
1976	143973	18.3	53190	6.8	90783	11.5
1977	114031	14.4	54087	6.8	59944	7.6
1978	82372	10.3	48141	6.0	34231	4.3
1979	94811	11.7	49048	6.1	45763	5.6
1980	91450	11.2	49604	6.1	41846	5.1
1981	99299	12.0	40714	4.9	58585	7.1
1982	102489	12.2	41856	5.0	60633	7.2
1983	88709	10.5	51015	6.0	37694	4.5
1984	81265	9.5	51675	6.1	29590	3.4
1985	102427	11.9	51485	6.0	50942	5.9

3-2 续表

年 份	出 生		死 亡		自然增长	
	人 数 (人)	出生率 (‰)	人 数 (人)	死亡率 (‰)	人 数 (人)	增长率 (‰)
1986	138763	15.9	51408	5.9	87355	10.0
1987	139874	15.9	52454	6.0	87420	9.9
1988	120285	13.5	57256	6.4	63029	7.1
1989	119200	13.2	56848	6.3	62352	6.9
1990	119446	13.1	58223	6.4	61223	6.7
1991	110067	11.9	58447	6.3	51620	5.6
1992	107086	11.5	61394	6.6	45692	4.9
1993	109881	11.7	58918	6.3	50963	5.4
1994	106333	11.2	58300	6.1	48033	5.1
1995	104362	10.8	61084	6.3	43278	4.5
1996	99279	10.2	60043	6.2	39236	4.0
1997	88460	9.0	57551	5.8	30909	3.1
1998	91112	9.2	61019	6.1	30093	3.0
1999	81729	8.2	59435	5.9	22294	2.2
2000	97092	9.6	66354	6.6	30738	3.1
2001	72504	7.1	56381	5.6	16123	1.6
2002	68338	6.6	65941	6.4	2397	0.2
2003	67966	6.6	62638	6.0	5328	0.5
2004	71601	6.8	62426	5.9	9175	0.9
2005	74638	7.0	56843	5.3	17795	1.7
2006	74226	6.8	50839	4.7	23387	2.1
2007	92522	8.4	96046	8.7	-3524	-0.3
2008	100976	9.0	52889	4.7	48087	4.3
2009	91520	8.1	62950	5.6	28570	2.5
2010	97877	8.6	99671	8.7	-1794	-0.1
2011	105248	9.1	53227	4.6	52021	4.5
2012	116941	10.0	115510	9.9	1431	0.1
2013	106725	9.0	74779	6.3	31946	2.7
2014	121212	10.1	65290	5.4	55922	4.7
2015	141056	11.6	74899	6.1	66157	5.4
2016	173577	12.5	104245	7.5	69332	5.0
2017	196772	13.9	187430	13.2	9342	0.7

注:2007年、2010年和2017年全市集中开展户口应注销未注销人员清理与注销专项工作,全年死亡注销户口人数较往年大幅增加。

3－3　户籍人口构成及变动(2017年)

Composition of Registered Population and Its Variations(2017)

	单　位	全　市	市　区	县（市）
总人口	人	**14353265**	**8115591**	**6237674**
人口构成				
按性别分				
男　性	人	7127763	3990650	3137113
女　性	人	7225502	4124941	3100561
性别比例(以女性为100)		98.65	96.75	101.18
按农业、非农业人口分				
城镇人口	人	8511660	6382553	2129107
乡村人口	人	5841605	1733038	4108567
人口自然变动				
出生人口	人	196772	122784	73988
死亡人口	人	187430	95225	92205
出 生 率	‰	13.89	15.49	11.85
死 亡 率	‰	13.23	12.01	14.77
自然增长率	‰	0.66	3.48	－2.92
人口机械变动				
迁入人口	人	474072	436652	37420
迁出人口	人	119446	87120	32326
迁 入 率	‰	33.45	55.08	5.99
迁 出 率	‰	8.43	10.99	5.18
机械变动增长率	‰	25.02	44.09	0.82
附：总户数	户	**5506482**	**3172409**	**2334073**

3－4 常住人口及城镇化率(2000—2017年)

Resident Population and Rate of Urban Population (2000—2017)

年 份	常住人口(万人)	城 镇	乡 村	城镇化率(%)
2000	1110.85	596.75	514.10	53.72
2001	1134.22	619.96	514.26	54.66
2002	1157.41	640.63	516.78	55.35
2003	1173.40	674.94	498.46	57.52
2004	1194.13	693.91	500.22	58.11
2005	1221.72	731.20	490.52	59.85
2006	1248.50	768.20	480.30	61.53
2007	1257.94	787.22	470.72	62.58
2008	1270.62	807.86	462.76	63.58
2009	1286.60	834.36	452.24	64.85
2010	1404.76	923.70	481.06	65.75
2011	1407.08	942.74	464.34	67.00
2012	1417.78	970.26	447.52	68.44
2013	1429.76	992.25	437.51	69.40
2014	1442.75	1015.26	427.49	70.37
2015	1465.75	1047.57	418.18	71.47
2016	1591.76	1124.1	467.66	70.62
2017	1604.47	1152.81	451.66	71.85

注:根据第六次人口普查结果,2010年城镇化率有修正。

3－5　婚姻登记和离婚情况

Number of Marriages and Divorces

	单　位	2013 年	2014 年	2015 年	2016 年	2017 年
准予登记结婚	对	126928	128441	125085	131802	131111
#初　　婚	人	182640	181612	174258	176579	171958
再　　婚	人	71216	75270	75912	87025	90264
结 婚 率	%	2.14	2.12	2.04	1.88	1.83
离婚登记	对	61997	62205	65068	73401	82171
离 婚 率	%	1.04	1.03	0.93	1.04	1.14

3－6　计划生育情况(2017 年)

Conditions of Family Planning(2017)

	单　位	全　　市	市　　区	县　　(市)
符合政策生育率	%	99.54	99.67	99.35
一 孩 率	%	56.01	56.48	55.25
已婚育龄妇女人数	人	2726248	1590142	1136106
综合避孕率	%	79.68	79.76	79.57

3-7 历年全市年末从业人员情况(按产业分)

Number of Year-end Employees in City over the Years (According to Industry Points)

年份	从业人员(人)	第一产业	第二产业	第三产业	从业人员构成(%) 第一产业	第二产业	第三产业
1978	3722994	2358518	602615	761861	63.4	16.2	20.4
1979	3764661	2383030	609875	771756	63.3	16.2	20.5
1980	3931217	2488349	634664	808204	63.3	16.1	20.6
1981	4118652	2607106	679578	831968	63.3	16.5	20.2
1982	4276459	2732657	731275	812527	63.9	17.1	19.0
1983	4465414	2866943	785303	813168	64.2	17.6	18.2
1984	4728724	2796695	1061878	870151	59.1	22.5	18.4
1985	4933036	2736616	1315398	881022	55.5	26.7	17.8
1986	5085687	2780993	1348568	956126	54.7	26.5	18.8
1987	5268072	2884365	1353518	1030189	54.8	25.7	19.5
1988	5389769	2877430	1409976	1102363	53.4	26.2	20.4
1989	5511830	2966603	1436504	1108723	53.8	26.1	20.1
1990	5626680	3010955	1457603	1158122	53.5	25.9	20.6
1991	5809154	3046286	1531561	1231307	52.4	26.4	21.2
1992	5941185	3039578	1587082	1314525	51.2	26.7	22.1
1993	5959391	3019385	1514713	1425293	50.7	25.4	23.9
1994	6029501	2878742	1720745	1430014	47.8	28.5	23.7
1995	6037492	2835200	1806794	1395498	47.0	29.9	23.1
1996	6045850	2732497	1774346	1539007	45.2	29.3	25.5
1997	6064707	2691771	1764825	1608111	44.4	29.1	26.5
1998	5948366	2680317	1646067	1621982	45.0	27.7	27.3
1999	5829821	2538904	1529615	1761302	43.6	26.2	30.2
2000	5741347	2576208	1519515	1645624	44.9	26.5	28.6
2001	5758033	2410214	1481423	1866396	41.9	25.7	32.4
2002	5844215	2315113	1583001	1946101	39.6	27.1	33.3
2003	5932727	2209537	1666227	2056963	37.2	28.1	34.7
2004	6039731	2107853	1808403	2123475	34.9	29.9	35.2
2005	6190374	2001677	1905898	2282799	32.3	30.8	36.9
2006	6401398	1887612	1966586	2547200	29.5	30.7	39.8
2007	6871337	1793309	2102606	2975422	26.1	30.6	43.3
2008	7044940	1733032	2151504	3160404	24.6	30.5	44.9
2009	7295164	1627873	2329109	3338182	22.3	31.9	45.8
2010	7527799	1526985	2501175	3499639	20.3	33.2	46.5
2011	7731668	1445000	2675589	3611079	18.7	34.6	46.7
2012	7937488	1418336	2755449	3763703	17.9	34.7	47.4
2013	8211913	1376271	2886709	3948933	16.7	35.2	48.1
2014	8206783	1351486	2772776	4082521	16.5	33.8	49.7
2015	8264127	1352715	2835483	4075929	16.4	34.3	49.3
2016	8943813	1439065	2930596	4574152	16.1	32.8	51.1
2017	9129218	1420408	3012800	4696010	15.6	33.0	51.4

3－8 全市年末从业人员情况(按行业分)

Number of Year－end Employees in City (According to Sector Classification)

单位:万人

	2013 年	2014 年	2015 年	2016 年	2017 年
从业人员总计	**821.19**	**820.68**	**826.41**	**894.38**	**912.92**
按国民经济行业分组					
农、林、牧、渔业	137.63	135.15	135.27	143.91	142.04
采 矿 业	0.88	0.82	0.77	0.72	2.95
制 造 业	151.3	152.3	152.69	152.32	156.90
电力、燃气及水的生产和供应业	3.10	3.44	3.48	2.81	5.02
建 筑 业	133.4	120.72	126.62	137.20	136.41
批发和零售业	110.88	111.65	118.92	132.51	129.83
交通运输、仓储和邮政业	36.83	38.81	31.98	39.46	41.63
住宿和餐饮业	60.92	64.04	56.59	59.35	62.28
信息传输、计算机服务和软件业	17.63	18.33	19.54	28.14	31.51
金 融 业	7.01	7.94	8.89	12.23	12.66
房地产业	15.67	16.14	17.21	20.04	20.91
租赁和商务服务业	27.06	27.12	27.37	31.19	31.40
科学研究、技术服务和地质勘查业	12.15	13.66	14.44	17.33	17.97
水利、环境和公共设施管理业	4.39	4.66	4.35	4.66	4.83
居民服务和其他服务业	41.6	41.94	41.72	39.87	40.45
教 育	22.93	23.7	24.18	24.84	26.33
卫生、社会保障和社会福利业	13.83	15.31	16.49	18.07	18.87
文化、体育和娱乐业	5.35	5.85	6.17	8.61	8.83
公共管理和社会组织	18.65	19.12	19.76	21.11	22.12

3－9 历年全市年末从业人员情况(按经济类型分)

Situation of Year－end Employees in City over the Years (According to Economic Style)

单位:人

年 份	从业人员合计	城 镇	国有经济	集体经济	其他经济	私营与个体	乡 村
1978	3722994	1101925	832123	267769		2033	2621069
1979	3764661	1126661	862966	261680		2015	2638000
1980	3931217	1165499	896191	262787		6521	2765718
1981	4118652	1224652	934221	277176		13255	2894000
1982	4276459	1273459	971687	284267		17505	3003000
1983	4465414	1292205	982389	284893		24923	3173209
1984	4728724	1470071	981600	319406	129084	39981	3258653
1985	4933036	1538595	1017857	328212	146153	46373	3394441
1986	5085687	1594578	1056750	330413	154719	52696	3491109
1987	5268072	1659937	1099618	329053	160442	70824	3608135
1988	5389769	1715929	1133013	327634	169043	86239	3673840
1989	5511830	1738376	1157857	315211	175880	89428	3773454
1990	5626680	1803394	1188123	334923	183003	97345	3823286
1991	5809154	1887157	1240718	339265	196276	110898	3921997
1992	5941185	1938010	1268306	340176	207887	121641	4003175
1993	5959391	1974864	1245842	334379	259041	135602	3984527
1994	6029501	2027232	1246100	309200	278232	193700	4002269
1995	6037492	2060424	1246900	305100	290389	218035	3977068
1996	6045850	2106542	1239409	301505	301971	263657	3939308
1997	6064707	2115747	1234089	282361	307860	291437	3948960
1998	5948366	2058912	1101636	237310	358713	361253	3889454
1999	5829821	1902480	988500	185650	361577	366753	3927341
2000	5741347	1862139	934427	171193	380722	375797	3879208
2001	5758033	1868360	884121	118072	421546	444621	3889673
2002	5844215	1980767	818698	124313	494919	542837	3863448
2003	5932727	2127096	826105	126804	507949	666238	3805631
2004	6039731	2382938	790021	121984	466426	1004507	3656793
2005	6190374	2765412	789867	108614	624188	1242743	3424962
2006	6401398	3100921	807318	101998	762300	1429305	3300477
2007	6871337	3601730	842776	99528	800211	1859215	3269607
2008	7044940	3822301	857658	83319	991910	1889414	3222639
2009	7295164	4094964	919600	85540	1051030	2038794	3200200
2010	7527799	4336984	977789	79937	1125011	2154247	3190815
2011	7731668	4663818	1019384	87634	1295162	2261638	3067850
2012	7937488	4897782	1083925	79689	1397334	2336834	3039706
2013	8211913	5246325	1078808	60313	1962932	2144272	2965588
2014	8206783	5282266	979957	55641	1972043	2274625	2924517
2015	8264127	5360593	970109	50284	1951224	2388976	2903534
2016	8943813	5672221	1000729	52766	1965966	2652760	3271592
2017	9129218	5935521	1014991	48358	2123059	2749113	3193697

3-10 企业、事业、机关单位数(2017年末)

Number of Enterprises, Institutions and Agencies Organizations (End of 2017)

单位:个

	合　计	国有经济	集体经济	其他经济
总　计	**13509**	**6201**	**540**	**6768**
按企业、事业、机关分组				
企　业	7308	622	277	6409
事　业	3800	3466	259	75
机　关	2130	2086		44
民间非盈利组织	217	4	2	211
其　他	54	23	2	29
按三次产业分组				
第一产业	35	34	1	
第二产业	2765	113	93	2559
第三产业	10709	6054	446	4209
按国民经济行业分组				
农、林、牧、渔业	35	34	1	
采矿业	3			3
制造业	1845	45	52	1748
电力、燃气及水的生产和供应业	134	17	2	115
建筑业	783	51	39	693
批发和零售业	1043	109	101	833
交通运输、仓储和邮政业	313	88	10	215
住宿和餐饮业	403	32	7	364
信息传输、计算机服务和软件业	329	18		311
金融业	244	172	37	35
房地产业	1331	36	1	1294
租赁和商务服务业	453	112	33	308
科学研究、技术服务和地质勘查业	648	420	4	224
水利、环境和公共设施管理业	149	109	5	35
居民服务和其他服务业	62	15	2	45
教　育	2040	1719	3	318
卫生、社会保障和社会福利业	780	411	229	140
文化、体育和娱乐业	341	243	11	87
公共管理和社会组织	2573	2570	3	

3－11 城镇非私营单位分行业年末从业人员数(2017年末)

Number of Employed Persons in Urban Units by Sector (End of 2017)

单位:人

	总 计	国有经济	集体经济	其他经济
总 计	**2792278**	**940383**	**48358**	**1803537**
按企业、事业、机关分组				
企 业	2112288	310240	26176	1775872
事 业	473598	438218	21711	13669
机 关	190016	188878		1138
民间非盈利组织	9527	564	288	8675
其 他	6849	2483	183	4183
按三次产业分组				
第一产业	875	856	19	
第二产业	1135743	166264	20491	948988
第三产业	1655660	773263	27848	854549
按国民经济行业分组				
农、林、牧、渔业	875	856	19	
采 矿 业	278			278
制 造 业	617880	27080	4842	585958
电力、燃气及水的生产和供应业	17675	3381	123	14171
建 筑 业	499910	135803	15526	348581
批发和零售业	159697	6970	1102	151625
交通运输、仓储和邮政业	164481	46505	956	117020
住宿和餐饮业	56170	3692	559	51919
信息传输、计算机服务和软件业	143895	3996		139899
金 融 业	113407	40444	1881	71082
房地产业	128286	2072	9	126205
租赁和商务服务业	75475	22826	338	52311
科学研究、技术服务和地质勘查业	127934	69244	630	58060
水利、环境和公共设施管理业	37556	18924	2419	16213
居民服务和其他服务业	11034	772	26	10236
教 育	248985	218135	88	30762
卫生、社会保障和社会福利业	156700	116973	19159	20568
文化、体育和娱乐业	28297	19008	640	8649
公共管理和社会组织	203743	203702	41	

3－12 城镇非私营单位女性从业人员数(2017年末)

Number of Female Employed Persons in Urban Units (End of 2017)

单位:人

	总 计	国有经济	集体经济	其他经济
总 计	**1082778**	**381073**	**19747**	**681958**
按企业、事业、机关分组				
企 业	745965	73524	6248	666193
事 业	254653	234108	13231	7314
机 关	72259	71676		583
民间非盈利组织	6259	411	245	5603
其 他	3642	1354	23	2265
按三次产业分组				
第一产业	263	263		
第二产业	309534	17430	3788	288316
第三产业	772981	363380	15959	393642
按国民经济行业分组				
农、林、牧、渔业	263	263		
采 矿 业	62			62
制 造 业	234689	8299	1351	225039
电力、燃气及水的生产和供应业	6049	947	47	5055
建 筑 业	68734	8184	2390	58160
批发和零售业	91841	2411	437	88993
交通运输、仓储和邮政业	54584	18793	149	35642
住宿和餐饮业	33094	1904	352	30838
信息传输、计算机服务和软件业	51021	1495		49526
金 融 业	70933	21283	984	48666
房地产业	52044	965	5	51074
租赁和商务服务业	25966	3906	133	21927
科学研究、技术服务和地质勘查业	38092	20866	182	17044
水利、环境和公共设施管理业	16074	7165	1359	7550
居民服务和其他服务业	6002	214	17	5771
教 育	141193	123128	44	18021
卫生、社会保障和社会福利业	99883	73852	11797	14234
文化、体育和娱乐业	13429	8589	484	4356
公共管理和社会组织	78825	78809	16	

3－13 人力资源服务机构及工作情况

Basic Conditions of Employment Services

	单 位	2016 年	2017 年
年末人力资源服务机构	家	366	435
公共人力资源服务机构	家	33	34
民营人力资源服务机构	家	333	401
从业人员总数	人	7435	9046
服务人员总数(服务对象)	人次	9407988	9784170
登记求职和要求提供流动服务人员	人次	6378855	6982312
帮助实现就业和流动人数	人次	3996701	4300263
城镇登记失业人数(市就业局登记失业人数)	万人	18.84	18.46

3－14 历年全市年末城镇非私营单位在岗职工人数及构成(按经济类型分)

Number of Year－end Employees in Non Private Urban Units and Their Compositions (According to Economic Style)

年份	在岗职工人数(人)	国有经济单位	城镇集体经济单位	其他经济单位	构成(%) 国有经济单位	城镇集体经济单位	其他经济单位
1978	1099892	832123	267769		75.7	24.3	
1979	1124646	862966	261680		76.7	23.3	
1980	1158978	896191	262787		77.3	22.7	
1981	1211397	934221	277176		77.1	22.9	
1982	1255954	971687	284267		77.4	22.6	
1983	1267282	982389	284893		77.5	22.5	
1984	1302262	981600	319406	1256	75.4	24.5	0.1
1985	1347588	1017858	328212	1518	75.5	24.4	0.1
1986	1388267	1056750	330413	1104	76.1	23.8	0.1
1987	1430713	1099618	329053	2042	76.9	23.0	0.1
1988	1463385	1133013	327634	2738	77.4	22.4	0.2
1989	1476727	1157857	315211	3659	78.4	21.3	0.3
1990	1527114	1188123	334923	4068	77.8	21.9	0.3
1991	1588060	1240718	339265	8077	78.1	21.4	0.5
1992	1618676	1268306	340172	10198	78.4	21.0	0.6
1993	1610430	1225842	334379	50209	76.1	20.8	3.1
1994	1594135	1217480	302369	74286	76.4	19.0	4.6
1995	1615166	1230768	300071	84327	76.2	18.6	5.2
1996	1540594	1148671	268049	123874	74.6	17.4	8.0
1997	1450610	1103500	248945	98165	76.0	17.2	6.8
1998	1340520	994736	198221	147563	74.2	14.8	11.0
1999	1299774	953582	182005	164187	73.4	14.0	12.6
2000	1245294	896721	166909	181664	72.0	13.4	14.6
2001	1173195	841870	115574	215751	71.8	9.8	18.4
2002	1213477	791372	119343	302762	65.2	9.8	25.0
2003	1216720	786691	119736	310293	64.7	9.8	25.5
2004	1232511	757038	117561	357912	61.4	9.5	29.1
2005	1295541	755951	105167	434423	58.4	8.1	33.5
2006	1349987	779719	98073	472195	57.8	7.3	34.9
2007	1409270	807239	97299	504732	57.3	6.9	35.8
2008	1498938	818230	80700	600008	54.6	5.4	40.0
2009	1573561	870229	82071	621261	55.3	5.2	39.5
2010	1648431	879641	75562	693228	53.4	4.6	42.0
2011	1710406	790694	82279	837433	46.2	4.8	49.0
2012	1776322	790785	68933	916604	44.5	3.9	51.6
2013	2197981	753002	52980	1391999	34.3	2.4	63.3
2014	2201939	742443	46868	1412628	33.7	2.1	64.2
2015	2188409	718392	42212	1427805	32.8	1.9	65.3
2016	2228904	739813	45330	1443761	33.2	2.0	64.8
2017	2294341	732748	41739	1519854	31.9	1.8	66.2

3－15 城镇全部单位就业人员工资总额(2017年)

Total Wages Bill of Fully Employed Persons in Urban Units(2017)

单位:万元

	从业人员工资总额	国有经济	集体经济	私营经济	其他经济
总　　计	**26995090**	**8134414**	**289512**	**5922873**	**12648290**
按企业、事业、机关分					
企　　业	20824038	2269015	136273	5922873	12495877
事　　业	4304774	4071016	149199		84559
机　　关	1775318	1769877			5441
民间非盈利组织	47158	4994	2432		39733
其　　他	43803	19513	1609		22681
按三次产业分					
第一产业	52260	8886	323	43050	
第二产业	10083796	965658	89690	2979178	6049270
第三产业	16859034	7159870	199499	2900646	6599020
按国民经济行业分					
农、林、牧、渔业	52260	8886	323	43050	
采 矿 业	14976			11423	3553
制 造 业	6016680	265905	23317	1896617	3830841
电力、燃气及水的生产和供应业	183576	31018	1209	16919	134430
建 筑 业	3868564	668735	65164	1054219	2080446
批发和零售业	1643839	74127	7111	710601	851999
交通运输、仓储和邮政业	1569148	403877	4049	128504	1032717
住宿和餐饮业	501658	16555	1854	266993	216257
信息传输、计算机服务和软件业	1642228	24218		270967	1347043
金 融 业	1261920	476771	22014	60361	702774
房地产业	1205599	17195	49	350104	838251
租赁和商务服务业	1036914	141980	4507	500336	390092
科学研究、技术服务和地质勘查业	1433916	588807	7107	122066	715936
水利、环境和公共设施管理业	253435	141680	6053	32458	73244
居民服务和其他服务业	268574	4459	201	225882	38033
教　　育	2166928	1919136	554	52281	194957
卫生、社会保障和社会福利业	1674978	1287497	142187	107905	137389
文化、体育和娱乐业	300754	164996	3242	72188	60328
公共管理和社会组织	1899143	1898573	570		

3－16 城镇全部单位就业人员平均工资(2017年)

Average Wage of Fully Employed Persons in Urban Units(2017)

单位:元

	总　计	国有经济	集体经济	私营经济	其他经济
总　计	**65098**	**89208**	**67418**	**41476**	**71701**
按企业、事业、机关分					
企　业	59904	78515	60774	41476	71949
事　业	92973	94736	74462		63808
机　关	92819	93089			47813
民间非盈利组织	49876	94406	84427		45997
其　他	63335	78968	82497		53367
按三次产业分					
第一产业	35265	104423	170105	30862	
第二产业	55403	64701	53588	40971	65259
第三产业	72921	93993	76182	42225	78833
按国民经济行业分					
农、林、牧、渔业	35265	104423	170105	30862	
采 矿 业	46165			38827	117649
制 造 业	55686	98207	48710	39555	67311
电力、燃气及水的生产和供应业	85226	93146	85162	40799	96566
建 筑 业	54119	56270	55186	43822	60547
批发和零售业	47756	106154	64529	38050	57038
交通运输、仓储和邮政业	81587	88356	40130	41721	89951
住宿和餐饮业	39660	44778	33405	36377	44277
信息传输、计算机服务和软件业	84564	60229		50086	98990
金 融 业	100439	118830	117722	48374	98744
房地产业	61278	82548	54556	49860	67366
租赁和商务服务业	55927	65036	134131	44353	77352
科学研究、技术服务和地质勘查业	98394	88294	116314	56213	126225
水利、环境和公共设施管理业	56274	73930	24951	42786	46182
居民服务和其他服务业	35409	59289	77423	34780	37556
教　育	83609	88332	64430	44295	64945
卫生、社会保障和社会福利业	98634	117484	81282	47917	67957
文化、体育和娱乐业	64966	87573	52125	40493	67001
公共管理和社会组织	92623	92614	135714		

主要统计指标解释

总人口 指一定时点、一定地区范围内的有生命的个人的总和。

年度统计的年末总人口是指每年12月31日24时的人口数。

出生率 指在一定时期内(通常为一年)平均每千人所出生的人数的比率,一般用千分率表示。计算公式:

$$出生率=\frac{年出生人数}{年平均人数}\times 1000‰$$

死亡率 指在一定时期内(通常为一年)一定地区的死亡人数与同期平均人数(或期中人数)之比,一般用千分率表示。计算公式:

$$死亡率=\frac{年死亡人数}{年平均人数}\times 1000‰$$

人口自然增长率 指在一定时期内(通常为一年)人口自然增加数(出生人数减死亡人数)与该时期内平均人数(或期中人数)之比,一般用千分率表示。计算公式:

$$人口自然增长率=\frac{本年出生人数-本年死亡人数}{年平均人数}\times 100‰$$

$$人口自然增长率=人口出生率-人口死亡率$$

从业人员 指从事一定社会劳动并取得劳动报酬或经营收入的人员。包括:

(1)全部职工

(2)再就业的离退休人员

(3)私营业主

(4)个体户主

(5)私营和个体从业人员

(6)乡镇企业从业人员

(7)农村从业人员

(8)其他从业人员(包括民办教师、宗教职业者、现役军人等)

这一指标反映了一定时期内全部劳动力资源的实际利用情况,是研究我国基本国情国力的重要指标。

各单位的从业人员是指在各级国家机关、政党机关、社会团体及企业、事业单位中工作,并取得劳动报酬的全部人员。包括在岗职工、再就业的离退休人员、民办教师以及在各单位中工作的外方人员和港、澳、台方人员。

各单位的从业人员反映了各单位实际参加生产或工作的全部劳动力。因此,从1998年开始,各单位的从业人员不包括离开本单位仍保留劳动关系的职工。

平均工资 指报告期内单位发放工资的人均水平。计算公式为:

$$平均工资=\frac{报告期工资总额}{报告期平均人数}$$

城镇私营和个体从业人员 城镇私营从业人员指在工商管理部门注册登记,其经营地址设在县城关镇(含城关镇)以上的私营企业从业人员。包括:私营企业投资者和雇工。城镇个体从业人员指在工商管理部门注册登记,并持有城镇户口或在城镇长期居住,经批准从事个体工商经营的从业人员。包括:个体经营者和在个体工商户劳动的家庭帮工和雇工。

城镇登记失业人员及失业率　指有非农业户口，在一定的劳动年龄内，有劳动能力，无业而要求就业，并在当地就业服务机构进行求职登记的人员。城镇登记失业率，指城镇登记失业人数同城镇从业人数与城镇登记失业人数之和的比。计算公式为：

$$\text{城镇登记失业率} = \frac{\text{城镇登记失业人数}}{\text{城镇从业人数} + \text{城镇登记失业人数}} \times 100\%$$

四 固定资产投资 建筑业

简 要 说 明

主要内容

固定资产投资包括：全社会范围内的固定资产投资总额、发展速度及构成；更新改造投资额及构成情况、资金状况；房地产开发投资情况等。

建筑业包括：全市建筑施工企业生产情况、财务状况及其他主要指标。

资料来源

固定资产投资和建筑业资料来源于成都市统计局。

其他需要说明的问题

建筑业统计范围：1995年以前为城镇集体及国有建筑企业;1996年起为具有建筑业资质等级四级及四级以上的各种经济类型的建筑企业。

建筑业统计原则:凡公司注册地在成都的建筑企业(含本公司在外地的生产活动)均纳入统计范围。

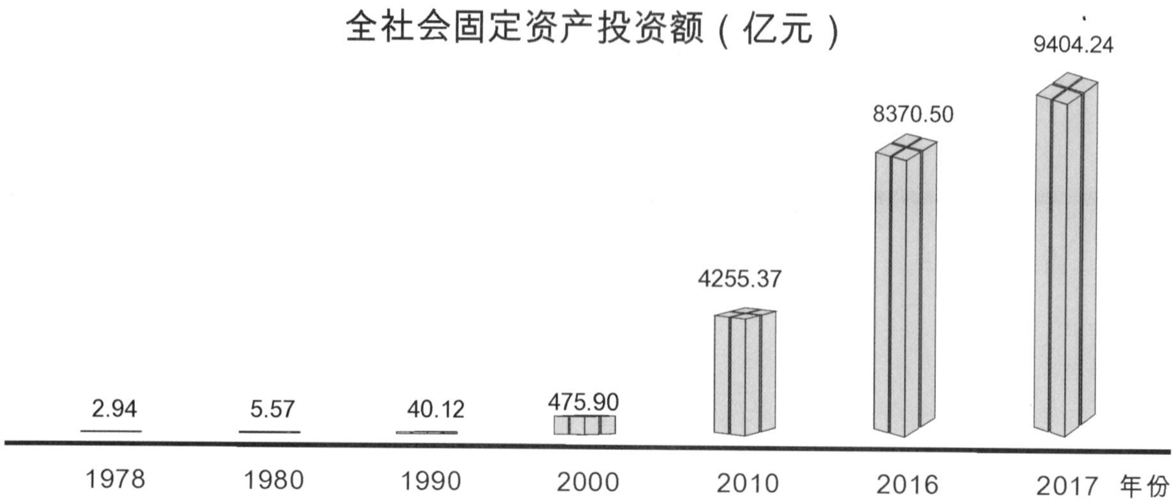
全社会固定资产投资额（亿元）
2.94
5.57
40.12
475.90
4255.37
8370.50
9404.24
1978
1980
1990
2000
2010
2016
2017
年份

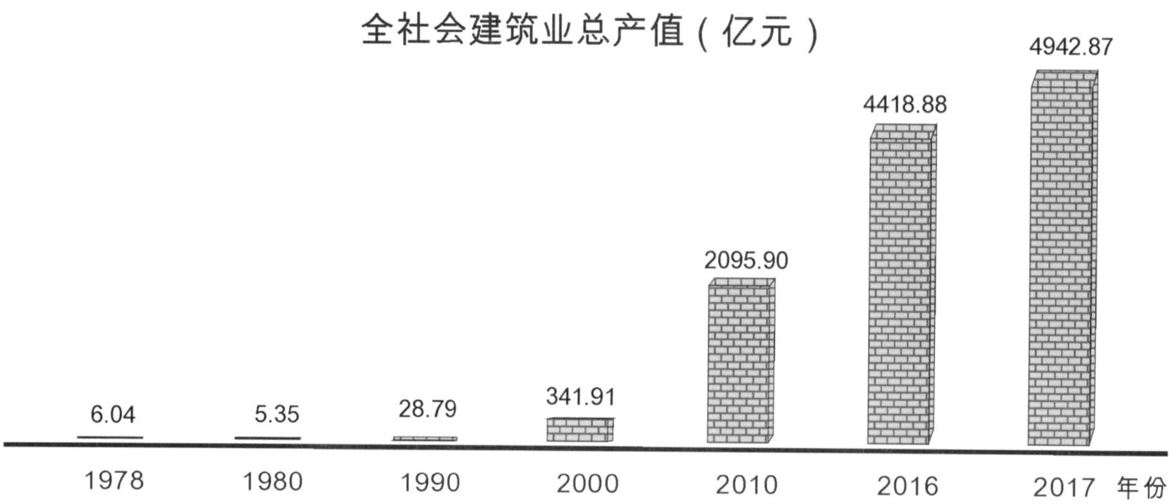
全社会建筑业总产值（亿元）
6.04
5.35
28.79
341.91
2095.90
4418.88
4942.87
1978
1980
1990
2000
2010
2016
2017
年份

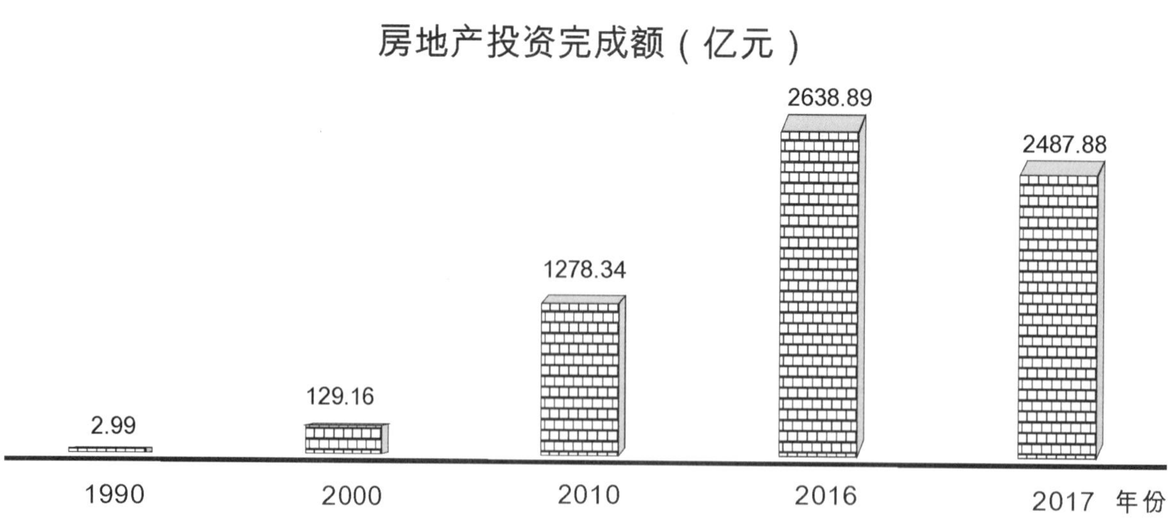
房地产投资完成额（亿元）
2.99
129.16
1278.34
2638.89
2487.88
1990
2000
2010
2016
2017
年份

4－1 历年全社会固定资产投资(按经济类型分)

Total Investment in Fixed Assets by Ownership

单位:万元

年 份	总 计	# 国有经济	# 集体经济	# 私营及个体经济	在总计中:住 宅
1950	58	58			5
1951	440	440			57
1952	1303	1303			157
1953	3913	3913			512
1954	4395	4395			691
1955	4308	4308			903
1956	11275	11275			2724
1957	16124	16124			2180
1958	22197	22197			1003
1959	47190	47190			2207
1960	62127	62127			2124
1961	18784	18784			1050
1962	10653	10653			604
1963	13547	13547			1276
1964	20305	20305			2161
1965	32112	32112			1731
1966	31220	31220			1036
1967	14482	14482			794
1968	11917	11917			479
1969	14293	14293			827
1970	18540	18540			970
1971	19306	19306			1158
1972	23895	23895			1620
1973	20349	20349			1741
1974	13692	13692			1433
1975	17301	17196	105		1474
1976	16504	16403	101		1180
1977	19668	19468	200		2938
1978	29391	28334	1057		4738
1979	50706	48851	1855		13022
1980	55744	52022	3722		18516
1981	73229	61295	6800	5134	27456
1982	95271	81874	7100	6297	32273
1983	107318	89160	7723	10435	38566
1984	146399	103594	16667	26138	40609
1985	241874	173565	44316	23993	62835

4－1 续表

单位:万元

年　份	总　计	# 国有经济	# 集体经济	# 私营及个体经济	在总计中:住　宅
1986	248741	185426	29631	33684	60259
1987	286695	199733	38558	48404	80648
1988	364892	241474	46717	76701	103857
1989	356684	243455	44230	68999	105130
1990	401156	282024	45853	73279	120688
1991	485147	349698	56475	78794	131234
1992	788038	523473	150423	114142	225462
1993	1413826	757296	340030	126496	380789
1994	1797908	910033	406660	188132	511760
1995	2156272	1081961	550455	217100	672640
1996	2588457	1192478	568105	308000	832200
1997	3100791	1480027	627493	332443	821886
1998	3718700	2101225	526100	364500	951400
1999	4190983	2339883	453457	365256	1064080
2000	4759020	2278569	372682	422201	1386892
2001	5822157	2869402	420045	661221	1810758
2002	7021455	3322330	479117	812526	2074475
2003	8629700	4014537	404889	1054117	2487521
2004	10574474	4417333	500981	1398723	2849689
2005	14586741	5773710	106657	1791346	3989685
2006	18979098	6829070	123274	2174166	5994888
2007	23900461	7378639	76198	3310197	7442067
2008	29938844	10184473	142602	2956647	7796308
2009	40124530	15804556	290579	3991218	9041631
2010	42553662	14296449	390218	3874959	9620925
2011	49956521	14757463	369011	4734064	12206190
2012	58900984	18885083	242747	7206969	13066328
2013	65010801	19844403	346933	8872566	14834999
2014	66203739	20866522	303360	8539481	15822496
2015	70069660	22657121	198410	9134127	18508753
2016	83705026	21245953	96084	18886677	15069085
2017	94042382	25732361	146880	20063886	12984442

4-2 历年全社会固定资产投资构成(按经济类型分)

Composition of Total Investment in Fixed Assets by Ownership

单位:%

年　份	总　计	# 国有经济	# 集体经济	# 私营及 个体经济	在总计中: 住　宅
1978	100	96.4	3.6		16.1
1979	100	96.3	3.7		25.7
1980	100	93.3	6.7		33.2
1981	100	83.7	9.3	7.0	37.5
1982	100	85.9	7.5	6.6	33.9
1983	100	83.1	7.2	9.7	35.9
1984	100	70.8	11.4	17.8	27.7
1985	100	71.8	18.3	9.9	26.0
1986	100	74.5	11.9	13.6	24.2
1987	100	69.7	13.4	16.9	28.1
1988	100	66.2	12.8	21.0	28.5
1989	100	68.3	12.4	19.3	29.5
1990	100	70.3	11.4	18.3	30.1
1991	100	72.1	11.6	16.3	27.1
1992	100	66.4	19.1	14.5	28.6
1993	100	53.6	24.0	8.9	27.0
1994	100	50.6	22.6	10.5	28.5
1995	100	50.2	25.5	10.1	31.2
1996	100	46.1	21.9	11.9	32.2
1997	100	47.7	20.2	10.7	26.5
1998	100	56.5	14.1	9.8	25.6
1999	100	55.8	10.8	8.7	25.3
2000	100	47.9	7.8	8.9	29.1
2001	100	49.3	7.2	11.4	31.1
2002	100	47.3	6.8	11.6	29.5
2003	100	46.5	4.7	12.2	28.8
2004	100	41.8	4.7	13.2	26.9
2005	100	39.6	0.7	12.3	27.4
2006	100	36.0	0.6	11.5	31.6
2007	100	30.9	0.3	13.8	31.1
2008	100	34.0	0.5	9.9	26.0
2009	100	39.4	0.7	9.9	22.5
2010	100	33.6	0.9	9.1	22.6
2011	100	29.5	0.7	9.5	24.4
2012	100	32.1	0.4	12.2	22.2
2013	100	30.5	0.5	13.6	22.8
2014	100	31.5	0.5	12.9	23.9
2015	100	32.3	0.3	13.0	26.4
2016	100	25.4	0.1	22.6	18.0
2017	100	27.4	0.2	21.3	13.8

4－3 历年全社会固定资产投资发展速度(按经济类型分)

Development Rates of Total Investment in Fixed Assets by Ownership

单位:%

年 份	总 计	# 国有经济	# 集体经济	# 私营及个体经济	在总计中:住 宅
1978	149.4	145.5	528.5		161.3
1979	172.5	172.4	175.5		274.8
1980	109.9	106.5	200.0		142.2
1981	131.4	117.8	182.7		148.3
1982	130.1	133.6	104.4	122.7	117.5
1983	112.6	108.9	108.8	165.7	119.5
1984	136.4	116.2	215.8	250.5	105.3
1985	165.2	167.5	265.9	91.8	154.7
1986	102.8	106.8	66.9	140.4	95.9
1987	115.3	107.7	130.1	143.7	133.8
1988	127.3	120.9	121.2	158.5	128.8
1989	97.8	100.8	94.7	90.0	101.2
1990	112.5	115.8	103.7	106.2	114.8
1991	120.9	124.0	123.2	107.5	108.7
1992	162.4	149.7	266.3	144.9	171.8
1993	179.4	144.7	226.0	110.8	168.9
1994	127.2	120.2	119.6	148.7	134.4
1995	119.9	118.9	135.4	115.4	131.4
1996	120.0	110.2	103.2	141.9	123.7
1997	119.8	124.1	110.5	107.9	98.8
1998	119.9	142.0	83.8	109.6	115.8
1999	112.7	111.4	86.2	100.2	111.8
2000	113.6	97.4	82.2	115.6	130.3
2001	122.3	125.9	112.7	156.6	130.6
2002	120.6	115.8	114.1	122.9	114.6
2003	122.9	120.8	84.5	129.7	119.9
2004	122.5	110.0	123.7	132.7	114.6
2005	137.9	130.7	121.3	128.1	140.0
2006	130.1	118.3	115.6	121.4	150.3
2007	125.9	108.0	61.8	152.3	124.1
2008	125.3	138.0	187.1	89.3	104.8
2009	134.0	155.2	203.8	135.0	116.0
2010	106.1	90.5	134.3	97.1	106.4
2011	117.4	103.2	94.6	122.2	126.9
2012	117.9	128.0	65.8	152.2	107.0
2013	110.4	105.1	142.9	123.1	113.5
2014	101.8	105.2	87.4	96.2	106.7
2015	105.8	108.6	65.4	107.0	117.0
2016	114.3	87.9	48.4	159.5	78.6
2017	112.3	121.1	152.9	106.2	86.2

4－4 历年全社会固定资产投资(按种类和构成分)

Total Investment in Fixed Assets by Channel of Management and Use of Funds

单位:万元

年 份	总 计	按管理渠道分		按构成分		
		#更改投资	#房地产投资	建筑安装工程	设备工器具购 置	其他费用
1978	29391			16670	10602	2119
1979	50706	4167		31002	15770	3934
1980	55744	5336		39649	12617	3478
1981	73229	26000		52427	15634	5168
1982	95271	30000		63219	22659	9393
1983	107318	27651		75420	21700	10198
1984	146399	35723		96268	35330	14801
1985	241874	56004		149299	67021	25554
1986	248741	67889		149833	69875	29033
1987	286695	85352		185231	72314	29150
1988	364892	107003		225847	101739	37306
1989	356684	109019		212140	102570	41974
1990	401156	117733	29883	253113	109338	38705
1991	485147	95843	31021	305714	126972	52461
1992	788038	151885	94446	545039	182227	60772
1993	1413826	202886	207310	939120	281104	193602
1994	1797908	308087	337506	1184909	409941	203058
1995	2156272	224222	545376	1482024	369660	304588
1996	2588457	254270	684379	1950825	304328	333304
1997	3100791	347932	730147	2074831	635973	389987
1998	3718700	469391	799675	2194308	885732	638660
1999	4190983	450020	998565	2613297	923373	654313
2000	4759020	489530	1291611	3129144	803781	826095
2001	5822157	649091	1707554	3998475	868248	955434
2002	7021455	906388	2033104	4163072	1292108	1566275
2003	8629700	1306440	2453991	4779214	1351187	2499299
2004	10574474	1847735	3089697	6280177	1522686	2771611
2005	14586741	2957605	4518628	8189462	2045539	4351740
2006	18979098	3618208	6136351	10720823	2668806	5589469
2007	23900461	5065250	9052800	13107861	3381497	7411103
2008	29938844	6835674	9125057	17268656	4223919	8446269
2009	40124530	9308386	9451356	25652691	6019225	8452614
2010	42553662	9653933	12783390	29402935	6009704	7141023
2011	49956521	10142305	15852771	36759034	6222151	6975336
2012	58900984	11540904	18900420	42857052	7493313	8550619
2013	65010801	12039666	21102665	46903751	8125738	9981312
2014	66203739	11972642	22208023	48244530	6329762	11629447
2015	70069660	13355742	24419542	49615238	8494577	11959845
2016	83705026	19559777	26388901	58021104	11458496	14225426
2017	94042382	27809443	24878807	64154842	14316654	15570886

4－5 历年全社会固定资产投资比重(按种类和构成分)

Proportion of Total Investment in Fixed Assets by Channel of Management and Use of Funds

单位:%

年　份	按管理渠道分		按构成分		
	#更改投资	#房地产投资	建筑安装工程	设备工器具购　置	其他费用
1978			56.7	36.1	7.2
1979	8.2		61.1	31.1	7.8
1980	9.6		71.1	22.6	6.3
1981	35.5		71.6	21.3	7.1
1982	31.5		66.4	23.8	9.8
1983	25.8		70.3	20.2	9.5
1984	24.4		65.8	24.1	10.1
1985	23.2		61.7	27.7	10.6
1986	27.3		60.2	28.1	11.7
1987	29.8		64.6	25.2	10.2
1988	29.3		61.9	27.9	10.2
1989	30.6		59.5	28.8	11.7
1990	29.3	7.4	63.1	27.3	9.6
1991	19.8	6.4	63.0	26.2	10.8
1992	19.3	12.0	69.2	23.1	7.7
1993	14.4	14.7	66.4	19.9	13.7
1994	17.1	18.8	65.9	22.8	11.3
1995	10.4	25.3	68.7	17.1	14.2
1996	9.8	26.4	75.4	11.8	12.8
1997	11.2	23.5	66.9	20.5	12.6
1998	12.6	21.5	59.0	23.8	17.2
1999	10.7	23.8	62.4	22.0	15.6
2000	10.3	27.1	65.8	16.9	17.3
2001	11.1	29.3	68.7	14.9	16.4
2002	12.9	29.0	59.3	18.4	22.3
2003	15.1	28.4	55.4	15.6	29.0
2004	17.5	29.2	59.4	14.4	26.2
2005	20.3	31.0	56.2	14.0	29.8
2006	19.1	32.3	56.5	14.1	29.4
2007	21.2	37.9	54.8	14.1	31.1
2008	22.8	30.5	57.7	14.1	28.2
2009	23.2	23.6	63.9	15.0	21.1
2010	22.7	30.0	69.1	14.1	16.8
2011	20.3	31.7	73.6	12.4	14.0
2012	19.6	32.1	72.8	12.7	14.5
2013	18.5	32.5	72.1	12.5	15.4
2014	18.1	33.5	72.9	9.5	17.6
2015	19.1	34.9	70.8	12.1	17.1
2016	23.4	31.5	69.3	13.7	17.0
2017	29.6	26.5	68.2	15.2	16.6

4-6 历年全社会固定资产投资发展速度(按种类分)

Development Rates of Total Investment In Fixed Assets by Channel of Management

单位:%

年 份	总 计	# 更改投资	# 房地产投资
1978	149.4		
1979	172.5		
1980	109.9	128.1	
1981	131.4	487.3	
1982	130.1	115.4	
1983	112.6	92.2	
1984	136.4	129.2	
1985	165.2	156.8	
1986	102.8	121.2	
1987	115.3	125.7	
1988	127.3	125.4	
1989	97.7	101.9	
1990	112.5	108.0	
1991	120.9	81.4	103.8
1992	162.4	158.5	304.5
1993	179.4	133.6	219.5
1994	127.2	151.8	162.8
1995	119.9	72.8	161.6
1996	120.0	113.4	125.5
1997	119.8	136.8	106.7
1998	119.9	134.9	109.5
1999	112.7	95.9	124.9
2000	113.6	108.8	129.3
2001	122.3	132.6	132.2
2002	120.6	139.6	119.1
2003	122.9	144.1	120.7
2004	122.5	141.4	125.9
2005	137.9	160.1	146.2
2006	130.1	122.3	135.8
2007	125.9	140.0	147.5
2008	125.3	135.0	100.8
2009	134.0	136.2	103.6
2010	106.1	103.7	135.3
2011	117.4	105.1	124.0
2012	117.9	113.8	119.2
2013	110.4	104.3	111.7
2014	101.8	99.4	105.2
2015	105.8	111.6	110.0
2016	114.3	138.7	106.5
2017	112.3	142.2	94.3

4 -7 历年全社会固定资产投资效果主要指标

Main Indicators of Total Investment Results in Fixed Assets over the Years

年　　份	施工项目（个）	全部建成投产项目（个）	建设项目投产率（%）	新增固定资　　产（万元）	固定资产交付使用率（%）	房屋面积竣工率（%）	住宅面积竣工率（%）
1978	693	171	24.6	29345	99.8	52.6	56.9
1979	1067	323	30.3	38966	76.8	49.4	50.7
1980	1228	535	43.6	49430	88.7	53.9	53.0
1981	1289	548	42.5	64474	87.8	68.1	70.1
1982	1633	750	45.9	71030	74.6	66.4	69.3
1983	2427	1482	61.1	82754	77.1	76.2	83.5
1984	1708	863	50.5	116641	79.7	76.7	86.8
1985	2386	1290	54.1	170909	70.7	72.1	79.7
1986	1861	929	49.9	201450	80.9	74.2	82.9
1987	1940	788	40.6	217055	75.7	71.8	80.9
1988	1855	881	47.5	271395	74.4	74.7	84.8
1989	1328	640	48.2	268313	75.2	76.2	86.8
1990	1654	736	44.5	330572	82.4	73.8	78.3
1991	2476	1431	57.8	383200	78.9	73.9	79.3
1992	3822	2089	54.7	519400	65.9	58.8	66.7
1993	4493	2639	58.7	836800	59.2	57.5	63.8
1994	3516	2305	65.6	1230700	68.5	58.1	67.2
1995	3553	2438	68.6	1379900	63.9	52.8	63.5
1996	3161	2156	68.2	1768600	68.3	59.1	68.9
1997	2948	1937	65.7	2289851	73.8	60.9	72.2
1998	4106	2826	68.8	2572400	69.1	53.2	61.9
1999	3190	2068	64.8	3180245	75.8	57.8	61.2
2000	2992	1988	66.4	3237100	68.0	56.8	61.8
2001	2145	1266	59.0	4101094	70.4	53.6	59.9
2002	2137	1251	58.5	4542637	64.7	57.5	63.6
2003	1774	668	37.7	4498586	52.1	52.6	59.2
2004	2126	1132	53.2	5704363	53.9	47.3	48.2
2005	3697	1451	39.2	5254965	36.0	30.1	29.2
2006	3820	1984	51.9	8375907	44.1	30.2	26.6
2007	4952	2746	55.5	9527738	39.9	24.9	20.3
2008	4682	2007	42.9	9960505	33.3	17.0	15.0
2009	6700	3653	54.5	26042535	64.9	26.9	26.4
2010	5229	2248	43.0	27546488	64.7	24.2	24.2
2011	4820	2168	45.0	32103672	64.3	24.3	18.0
2012	4684	2249	48.0	37280127	63.3	24.3	18.0
2013	4983	2283	45.8	36893488	56.7	16.1	16.4
2014	5522	2656	48.1	38204182	57.7	13.3	15.1
2015	6198	3482	56.2	40784349	58.2	11.9	9.9
2016	8530	4200	49.2	46332852	55.4	15.8	15.6
2017	9844	4845	49.2	42567434	45.3	13.9	10.9

4－8　历年国有经济单位固定资产投资

Total Investment in Fixed Assets of State － owned Units over the Years

单位：万元

年　份	总　计	# 更改投资	# 房地产投资	在总计中： 住　宅
1978	28334			4706
1979	48851	4167		12895
1980	52022	5336		18198
1981	61295	26000		21722
1982	81874	30000		26020
1983	89160	27651		28034
1984	103594	35723		22963
1985	173565	56004		38995
1986	185426	67889		32100
1987	199733	85352		36557
1988	241474	107003		35276
1989	243455	109019		42230
1990	282024	117733	29883	52012
1991	349698	95843	31021	60897
1992	523473	151885	94446	128486
1993	757296	202886	106647	195111
1994	910033	270687	125555	209795
1995	1081961	211501	191869	304617
1996	1192478	189582	231519	324655
1997	1480027	273403	162647	253833
1998	2101225	379701	234362	356386
1999	2339883	319915	336366	447865
2000	2278569	192205	340974	441863
2001	2869402	242981	437594	577866
2002	3322330	265369	423496	566357
2003	4014537	395262	380273	513320
2004	4417333	387299	126432	646390
2005	5773710	563727	240896	772045
2006	6829070	623377	273939	1316574
2007	7378639	922934	375647	1291316
2008	10184473	1000913	410405	1699619
2009	15804556	1259753	916583	2633883
2010	14296449	1942669	734597	1643057
2011	14757463	2017610	568498	1592932
2012	18885083	2411544	888922	1488336
2013	19844403	2197029	690170	1501863
2014	20866522	2157856	659706	1557023
2015	22657121	2040214	999753	1300298
2016	21245953	2557862	1138889	1069827
2017	25732361	4848743	1083802	645858

4－9 历年国有经济单位固定资产投资效果主要指标

Main Indicators of Total Investment Results in Fixed Assets of State－owned Units over the Years

年　份	施工项目（个）	全部建成投产项目（个）	建设项目投产率（%）	新　增固定资产（万元）	固定资产交付使用率（%）	房屋面积竣工率（%）	住宅面积竣工率（%）
1978	667	158	23.7	28365	100.1	49.0	53.2
1979	1026	314	30.6	37637	77.0	48.9	50.6
1980	1135	484	42.6	45634	87.7	50.2	52.2
1981	1202	513	42.7	51242	83.6	53.6	50.8
1982	1541	710	46.1	57503	70.2	49.0	49.7
1983	2234	1356	60.7	65508	73.5	57.1	66.5
1984	1405	671	47.8	78120	75.4	49.2	60.7
1985	1969	1009	51.2	108007	62.2	46.9	52.8
1986	1532	792	51.7	141620	76.4	48.1	56.5
1987	1647	742	45.1	137999	69.1	43.1	44.4
1988	1855	881	47.5	157657	65.3	41.6	69.4
1989	1328	640	48.2	173883	71.4	46.2	54.2
1990	1488	685	46.0	202219	71.7	43.5	46.6
1991	1553	723	46.6	226324	64.7	44.8	47.1
1992	1397	542	38.8	331491	63.3	31.0	30.2
1993	1672	477	28.5	416878	55.0	39.1	40.7
1994	1070	424	39.6	656545	72.1	40.1	43.2
1995	990	437	44.1	714788	66.1	41.0	45.8
1996	1057	533	50.4	894062	75.0	44.4	54.8
1997	940	393	41.8	1147845	77.6	45.5	54.3
1998	1258	595	47.3	1307070	62.2	36.3	33.3
1999	1009	531	52.6	1752261	74.8	43.4	46.3
2000	962	470	48.9	1450128	63.6	49.9	54.5
2001	830	322	38.8	2126044	74.1	45.6	53.2
2002	794	301	37.9	1884759	56.7	41.1	47.1
2003	734	251	34.2	1766630	44.0	31.5	39.9
2004	662	282	42.6	2044878	46.3	30.6	26.1
2005	1081	294	27.2	1854286	32.1	18.8	9.9
2006	1296	625	48.2	2711640	39.7	25.1	21.3
2007	1437	798	55.5	3053096	41.4	25.1	25.5
2008	1451	541	37.3	2642377	25.9	52.7	35.9
2009	2442	1313	53.8	9397628	59.5	24.2	19.7
2010	1716	787	45.7	10156982	71.1	37.7	43.6
2011	1272	665	52.3	11239382	76.2	31.5	37.9
2012	1541	833	54.1	12377919	65.5	31.4	30.2
2013	1548	925	59.8	13664593	68.9	22.0	32.0
2014	3171	1291	40.7	23396414	54.3	12.1	13.4
2015	2170	1334	61.5	14174967	59.9	17.1	18.0
2016	2634	1465	55.6	12634136	59.5	28.3	34.3
2017	2579	1367	53.0	12363746	48.0	23.9	25.2

4－10　历年更新改造投资资金来源情况

Investment in Innovation by Source of Funds

单位：万元

年　份	总　计	#国　家预算内资金	#国内贷款	#利用外资	#自筹资金	#其他资金
1979	4167	612	624		2733	198
1980	5336	500	2000		2836	
1981	26000	2000	5000		17480	1520
1982	30000	2000	7000	300	18837	1863
1983	27651	1890	6495		18946	320
1984	35723	3016	10076	410	20833	1388
1985	56004	4003	15939	177	32655	3230
1986	67889	4073	24448	234	35282	3852
1987	87950	5271	29923	1601	44498	5228
1988	109334	3812	32137	3236	58954	11195
1989	98853	1085	30569	12716	50475	4008
1990	132356	841	54677	12023	61650	3165
1991	130875	678	59296	9620	57847	3434
1992	159697	2769	76969	3571	72176	4212
1993	206824	663	75125	589	112834	16129
1994	295427	2943	93976	25927	153916	18315
1995	224227	980	57365	18437	127089	20356
1996	282475	408	71125	19158	175668	16116
1997	363442	290	80797	26166	236442	17191
1998	455994		34298	9513	408991	3192
1999	479459	3979	118405	38740	278121	40214
2000	521816	12001	118679	13857	302408	30041
2001	659214	38523	106580	20562	421719	71830
2002	1008256	22133	179011	34290	650067	43426
2003	1410116	32175	276903	20533	979744	32839
2004	1961679	3438	388709	87319	1368631	31035
2005	2938958	14487	426747	150695	2160724	106094
2006	3961313	70390	455457	300963	2899398	116881
2007	5270855	32189	822019	283921	3721032	212644
2008	6981849	53456	727513	56998	5703363	219153
2009	9459400	70427	729299	16407	8419568	223699
2010	10536882	265048	911213	10032	8597723	519747
2011	10165823	69537	234766	5413	9627894	73855
2012	11945548	459738	190153	19253	10973122	41059
2013	12528536	160180	276234	175388	11464984	103469
2014	12562101	77018	130838	58476	11922951	234274
2015	13836310	209743	263037	189632	12603945	413487
2016	19559777	273270	561147	22400	17992945	710015
2017	26641651	211512	1006389	34046	24662682	727022

4－11 历年更新改造投资资金来源构成

Composition of Investment in Innovation by Source of Funds

单位:%

年　份	总　计	#国　家 预算内资金	#国内贷款	#利用外资	#自筹资金	#其他资金
1979	100	14.7	14.9		65.6	4.8
1980	100	9.4	37.5		53.1	
1981	100	7.7	19.2		67.3	5.8
1982	100	6.7	23.3	1.0	62.8	6.2
1983	100	6.8	23.5		68.5	1.2
1984	100	8.4	28.2	1.1	58.4	3.9
1985	100	7.1	28.5	0.3	58.3	5.8
1986	100	6.0	36.0	0.3	51.9	5.7
1987	100	6.0	34.0	1.8	50.6	6.0
1988	100	3.5	29.4	3.0	53.9	10.2
1989	100	1.1	30.9	12.8	51.1	4.1
1990	100	0.6	41.3	9.1	46.6	2.4
1991	100	0.5	45.3	7.4	44.2	2.6
1992	100	1.7	48.2	2.2	45.3	2.6
1993	100	0.3	36.3	0.3	54.6	7.8
1994	100	1.0	31.8	8.8	52.1	6.2
1995	100	0.4	25.6	8.2	56.7	9.1
1996	100	0.1	25.2	6.8	62.2	5.7
1997	100	0.1	22.2	7.2	65.1	4.7
1998	100		7.5	2.1	89.7	0.7
1999	100	0.8	24.7	8.1	58.0	8.4
2000	100	2.3	22.7	2.7	58.0	5.8
2001	100	5.8	16.2	3.1	64.0	10.9
2002	100	2.2	17.8	3.4	64.5	4.3
2003	100	2.3	19.6	1.5	69.5	2.3
2004	100	0.2	19.8	4.5	69.8	1.6
2005	100	0.5	14.5	5.1	73.5	3.6
2006	100	1.8	11.5	7.6	73.2	3.0
2007	100	0.6	15.6	5.4	70.6	4.0
2008	100	0.8	10.4	0.8	81.7	3.1
2009	100	0.7	7.7	0.2	89.0	2.4
2010	100	2.5	8.6	0.1	81.6	4.9
2011	100	0.7	2.3	0.1	94.7	0.7
2012	100	3.8	1.6	0.2	91.9	0.3
2013	100	1.3	2.2	1.4	91.5	0.8
2014	100	0.6	1.0	0.5	94.9	1.9
2015	100	1.5	1.9	1.4	91.1	3.0
2016	100	1.4	2.9	0.1	92.0	3.6
2017	100	0.8	3.8	0.1	92.6	2.7

4－12 分行业项目投资完成情况

Total Investment in Poject by Sector

单位:万元

	2016 年项目投资	#更新改造	2017 年项目投资	#更新改造
总　　计	**57316125**	**19559777**	**69163575**	**27809443**
农、林、牧、渔业	2106139	99115	2489884	124285
采 掘 业	97030	84441	77829	53463
制 造 业	20656600	15667756	28036152	20921064
电力、煤气及自来水生产和供应业	1824885	606078	1992812	1037751
#电　　力	704628	285619	1015876	518563
#燃气生产和供应	260800	96444	303045	231639
#水的生产和供应	859457	224015	673891	287549
建 筑 业	39388	21075	150448	38778
交通运输、仓储及邮政业	6964324	767531	8015230	1363095
#交通运输业	5794471	715316	7132405	1293024
#仓 储 业	1140236	22598	876284	63530
#邮 政 业	29617	29617	6541	6541
信息传输、计算机服务软件业	777957	517133	1040535	793477
#电信和其他信息传输服务业	596361	446907	842257	706280
批发和零售贸易业	1011743	235802	784140	387832
住宿和餐饮业	623039	105345	896870	132629
金融、保险业	66999	22951	92321	25322
房地产业	7185439	156114	6140313	327254
租赁和商务服务业	1591392	110366	1353802	129358
科学研究、技术服务、地质查业	248956	53661	267564	96201
水利、环境公共设施管理业	9930843	504143	13391444	1579901
#水利管理业	289481	28288	158254	18250
#环境管理业	133341	27440	19652	7616
#公共设施管理业	9508021	448415	13213538	1554035
居民服务和其他服务业	56060	16371	99679	63538
教　　育	1725826	134558	1726113	236950
卫生、社会保障和其他服务业	1075673	350981	1129889	418143
文化、体育和娱乐业	767182	73217	1123472	51567
公共管理和社会组织	566650	33139	355078	28835

4－13 历年市及市以下固定资产投资情况

Investment in Fixed Assets belong to Municipal & Below over the Years

单位:万元

年　份	总　计	在总计中:			在总计中:		在总计中: 住　宅
		#国有经济	#集体经济	#私营及个体经济	#更改投资	#房地产投资	
1978	9813	8756	1057				1600
1979	22323	20468	1855		4167		6455
1980	24761	21039	3722		5336		6895
1981	38746	24761	6800	5134	13000		8179
1982	50100	35539	7100	6297	15300		12635
1983	51823	32414	7723	10435	13528		10933
1984	82830	40025	16667	26138	19858		10124
1985	142377	70672	44316	23993	35218		19843
1986	154182	82849	29631	33684	44414		16141
1987	181954	84177	38558	48404	50934		16504
1988	263637	131235	46286	76701	82042		18059
1989	247025	120828	44230	68999	74868		22365
1990	289200	170113	45767	73279	92138	24403	37041
1991	320729	185609	56326	78794	68595	25272	42781
1992	637847	340589	150223	114142	108665	84830	194332
1993	1017088	542521	325551	126496	160845	107523	260734
1994	1240816	507611	399651	188132	136031	268622	408201
1995	1680532	643704	542426	217100	122801	509766	584518
1996	1943400	747600	545813	308000	183200	649700	765500
1997	2424949	852287	592978	324055	252409	683755	712747
1998	2897000	1451349	514500	358869	365366	720000	812675
1999	3212600	1458975	450457	365256	351443	861888	854463
2000	3707885	1443782	365419	369997	414750	1134904	942477
2001	4598998	3076144	409415	618949	478493	1533082	1616888
2002	5091006	2450773	476841	812526	721808	1842127	1915622
2003	7241321	3025894	394281	1054117	1014286	2255542	2256700
2004	9151191	3099998	500981	1346427	1560198	2672341	2625044
2005	12689408	4125996	105657	1777804	2476698	4346824	3857221
2006	16771098	5287883	114598	2287029	3125596	5843999	5683626
2007	21857418	5876360	71499	3136082	4434612	8584797	5633792
2008	27168971	8464394	142602	2863249	5999274	8610311	7358756
2009	36073329	12949092	273974	3991218	8382222	9048815	9099811
2010	37470650	10942272	383218	3874959	8493380	11911618	8863855
2011	43482055	10344780	337516	4734064	9120572	14900663	11365149
2012	53516917	14478772	301021	7206969	10903399	18111779	12440624
2013	60183648	16761622	337930	8864479	11413007	19885281	13808276
2014	60855881	16666572	293978	8539481	10616462	21304946	15138237
2015	65043806	18726873	182092	9134127	12305308	23297315	15388669
2016	77213053	17819175	79301	18438258	17437560	24799341	14203008
2017	85466823	22138721	140825	20057386	25291782	23297373	12002691

4－14 历年全社会房屋建筑情况

Total Construction of Buildings over the Years

单位:万平方米

年 份	施工面积	# 住 宅	竣工面积	# 住 宅
1978	192. 63	83. 55	101. 35	47. 54
1979	362. 89	212. 11	179. 27	107. 54
1980	448. 85	275. 03	242. 15	145. 77
1981	647. 35	498. 82	440. 98	349. 49
1982	827. 20	607. 12	548. 85	421. 02
1983	982. 43	649. 33	748. 67	542. 22
1984	1143. 56	730. 29	877. 53	634. 37
1985	1375. 25	860. 68	990. 97	686. 02
1986	1331. 19	800. 09	988. 15	663. 62
1987	1490. 86	911. 27	1070. 43	737. 40
1988	1503. 38	998. 10	1123. 70	846. 20
1989	1305. 19	870. 37	994. 42	755. 68
1990	1430. 50	1031. 50	1056. 22	807. 44
1991	1436. 46	993. 20	1061. 68	788. 02
1992	1717. 90	1180. 60	1010. 14	787. 97
1993	2348. 62	1262. 79	1350. 48	806. 04
1994	2936. 40	1572. 49	1706. 14	1056. 89
1995	3177. 41	1682. 58	1677. 18	1068. 87
1996	3274. 28	1916. 11	1936. 29	1320. 17
1997	3177. 66	1950. 47	1937. 89	1408. 19
1998	3180. 07	1991. 26	1690. 54	1232. 48
1999	3462. 30	2203. 34	2000. 57	1348. 21
2000	3627. 93	2502. 18	2062. 11	1545. 80
2001	4147. 85	2833. 15	2223. 60	1696. 85
2002	5011. 98	3425. 59	2881. 39	2176. 93
2003	5808. 96	3960. 84	3052. 94	2344. 61
2004	6624. 12	4096. 87	3133. 47	1975. 64
2005	7271. 86	4306. 92	2188. 60	1257. 50
2006	10491. 10	6238. 64	3172. 77	1659. 36
2007	12629. 09	7565. 93	3148. 19	1534. 11
2008	15417. 99	8642. 48	2616. 89	1294. 56
2009	18934. 16	10941. 24	5102. 53	2886. 43
2010	18645. 24	9663. 36	4503. 37	2334. 61
2011	22627. 50	11336. 63	5497. 33	2044. 27
2012	23187. 71	11729. 23	5638. 04	2110. 39
2013	25259. 95	12348. 97	4074. 33	2027. 81
2014	26240. 91	12982. 94	3491. 63	1957. 61
2015	26442. 11	12751. 42	3148. 70	1262. 00
2016	23976. 47	12530. 03	3792. 66	1953. 24
2017	22396. 94	11766. 96	3102. 45	1279. 30

4－15　全社会固定资产投资主要指标(2017 年)

Main Indicators of Total Investment in Fixed Assets(2017)

	单　位	合　计	#更新改造	#房地产开发
建设项目个数				
施工项目	个	9844	3370	1669
全部建成投产项目	个	4845	2257	270
建成项目投产率	%	49.2	67.0	16.2
投资完成额	**万元**	**94042382**	**27809443**	**24878807**
按构成分				
建筑工程	万元	57827012	12869730	16306496
安装工程	万元	6327830	2034644	2292082
设备、工具、器具购置	万元	14316654	10912843	362294
其他费用	万元	15570886	1992226	5917936
本年新增固定资产	**万元**	**42567434**	**15209606**	**7994386**
固定资产交付使用率	%	45.3	54.7	32.1
房屋建筑面积				
施工面积	万平方米	22396.9	972.7	19374.5
#住　　宅	万平方米	11767.0	7.9	11254.9
竣工面积	万平方米	3102.5	468.1	1855.0
#住　　宅	万平方米	1279.3	4.9	1073.7
房屋竣工率	%	13.9	48.1	9.6
#住　　宅	%	10.9	62.6	9.5

4－16 房地产开发投资情况(1990－2017年)

Real Estate Development(1990－2017)

单位:万元

年　份	本年投资完成额	按构成分				#住　宅投　资	本年新增固定资产
		建筑安装工程	设备工具器具购置	其他费用	土地购置费		
1990	29883	20726	18	9139		23374	16543
1991	31021	19406	302	11313		25863	26278
1992	94446	47386	80	46980		74207	29717
1993	207310	123726	63	83521	67759	172211	59411
1994	337506	227361	2250	107895	53932	226016	69206
1995	545376	375634	8660	161082	73045	319019	212255
1996	684379	497252	36277	150850	65116	372952	451813
1997	730147	511129	36188	182830	57437	349139	540428
1998	799675	525943	19554	254178	172775	455224	441452
1999	998565	649077	33270	316218	257849	554029	791459
2000	1291611	842613	16968	432030	333655	867561	617708
2001	1707554	1247879	40810	418865	260481	1228045	954046
2002	2033104	1298970	33977	700157	445444	1488834	1428225
2003	2453991	1604109	24344	825538	579929	1890935	1249370
2004	3089697	1778861	45143	1265693	923860	1899704	1081187
2005	4518628	2524226	136904	1857498	1376528	2953364	1351383
2006	6136351	3495221	83366	2557764	1630964	4419478	2251461
2007	9052800	4752560	134529	4165711	2920798	5989351	2557663
2008	9125057	5548833	129783	3446441	2290995	6021184	2635238
2009	9451356	6664714	150884	2635758	1455072	6348234	4731138
2010	12783390	8828111	126808	3828471	2312584	8042936	5330101
2011	15852771	11957872	141890	3753009	2391004	10363125	5627297
2012	18900420	13615834	402850	4881736	3204476	11726003	8321899
2013	21102665	14890491	582932	5629242	4065126	12907209	8100343
2014	22208023	15132150	405956	6669917	5680883	13533974	8450183
2015	24419542	16953591	438868	7027083	5874264	14781679	6393509
2016	26388901	19064752	593621	6730528	5468969	14164154	11340556
2017	24878807	18598577	362294	5917936	4910029	12984442	7994386

4－16 续表

单位:万元

年份	本年资金来源合计	#资金来源小计						
		预算内资金	国内贷款	债券	利用外资	自筹资金	其他资金	定金及预收款
1991	59299	462	9969			18605	13987	
1992	207851	1000	46276		1437	71642	7391	
1993	329465		72470	6783	5265	128268	68004	
1994	472142		77716	13538	20100	138614	139987	
1995	923929	1630	176119	5726	32625	203744	357226	233879
1996	1018722	200	187832	4961	46143	276698	335559	202868
1997	1152949		255653	8278	41694	264529	403460	299650
1998	1205556		256554	533	34733	296355	413933	293054
1999	1406368		270707	5000	6164	455686	451019	363095
2000	1889031		307800	3020	19996	525043	757371	521799
2001	2408900		398929		15980	444538	1142603	770449
2002	2923740		632302		17263	693930	1181835	990684
2003	3832082		682418		5857	901263	1706931	1477360
2004	4606693		555037		16910	1028008	2364846	1929043
2005	6113568		592766		140601	2139824	2479102	1804209
2006	9759911		1086355		261226	3632142	3915844	2963387
2007	15091650		2279336		575108	4727057	5977707	3810750
2008	13610612		1945289		901289	4300534	4023316	2080414
2009	18676549		2500705		119268	4534096	9119141	4587377
2010	25226376		3141389		331378	7305073	8959237	4577534
2011	40631081		3390441		664182	9980745	11299455	7605884
2012	32769750		3344414		169309	9393406	12493849	7605391
2013	39693341		5145514		323252	11106585	14360570	9429460
2014	43801428		5718632		393355	13324335	14346128	9250006
2015	45827730		6842258		9715	15065473	13468184	8150614
2016	49201352		5851211		6300	13711043	19023134	11397627
2017	56278356		6827582		5500	15043051	22176252	15320729

4－17 房地产开发投资(按资金来源分、2017 年)

Real Estate Development by Source of Funds(2017)

单位:万元

	按资质等级分				
	一级	二级	三级	四级	其他
本年资金来源合计	**1996077**	**8367858**	**29985394**	**170083**	**15758944**
上年末结余资金	**511610**	**1950807**	**6628986**	**5218**	**3129350**
本年资金来源小计	**1484467**	**6417051**	**23356408**	**164865**	**12629594**
国内贷款	183160	1143395	3611191	57984	1831852
利用外资					5500
自筹资金	155546	1842555	7692864	9468	5342618
其他资金来源	1145761	3431101	12052353	97413	5449624
#定金及预收款	852655	2292042	8226758	67122	3882152
本年各项应付款合计	**209879**	**1064104**	**3821080**	**33415**	**1289566**
#工　程　款	70309	443223	2252858	9747	762244

4－18 房地产投资(按工程用途分、2017年)

Investment in Real Estate by Use(2017)

单位:万元

按经济类型分	本年完成投资	按工程用途分			
		住宅	办公楼	商业营业用房	其他
合计	**24878807**	**12984442**	**2150137**	**5715748**	**4028480**
#国有	78037	17816	33756	4804	21661
集体					
股份制经济	7163	7163			
私营个体经济	5639100	2580890	401692	1676736	979782
港澳台投资	1382397	744994	215300	183828	238275
外商投资	892786	392220	101804	318795	79967

4－19 房地产开发主要指标(按资质等级分、2017年)

Main Indicators of Real Estate Development by Qualification Grades(2017)

按资质等级分	本年完成投资(万元)	#住宅	施工面积(万平方米)	#住宅	竣工面积(万平方米)	#住宅	销售面积(万平方米)	#住宅
一级	929859	495051	924.41	566.01	101.66	45.35	120.01	84.72
二级	3988781	2141725	3571.60	2121.89	267.33	168.43	677.46	504.04
三级	14255846	7662514	10300.03	5997.64	864.43	551.54	2255.61	1741.00
四级	62781	31084	48.19	17.04	13.32	5.40	16.14	10.06
其他	5639179	2651707	4527.78	2550.95	608.22	303.00	851.22	632.31

4-20 房地产开发面积情况

Floor Space of Buildings of Real Estate Development

单位:万平方米

	2013 年	2014 年	2015 年	2016 年	2017 年
施工房屋面积	**15240.83**	**17229.48**	**18378.46**	**19890.34**	**19374.52**
按用途分					
住　　宅	10116.11	10720.82	11096.88	11839.36	11254.91
办 公 楼	790.49	1045.68	1155.69	1224.13	1190.22
商业营业用房	1772.77	2211.46	2453.50	2673.30	2812.08
其　　他	2561.46	3251.52	3672.39	4153.55	4117.30
房屋新开工面积	**4056.71**	**4651.56**	**3792.63**	**4306.27**	**4238.50**
按用途分					
住　　宅	2555.67	2719.44	2225.99	2554.62	2373.76
办 公 楼	177.49	335.34	244.89	207.04	255.98
商业营业用房	561.83	642.23	521.18	532.81	681.29
其　　他	761.73	954.55	800.57	1011.79	927.47
房屋竣工面积	**1887.76**	**2103.15**	**1463.43**	**2737.77**	**1854.95**
按用途分					
住　　宅	1361.34	1376.79	885.40	1740.50	1073.72
办 公 楼	86.70	123.64	80.23	115.30	123.81
商业营业用房	153.35	230.63	201.72	275.47	262.78
其　　他	286.37	372.09	296.08	606.50	394.64

4-21 房地产开发销售情况

Selling of Real Estate Development

	单位	2013年	2014年	2015年	2016年	2017年
商品房实际销售面积	**万平方米**	**2948.03**	**2950.17**	**3019.40**	**3935.31**	**3921.85**
按用途分						
住宅	万平方米	2555.42	2475.87	2474.61	3285.75	2973.54
办公楼	万平方米	105.36	122.30	93.47	116.22	235.26
商业营业用房	万平方米	173.29	209.87	232.42	234.88	342.21
其他	万平方米	113.96	142.13	218.90	298.46	370.83
商品房实际销售额	**万元**	**21216129**	**20721358**	**20661948**	**29502014**	**34244842**
按用途分						
住宅	万元	17149257	16182537	16208172	24213205	25562391
办公楼	万元	1063011	965406	713980	1013581	2348505
商业营业用房	万元	2562125	2999161	3002300	3006270	4821347
其他	万元	441736	574254	737496	1268958	1512599
商品房待售面积	**万平方米**	**696.82**	**1088.72**	**1256.95**	**1311.54**	**1105.21**
按用途分						
住宅	万平方米	326.17	526.17	535.45	371.27	211.42
办公楼	万平方米	26.01	67.17	80.59	89.42	81.57
商业营业用房	万平方米	96.59	163.02	228.35	266.10	259.39
其他	万平方米	248.05	332.36	412.56	584.75	552.83

4－22 历年全社会建筑企业基本情况

Basic Conditions of Construction Enterprises over the Years

年 份	企业数（个）	建筑业总产值（万元）	计算劳动生产率平均人数（人）	劳动生产率（元/人）	房屋建筑施工面积（万平方米）	房屋建筑竣工面积（万平方米）
1978	44	60412	185515	3256		287.55
1979	50	47391	136867	3463		150.18
1980	53	53531	148347	3608		165.39
1981	100	61993	157881	3926	416.18	212.61
1982	103	76414	172985	4417	642.27	246.19
1983	106	88100	178687	4930	500.82	247.33
1984	110	124050	183170	6772	557.91	292.13
1985	111	142044	192228	7389	656.88	266.83
1986	117	174456	212918	8194	784.67	324.43
1987	118	208230	226041	9212	830.09	355.96
1988	112	230928	228992	10085	833.64	325.93
1989	112	252416	215544	11711	764.69	299.21
1990	121	287922	225079	12792	771.76	348.72
1991	137	290981	210500	13823	805.84	334.78
1992	148	379295	229000	16563	995.60	376.70
1993	164	643554	240481	26761	1323.50	548.40
1994	168	834061	248604	33549	1652.50	608.00
1995	166	1080921	257069	42048	2120.20	571.20
1996	600	1963802	524996	37406	3413.10	1409.90
1997	669	2299019	505480	45482	3369.39	1458.69
1998	715	2554229	528796	48302	3347.05	1456.40
1999	879	2970103	586161	50670	3296.47	1644.62
2000	1017	3419146	577153	59242	3794.68	1860.41
2001	1001	3822085	659773	57930	4447.66	2246.85
2002	1005	4639105	718981	64523	5044.39	2542.58
2003	1112	5709221	832419	68586	5590.85	2801.74
2004	1522	6376470	654709	97394	5918.69	2821.62
2005	1461	7211773	617644	116762	7287.73	2618.62
2006	1343	8677195	620056	139942	9353.15	2748.42
2007	1347	10447809	728320	143451	9918.17	3055.10
2008	1364	12417244	863981	143721	10994.54	4681.56
2009	1512	16121795	938371	171806	11220.13	3968.36
2010	1524	20958969	1285343	163061	12668.80	3726.60
2011	1528	28057968	1816109	154495	15945.53	4864.35
2012	1499	33239335	—	—	17266.37	5174.79
2013	1431	36531697	—	—	22115.29	5787.99
2014	1158	38733555	—	—	22463.04	5870.98
2015	1172	40862308	—	—	23852.51	5985.54
2016	1363	44188806	—	—	23327.39	6242.71
2017	1684	49428728	—	—	25294.66	5837.73

4－23　分月固定资产投资主要经济指标(2017 年)

Main Indicators of Investment in Fixed Assets of Each Month(2017)

单位:亿元

	固定资产投资	#更新改造	#房地产
1－2 月	972.4	202.3	330.4
1－3 月	1929.2	452.2	574.5
1－4 月	2666.3	622.0	800.1
1－5 月	3616.0	832.2	1059.1
1－6 月	4804.4	1205.1	1355.1
1－7 月	5497.8	1402.7	1540.0
1－8 月	6270.9	1644.3	1751.4
1－9 月	7187.6	1970.0	1982.4
1－10 月	7909.9	2227.3	2177.5
1－11 月	8639.6	2489.5	2343.9
1－12 月	9404.2	2780.9	2487.9

主要统计指标解释

全社会固定资产投资 以货币形式表现的在一定时期内全社会建造和购置固定资产的工作量以及与此有关的费用的总称。该指标是反映固定资产投资规模、结构和发展速度的综合性指标，又是观察工程进度和考核投资效果的重要依据。全社会固定资产投资按登记注册类型可分为国有、集体、联营、股份制、私营和个体、港澳台商、外商、其他等。

房地产开发投资 包括各种经济类型的房地产开发公司、商品房建设公司及其他房地产开发单位统一开发的包括统代建、拆迁还建的住宅、厂房、仓库、饭店、宾馆、度假村、写字楼、办公楼等房屋建筑物和配套的服务设施、土地开发工程，如道路、给水、排水、供电、供热、通讯、平整场地等基础设施工程的投资。包括非房地产企业实际从事房地产开发或经营活动，不包括单纯的土地交易活动。

建筑工程 是指各种房屋、建筑物的建造工程，又称建筑工作量。这部分投资额必须兴工动料，通过施工活动才能实现，是固定资产投资额的重要组成部分。

安装工程 指各种设备、装置的安装工程，又称安装工作量。在安装工程中，不包括被安装设备本身价值。

设备工器具购置 是指报告期内购置或自制的，达到固定资产标准的设备、工具、器具的价值。新建单位及扩建单位的新建车间，按照设计或计划要求购置或自制的全部设备、工具、器具，不论是否达到固定资产标准均计入“设备工器具购置”中。

其他费用 指在固定资产建造和购置过程中发生的，除建筑安装工程和设备、工器具购置投资完成额以外的应当分摊计入固定资产投资的费用，不指经营中财务上的其他费用。

新增固定资产 指已经完成建造和购置过程，并已交付生产或使用单位的固定资产的价值，包括已经建成投入生产或交付使用的工程投资和达到固定资产标准的设备、工具、器具的投资及有关应摊入的费用。属于增加固定资产价值的其他建设费用，应随同交付使用的工程一并计入新增固定资产。

建设项目投产率 指一定时期内全部建成投入生产项目个数占同期正式施工项目个数的比率。它是从项目建设速度的角度反映投资效果的指标。

固定资产交付使用率 指一定时期新增固定资产与同期完成投资额的比率。它是反映各个时期固定资产动用速度，衡量建设过程中投资效果的一个综合性指标。

未完工程占用率 指年末未完工程累计完成投资额占全年实际完成投资额的比率。它反映未完工程的相对规模，并可从资金占用的角度反映固定资产投资效果。由于未完工程是指已经开工，但尚未建成交付使用的工程，有个跨年度问题，因此未完工程占用率会出现大于1的情况。

建筑业总产值 指以货币表现的建筑业企业在一定时期内生产的建筑业产品和服务的总和。建筑业总产值包括建筑工程产值、安装工程产值和其他产值三部分内容。

房屋施工面积 指报告期内施工的全部房屋建筑面积。包括本期新开工的房屋建筑面积、上期跨入本期继续施工的房屋建筑面积、上期停缓建在本期恢复施工的房屋建筑面积、本期竣工的房屋建筑面积以及本期施工后又停缓建的房屋建筑面积。多层建筑应填各层建筑面积之和。

房屋新开工面积 指报告期内新开工建设的房屋建筑面积，以单位工程为核算对象，即整栋房屋的全部建筑面积，不能分割计算。不包括在上期开工跨入报告期继续施工的房屋建筑面积和上期停缓建而在本期恢复施工的房屋建筑面积。房屋的开工应以房屋正式开始破土刨槽（地基处理或打永久桩）的日期为准。

房屋竣工面积 指报告期内房屋建筑按照设计要求已全部完工，达到住人和使用条件，经验收鉴定合格或达到竣工验收标准，可正式移交使用的各栋房屋建筑面积的总和。

竣工面积以房屋单位工程（栋）为核算对象，在整栋房屋符合竣工条件后按其全部建筑面积一次性计算，而不是按各栋施工房屋中已完成的部分或层次分割计算。

计算房屋竣工面积，要求严格执行房屋竣工验收标准。民用建筑一般应按设计要求在土建工程和房屋本身附属的水、电、卫（包括设计中有的煤气、暖气）工程已经完工，通风、电梯等设备已经安装完毕，做到水通、灯亮，经验收鉴定合格，并正式交付给使用单位后，才能计算竣工面积。工业及科研等生产性房屋建筑一般应按设计要求在土建工程（包括水、暖、电、卫、通风）及属于房屋组成部分的生活间、操作间等已经完成（不包括安装设备的基础工程），可以进行工艺设备和管线安装时，方可计算房屋竣工面积。

商品房销售面积 指报告期内出售商品房屋的合同总面积(即双方签署的正式买卖合同中所确定的建筑面积)。本月销售面积指从本月1日起至本月最后一天止出售商品房屋的合同总面积。商品房销售面积由现房销售面积和期房销售面积两部分组成。现房销售面积:指在报告期内正式签订买卖合同、已经竣工达到入住条件的商品房屋建筑面积。包括以一次性付款方式和分期付款方式销售的现房建筑面积。期房销售面积:指在报告期内正式签订买卖合同、正在建设尚未竣工交付使用的商品房屋建筑面积。包括以一次性付款方式和分期付款方式销售的商品房屋建筑面积。期房销售建筑面积竣工后不再结转为现房销售建筑面积。

商品房销售额 指报告期内出售商品房屋的合同总价款(即双方签署的正式买卖合同中所确定的合同总价)。本月销售额指从本月1日起至本月最后一天止出售商品房屋的合同总价款。该指标与商品房销售面积同口径,由现房销售额和期房销售额两部分组成。现房销售额:指报告期内销售的已竣工商品房屋的合同总价款。包括现房销售前期预收的定金、预收款、首付款及全部按揭贷款的本金等款项。该指标与现房销售面积同口径。期房销售额:指报告期内销售的正在建设尚未竣工的商品房屋的合同总价款。包括预售房屋前期预收的定金、预收款、首付款及全部按揭贷款的本金等项。该指标与期房销售面积同口径。

五　能源购进、消费与库存

简 要 说 明

主要内容

本部分资料反映成都市能源基本情况。包括规模以上工业企业万元工业总产值综合能源消费量,主要能源购进、消费与库存，主要能源按工业行业分组消费量，工业企业综合能源消费量按行业分类，工业企业水消费按行业分类等资料。

资料来源

本部分资料来源于成都市统计局。

5－1 规模以上工业企业万元工业总产值综合能源消费量

Per 10000 Yuan Gross Industral Output Value Consumption of Energy

项 目	能源合计（吨标煤）	原 煤（吨）	原 油（吨）	焦 炭（吨）	天然气（立方米）	汽 油（吨）	煤 油（吨）	柴 油（吨）	电 力（千瓦时）
2005 年	0.4590	0.3414		0.0572	104.3185	0.0013	0.0008	0.0019	435.4632
2006 年	0.4210	0.2249		0.0658	91.7754	0.0023	0.0007	0.0020	558.3733
2007 年	0.3032	0.1821		0.0430	71.9796	0.0010	0.0005	0.0016	379.3602
2008 年	0.2245	0.1380		0.0304	60.9299	0.0011	0.0004	0.0015	304.5253
2009 年	0.1937	0.1228		0.0231	50.1368	0.0004	0.0004	0.0009	280.0156
2010 年	0.1657	0.1090		0.0196	40.4926	0.0003	0.0004	0.0008	268.0947
2011 年	0.1328	0.1017		0.0131	33.7243	0.0005	0.0003	0.0009	224.3223
2012 年	0.1200	0.0847		0.0120	29.0640	0.0005	0.0002	0.0008	217.6970
2013 年	0.1042	0.0612		0.0088	28.4607	0.0004	0.0002	0.0007	183.6400
2014 年	0.1162	0.0473	0.0597	0.0070	24.4414	0.0003	0.0001	0.0005	167.9165
2015 年	0.1157	0.0400	0.0687	0.0016	20.8583	0.0003	0.0001	0.0005	170.6851
2016 年	0.1071	0.0331	0.0574	0.0004	19.7902	0.0003	0.0001	0.0005	169.1004
2017 年	0.1006	0.0294	0.0557	0.0001	18.7594	0.0002	0.0001	0.0004	155.9801

5－2 规模以上工业企业主要能源购进、消费及库存(2017 年)

Energy Purchasing Consumption and Inventory of Industrial Enterprises above the Set Scale (2017)

项 目	购进量	消费量合 计	#工业生产消 费	年末库存
原煤(吨)	3818313	3848117	3847609	199664
洗精煤(吨)				
其他洗煤(吨)	73398	74321	74260	1927
煤制品(吨)	540	607	607	63
焦炭(吨)	9737	10120	10051	1500
天然气(万立方米)	246026	245784	244236	1
原油(吨)	7293568	7291641	7291641	313515
汽油(吨)	27269	27374	12416	256
煤油(吨)	652	651	650	42
柴油(吨)	59164	58540	44930	2937
燃料油(吨)	2496	123690	123688	48
液化石油气(吨)	41162	177483	177459	
其他石油制品(吨)	688083	688111	688111	259
热力(百万千焦)	2323843	18928532	18928532	
电力(万千瓦时)	1991816	2043638	2023295	
煤矸石用于燃料(吨)	260757	245972	245972	36557
城市垃圾用于燃料(吨)	1364871	1374697	1374697	9437
其他燃料(吨标准煤)	4741	32126	31012	

5-3 主要能源按工业行业分组消费量(2017年)

Volume of Main Energy Consumption by Industrial Sector (2017)

行业分类	原煤 (吨)	天然气 (万立方米)	汽油 (吨)	柴油 (吨)	燃料油 (吨)	电力 (万千瓦时)
总　　计	**3848117**	**245784**	**27374**	**58540**	**123690**	**2043638**
#石油和天然气开采业					2	349
农副食品加工业	85654	5617	1212	1143	88	42171
食品制造业	7017	8363	792	1068		45983
酒、饮料和精制茶制造业	15518	5121	269	666		32057
烟草制品业		1225	196	64		8163
纺 织 业	38602	652	92	52		12335
纺织服装、服饰制造业	3553	292	124	64		3134
皮革、毛皮、羽毛及其制品和制鞋业	19472	874	521	174		9385
木材加工和木、竹、藤、棕、草制品业	9683	506	188	725		36716
家具制造业	79	1765	1752	1409		85081
造纸和纸制品业	148492	3370	365	890		60044
印刷和记录媒介复制业	13072	1183	390	373		26609
文教、工美、体育和娱乐用品制造业	18	167	83	39	11	3694
石油加工、炼焦和核燃料加工业		57354	32		121242	179804
化学原料和化学制品制造业	139448	57373	1346	1326		154593
医药制造业	39823	7988	1094	676		62391
化学纤维制造业	92908	1407	68	22		18238
橡胶和塑料制品业	92035	1749	995	1681		97262
非金属矿物制品业	1487152	53643	2256	30065	2346	253920
黑色金属冶炼和压延加工业	58188	4964	498	343		156950
有色金属冶炼和压延加工业	2341	2949	524	760		27439
金属制品业	702	4235	2058	901		72731
通用设备制造业	6114	4366	2864	1739		101910
专用设备制造业	16	2382	1334	876		38186
汽车制造业	4027	9918	3505	5058		152480
铁路、船舶、航空航天和其他运输设备制造业		341	376	138		8921
电气机械和器材制造业	4171	2384	1608	469		75534
计算机、通信和其他电子设备制造业		1505	996	269		177243
仪器仪表制造业		397	329	94		7986
其他制造业		47	3			948
废弃资源综合利用业	7411	148	26	24		2264
金属制品、机械和设备修理业		92	34	523		1744
电力、热力生产和供应业	1572610	3097	216	306		37211
燃气生产和供应业		120	765	37		5637
水的生产和供应业	11	191	463	265		40581

5－4 规模以上工业企业综合能源消费量按行业分类

Volume of Overall Energy Consumption of Industrial Enterprises above the Set Scale by Sector

单位:吨标准煤

	2013 年	2014 年	2015 年	2016 年	2017 年
总　　计	**9554385**	**12058562**	**12655287**	**12996249**	**13176158**
#石油和天然气开采业	1329	619	560	479	429
农副食品加工业	214446	155707	167652	199717	200098
食品制造业	167985	159218	155946	170475	180570
酒、饮料和精制茶制造业	172849	131995	137112	143040	131242
烟草制品业	28625	27450	25693	22400	23592
纺 织 业	64032	50588	44058	59105	47264
纺织服装、服饰制造业	9812	8568	6801	12635	10117
皮革、毛皮、羽毛及其制品和制鞋业	71042	53976	47464	44699	34329
木材加工和木、竹、藤、棕、草制品业	104613	97434	113859	104151	86404
家具制造业	118041	106110	109897	121476	130477
造纸和纸制品业	193820	192942	211814	182038	223498
印刷和记录媒介复制业	81992	78700	77147	127122	65047
文教、工美、体育和娱乐用品制造业	2612	2506	3309	6146	6763
石油加工、炼焦和核燃料加工业	321745	4050981	5193121	5352183	5732219
化学原料和化学制品制造业	1448565	895443	877964	991412	1041174
医药制造业	246901	191697	189748	203296	228466
化学纤维制造业	63323	86548	87421	117037	110901
橡胶和塑料制品业	136234	124963	128176	191474	200735
非金属矿物制品业	2269392	2012864	2055149	2151601	2138201
黑色金属冶炼和压延加工业	1412027	1258605	621669	458165	304282
有色金属冶炼和压延加工业	114074	90584	85417	78818	77388
金属制品业	168643	134908	142428	148846	147286
通用设备制造业	161227	130238	115837	198134	190554
专用设备制造业	85833	87370	93744	77693	77494
汽车制造业	230167	251969	262139	309406	333033
铁路、船舶、航空航天和其他运输设备制造业	91421	20034	18483	13337	15354
电气机械和器材制造业	122671	140024	125419	132289	127795
计算机、通信和其他电子设备制造业	143618	134315	178261	188942	233043
仪器仪表制造业	11950	11938	15808	13531	15832
其他制造业	6122	14197	15286	19315	1692
废弃资源综合利用业	6741	5582	3902	14311	10152
金属制品、机械和设备修理业	24420	8152	6413	6347	4212
电力、热力生产和供应业	1229718	1305651	1290676	1061927	970981
燃气生产和供应业	8585	6958	13672	15713	8763
水的生产和供应业	19809	28709	32535	46852	52744

5－5 规模以上工业企业水消费按行业分类(2017年)

Volume of Water Consumption of Industrial Enterprises above the Set Scale by Sector (2017)

单位:万立方米

行业分类	工业取水总量			重复用水总量
	合　计	#自来水	#地下及地表水	
总　　计	**182284.16**	**55690.42**	**122199.08**	**187098.61**
#石油和天然气开采业	6.54	6.32	0.22	
农副食品加工业	612.29	391.57	216.60	32.45
食品制造业	754.39	528.40	225.95	29.61
酒、饮料和精制茶制造业	1339.50	1176.74	161.46	402.78
烟草制品业	90.52	52.90	37.43	15.52
纺 织 业	145.18	39.16	106.02	10.83
纺织服装、服饰制造业	115.43	98.33	17.09	0.08
皮革、毛皮、羽毛及其制品和制鞋业	236.61	45.37	190.39	607.27
木材加工和木、竹、藤、棕、草制品业	122.12	67.42	54.70	18.09
家具制造业	305.97	158.91	146.83	47.67
造纸和纸制品业	946.18	126.98	818.02	1017.61
印刷和记录媒介复制业	601.14	83.59	517.50	246.54
文教、工美、体育和娱乐用品制造业	18.93	17.19	1.74	0.69
石油加工、炼焦和核燃料加工业	1812.25	182.63	2.19	127186.53
化学原料和化学制品制造业	3931.64	455.10	892.53	10705.46
医药制造业	1356.38	1010.80	338.00	324.99
化学纤维制造业	557.85	14.95	542.90	5162.77
橡胶和塑料制品业	331.18	203.34	125.82	1205.31
非金属矿物制品业	1334.53	671.38	650.32	6962.40
黑色金属冶炼和压延加工业	473.09	180.45	163.01	2575.71
有色金属冶炼和压延加工业	217.14	150.18	66.89	743.65
金属制品业	381.77	331.68	49.79	19.79
通用设备制造业	343.77	304.08	39.57	71.18
专用设备制造业	403.83	350.21	53.53	62.94
汽车制造业	1224.54	1117.28	97.06	8431.21
铁路、船舶、航空航天和其他运输设备制造业	86.84	84.72	2.10	1.33
电气机械和器材制造业	520.37	464.32	55.80	827.24
计算机、通信和其他电子设备制造业	1859.07	1848.44	10.52	5367.07
仪器仪表制造业	90.95	88.54	2.41	7.35
其他制造业	4.61	4.61		0.01
废弃资源综合利用业	9.70	9.43	0.27	0.50
金属制品、机械和设备修理业	50.42	49.43	0.99	182.48
电力、热力生产和供应业	1213.99	58.68	1155.31	14831.56
燃气生产和供应业	30.21	30.18	0.02	
水的生产和供应业	160746.23	45286.33	115447.90	

5－6　规模以上工业企业工业产值综合能耗按行业分类(2017年)

Overall Energy Consumption of Industrial Enterprises above the Set Scale by Sector (2017)

	综合能源消费量（吨标准煤）	产值能耗（吨标准煤/万元）
总　计	**13176158**	**0.1006**
#石油和天然气开采业	429	0.0223
农副食品加工业	200098	0.0358
食品制造业	180570	0.0501
酒、饮料和精制茶制造业	131242	0.0511
烟草制品业	23592	0.0104
纺 织 业	47264	0.2049
纺织服装、服饰制造业	10117	0.0195
皮革、毛皮、羽毛及其制品和制鞋业	34329	0.0488
木材加工和木、竹、藤、棕、草制品业	86404	0.1158
家具制造业	130477	0.0327
造纸和纸制品业	223498	0.1911
印刷和记录媒介复制业	65047	0.0453
文教、工美、体育和娱乐用品制造业	6763	0.0129
石油加工、炼焦和核燃料加工业	5732219	1.2209
化学原料和化学制品制造业	1041174	0.2751
医药制造业	228466	0.0428
化学纤维制造业	110901	0.6519
橡胶和塑料制品业	200735	0.0680
非金属矿物制品业	2138201	0.3546
黑色金属冶炼和压延加工业	304282	0.1815
有色金属冶炼和压延加工业	77388	0.0569
金属制品业	147286	0.0306
通用设备制造业	190554	0.0329
专用设备制造业	77494	0.0188
汽车制造业	333033	0.0160
铁路、船舶、航空航天和其他运输设备制造业	15354	0.0037
电气机械和器材制造业	127795	0.0226
计算机、通信和其他电子设备制造业	233043	0.0071
仪器仪表制造业	15832	0.0146
其他制造业	1692	0.0235
废弃资源综合利用业	10152	0.0938
金属制品、机械和设备修理业	4212	0.0168
电力、热力生产和供应业	970981	1.9904
燃气生产和供应业	8763	0.0087
水的生产和供应业	52744	0.1278

主要统计指标解释

能源库存量 指能源使用企业(单位)在报告期的某时间点所拥有的、用于企业(单位)消费或转卖(不包括本企业自己生产的)的各种能源的库存量。

(1)库存量的核算原则:

①时点性原则。库存量是指企业在报告期的某时间点所拥有的各种能源数量,所以必须按照制度所规定的时间点盘点库存,不得提前或推后。

②实际数量原则。企业在库存盘点后,可能出现账面数量与实际库存数量不一致的现象,在这种情况下,应以盘点数量为准来调整账面数量,差额作盘盈或盘亏处理。

③库存量的核算,以验收合格、办理完入库手续为准,未经验收或不合格的,不能计入库存。

④能源使用企业(单位)用于消费的能源库存按照能源的使用权原则统计。

(2)库存量的统计范围:

能源使用企业(单位)的能源库存统计范围,是企业购进和调入(加工来料和借入)的、在报告期某一时点尚未消费或转卖、存放在原材料、能源供应仓库(或场地)、车间、工地中的各种能源,主要包括:

①凡是本单位有权支配的,不论来源(自行采购的、借用的、外单位拨来的等),也不论存放在什么地方(总库、分库、车间、工地、本单位之外的其他地方等),均应统计在本单位的库存量中;

②在统计时点上尚未投入消费的,包括车间、工地、班组从仓库已领取但尚未投入第一道生产工序的(应办理假退料手续);

③外单位来料加工或自外单位借入的,在报告期末尚未消费的;

④已决定外调(卖出、借出、捐赠等),但尚未办理出库手续的;

⑤委托外单位代保管的;

⑥不属于正常周转库存的超出积压或特准储备、战略储备;

⑦清点盘库时查出属于账外的。

不包括:

①已拨交外单位委托加工的;

②已外调(借出、捐赠等),已经办理出库手续的;

③供货单位错发到本单位的;

④代外单位保管的;

⑤已查实确属损失或丢失的;

⑥已付货款,但还在运输途中的;

⑦已运到本单位,但尚未办理或尚未办完验收入库手续的;

⑧能源生产企业的产成品库存。

能源购进量 指能源使用企业(单位)在报告期购进的各种能源数量。购进量的核算原则:

(1)计算购进量的能源必须具备以下三个条件:

一是已实际到达本单位;

二是经过验收、检验;

三是办理完入库手续。但是,在未办理完入库手续前已经投入使用,要计算在购进量中;使用多少,计算多少。

(2)"谁购进,谁统计"。

凡属本单位实际购进的,符合上述原则,不论从何处购进,均应计算在内,包括作价的加工来料。

凡属本报告期实际购进的,办理完入库手续,即计算购进量;什么时间办理入库手续,什么时间计算购进量。

根据以上原则,下述情况不能计算在购进量内:

(1)供货单位已发货,但尚未运到本单位,即使已经付款;

(2)货已运到本单位,但尚未办理验收、入库手续;

(3)经验收发现的亏吨(按验收后的实际数量计算购进量);

(4)借入的,自产自用的,车间、工地上年领用今年退回的,以及加工来料(作价的除外)。

能源购进量按照实物量填报。各种能源的能源购进实物量分别按照报表规定的、体现物质形态属性的计量单位(如:吨、立方米)计算的能源购进量。

购自省外 指企业在报告期内从本省(自治区、直辖市)以外(包括进口)购进的能源产品数量。

能源消费量 指能源使用企业(单位)在报告期内实际消费的各种能源的数量。能源消费量分实物量和标准量两种。能源消费实物量是按照报表规定的、体现物质形态属性的计量单位(如:吨、立方米)计算的能源消费量;能源消费标准量是按照能源标准计量单位(如:吨标准煤)计算的能源消费量。

能源消费量的统计原则:

(1)谁消费、谁统计。即不论其所有权的归属,由哪个单位消费,就由哪个单位统计其消费量。

(2)何时投入使用,何时计算消费量。企业的能源消费,在时间、工艺界限上,以投入第一道生产工序为标志,即投入第一道生产工序即计算消费;何时投入第一道生产工序,何时计算消费量。

(3)在计算企业(单位)的综合能源消费量时,不得重复计算,要扣除二次能源的产出量和余热、余能的回收利用量。

(4)耗能工质(如水、氧气、压缩空气等),不论是外购的还是自产自用的,均不统计在能源消费量中(计算单位产品能耗时是否包括耗能工质,视统计指标的具体规定而定)。

(5)企业自产的能源,作为企业生产另一种产品的原料或燃料,是否计算消费量,视以下两种情况而定:一是自产的能源如果计算产量,消费时则计算消费量,二是自产的能源如果不计算产量,消费时则不计算消费量,视同产品生产过程中的半成品和中间产品。原则是:计算产量,则计算消费;不计算产量,则不计算消费。

工业企业能源消费量 指工业企业在工业生产活动和非工业生产活动中消费的能源,包括工业生产活动中作为燃料、动力、原料、辅助材料使用的能源,生产工艺中使用的能源,用于能源加工转换的能源;非工业生产活动中使用的能源。具体包括:

(1)用于本企业产品生产、工业性作业和其他生产性活动的能源;

(2)用于技术更新改造措施、新技术研究和新产品试制以及科学试验等方面的能源;

(3)用于经营维修、建筑及设备大修理、机电设备和交通运输工具等方面的能源;

(4)用于劳动保护的能源;

(5)生产交通运输工具的企业(如造船厂、汽车制造厂),向成品轮船、汽车中添加动力用油,应算作企业的能源消费,但不作为工业生产消费,应作为非工业生产消费和交通运输工具消费。

(6)其他非生产消费的能源。

不包括:

(1)由仓库发到车间,但在报告期最后一天没有消费的能源。这部分能源应在办理假退料手续后计入库存量。

(2)拨到外单位,委托外单位加工用的能源。

(3)调出本单位或借给外单位的能源。

工业生产能源消费量 指工业企业为进行工业生产活动所消费的能源。主要包括:

(1)用于本企业产品生产、工业性作业的能源,包括用作原料、材料、燃料、动力的能源;作为能源加工转换企业,还包括用作加工转换的能源(这部分能源不能理解为用作原材料,用作原材料的概念见后面的解释);

(2)产品生产过程中作为辅助材料使用的能源;

(3)生产工艺过程使用的能源;

(4)新技术研究、新产品试制、科学试验使用的能源;

(5)为了工业生产活动而在进行的各种修理过程中使用的能源;

(6)生产区内的劳动保护用能等。

用于原材料的能源消费量 指能源产品不作能源使用,即不作燃料、动力使用,而作为生产另外一种产品(非能源产品)的原料或作为辅助材料使用,作原料使用时通常构成这种产品的实体。它与用作加工转换的区别是:用作加工转换,投入的是能源,产出的主要产品还是能源(或产出的产品属于加工转换过程中产生的不作能源使用的其他副产品和联产品)。而用作原材料时,投入的是能源,产出的主要产品是能源范畴以外的产品,包括产出的某种产品在广义上可以用作能源(比如可以燃烧以提供热量),但通常意义上不作能源使用的产品。

非工业生产能源消费量 指在工业企业能源消费中,除"工业生产能源消费"以外的能源消费,即非工业生产用能和工业企业附属的不从事工业生产活动的非独立核算单位用能。比如本企业施工单位进行技术更新改造、维修等过程用能,非生产区的劳动保护用能,科研单位、农场、车队、学校、医院、食堂、托儿所等单位用能。但是必须注意,上述单位如果是独立核算的,其用能既不能包括在"工业企业能源消费"中,亦不能包括在"非工业生产能源消费"中。

生产交通运输工具的企业(如造船厂、汽车制造厂),向成品轮船、汽车中添加动力用油,应算作企业的非工业生产消费。

运输工具能源消费量 指在厂区内、外进行交通运输活动的交通运输工具所消费的能源。生产交通运输工具的企业(如造船厂、汽车制造厂),向成品轮船、汽车中添加动力用油,应作为交通运输工具消费。

如果工业企业所属的车队是独立核算的企业,其消费的能源既不能包括在"工业企业能源消费"中,亦不能包括在"运输工具消费"中,它的消费应为交通运输业企业消费。

综合能源消费量 指企业(单位)在报告期内工业生产实际消费的各种能源(扣除能源加工转换和能源回收利用等重复因素)的总和。计算综合能源消费量时,需要将各种能源品种的消费量换算成按照标准计量单位(如:吨标准煤)计量的消费量。

取水量 指企业从各种水源直接提取或者从市场购买的用于厂区、办公区内工业生产活动的水量,以实际获得的新水量为准。

用于工业生产活动的水量,包括主要生产用水、辅助生产用水(如机修、运输、空压站等)和附属生产用水(如绿化、办公室、浴室、食堂、厕所、保健站等),不包括非工业生产单位的用水量(如基建用水、厂内居民家庭用水和企业附属幼儿园、学校、对外营业的浴室、游泳池等的用水量)和居民生活用水量。

取水量包括企业取自地表、地下、城镇供水工程的水,外购的再生水(中水)、其他水或水的产品,以及企业为生产外供水或水产品而取用的水。不包括重复用水量、直流冷却水量、未利用直接排放的矿井水和雨水量、污水处理企业处理的污(废)水量、水力发电动力用水量。

六 财政、金融和保险

简 要 说 明

主要内容

本部分包括全市财政收支情况;全市税收情况、金融机构及国家银行信贷收支情况；全市保险机构在本市的保险业务开办情况。

资料来源

财政资料来源于成都市财政局。

税收资料来源于成都市国家税务局和成都市地方税务局。

金融资料来源于中国人民银行成都分行营业管理部。

保险资料来源于四川省保险行业协会。

其他需要说明的问题

金融机构及国家银行信贷收支统计数含省级在蓉金融机构和国家银行在本市发生的信贷收支数。

财政收入与支出（亿元）

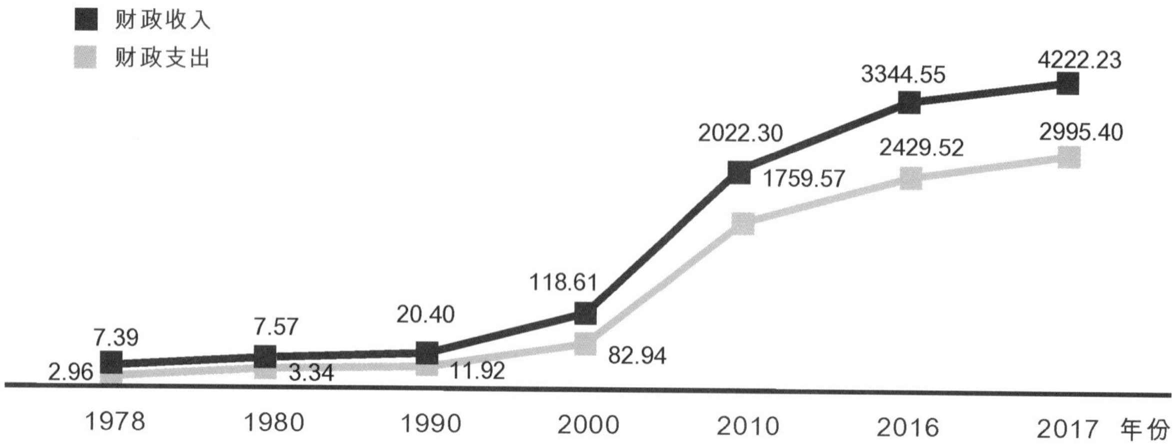

金融机构人民币年末存贷款余额（亿元）

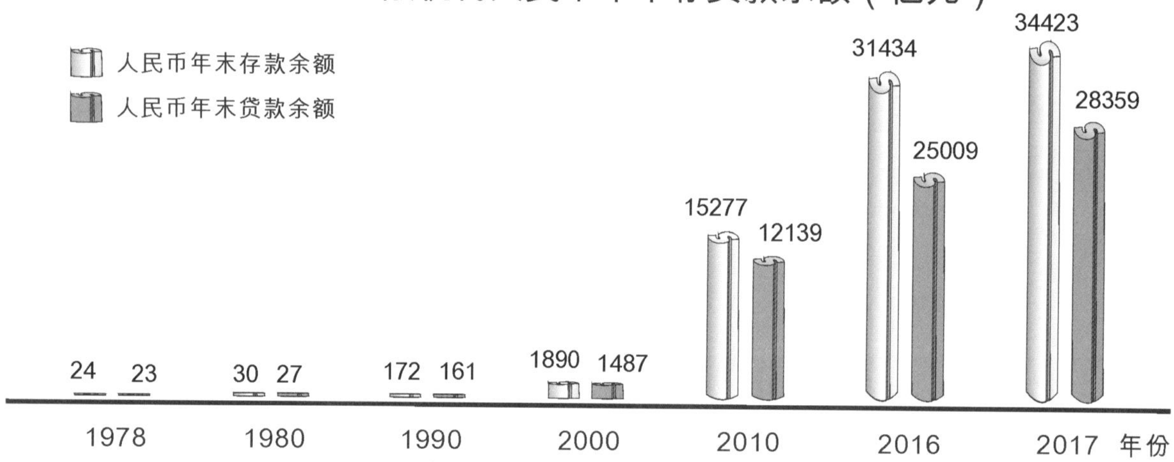

城乡居民储蓄余额（亿元）

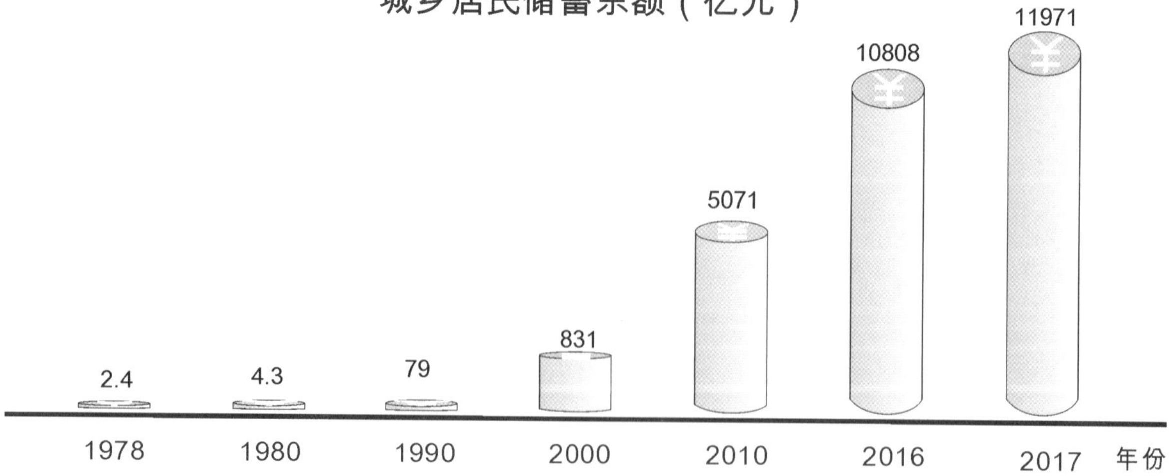

6－1 历年财政收入与财政支出

Government Financial Revenue and Expenditures over the Years

年份	财政收入（万元）	财政支出（万元）	财政收支差额（万元）	增长速度（%）		相当于本地生产总值比例（%）	
				财政收入	财政支出	财政收入	财政支出
1950	52	83	－31			0.1	0.2
1951	282	463	－181	4.4倍	4.6倍	0.6	1
1952	794	1407	－613	1.8倍	2.0倍	1.6	2.8
1953	9409	2723	6686	10.9倍	93.5	15.1	4.4
1954	9614	2887	6727	2.2	6.0	14.5	4.4
1955	10520	3188	7332	9.4	10.4	15.1	4.6
1956	12141	4635	7506	15.4	45.4	15.3	5.8
1957	15334	4923	10411	26.3	6.2	17.0	5.5
1958	25431	12174	13257	65.8	1.5倍	24.5	11.7
1959	40407	17679	22728	58.9	45.2	32.2	14.1
1960	60046	26489	33557	48.6	49.8	46.9	20.7
1961	21690	8613	13077	－63.9	－67.5	27.2	10.8
1962	14346	4997	9349	－33.9	－42.0	18.5	6.5
1963	20010	5996	14014	39.5	20.0	23.6	7.1
1964	19321	10375	8946	－3.4	73.0	18.5	10.0
1965	21776	11314	10462	12.7	9.1	16.0	8.3
1966	25184	11583	13601	15.7	2.4	15.1	6.9
1967	18501	9730	8771	－26.5	－16.0	12.6	6.6
1968	9991	7327	2664	－46.0	－24.7	8.4	6.1
1969	18803	12430	6373	88.2	69.6	12.4	8.2
1970	27519	13991	13528	46.4	12.6	13.4	6.8
1971	33571	17326	16245	22.0	23.8	14.5	7.5
1972	35024	18636	16388	4.3	7.6	15.7	8.3
1973	33229	17077	16152	－5.1	－8.4	14.4	7.4
1974	29519	15734	13785	－11.2	－7.9	13.3	7.1
1975	40904	18989	21915	38.6	20.7	16.5	7.7
1976	39098	20009	19089	－4.4	5.4	17.6	9.0
1977	50167	21368	28799	28.3	6.8	17.5	7.5
1978	73882	29626	44256	47.3	38.7	20.6	8.3
1979	74864	34597	40267	1.3	16.8	18.1	8.4
1980	75687	33359	42328	1.1	－3.6	16.4	7.2
1981	70933	30410	40523	－6.3	－8.8	14.5	6.2
1982	73839	30466	43373	4.2	0.2	13.3	5.5
1983	86090	35018	51072	16.6	15.0	13.7	5.6
1984	95642	45790	49852	11.1	30.8	13.4	6.4
1985	116497	59707	56790	21.8	30.4	13.5	6.9

注：①增长速度为同口径可比增速；②1950－1952年属新中国建立初期经济恢复时期，我市尚未建立地方级财政，该时期主要税收均由国家、省直接征收，地方仅有极少部份税收项目收入，故数据偏小。

6－1 续表

年　　份	财政收入（万元）	财政支出（万元）	财政收支差　额（万元）	增长速度（%）		相当于本地生产总值比例（%）	
				财政收入	财政支出	财政收入	财政支出
1986	133535	68105	65430	14.6	14.1	14.1	7.2
1987	138508	72036	66472	3.7	5.8	12.0	6.2
1988	163280	81158	82122	17.9	12.7	11.2	5.6
1989	195905	105061	90844	20.0	29.2	12.0	6.4
1990	203981	119179	84802	4.1	13.4	10.5	6.1
1991	224354	144965	79389	10.0	21.6	9.6	6.2
1992	249041	167589	81452	11.0	15.6	8.5	5.7
1993	337751	244909	92842	35.6	46.1	8.7	6.3
1994	458905	284996	173909	35.9	16.4	9.0	5.6
1995	528933	352085	176848	15.3	23.5	8.2	5.4
1996	654185	444024	210161	23.7	26.1	8.5	5.7
1997	772534	528323	244211	18.1	19.0	8.8	6.0
1998	894140	600676	293464	15.7	13.7	9.3	6.2
1999	1047867	722136	325731	17.2	20.2	10.0	6.9
2000	1186106	829432	356674	15.3	14.9	10.3	7.2
2001	1453175	1056589	396586	22.5	27.4	11.0	8.0
2002	1819760	1296823	522937	22.8	22.7	12.2	8.7
2003	2161256	1545576	615680	15.1	19.5	12.7	9.1
2004	2751491	1875653	875838	27.1	21.4	13.5	9.2
2005	3657817	2417938	1239879	28.8	27.2	15.4	10.2
2006	4890756	3369189	1521567	30.0	37.3	17.6	12.2
2007	9966100	7536223	2429877	36.0	38.7	29.6	22.4
2008	11322983	9322280	2000703	12.2	22.8	28.7	23.6
2009	12793694	10458917	2334777	14.3	11.5	28.4	23.2
2010	20222972	17595722	2627250	58.1	74.4	36.4	31.7
2011	22694571	17942741	4751830	13.6	2.6	32.7	25.8
2012	23312621	17704420	5608201	3.8	－1.2	28.6	21.8
2013	28100196	21508149	6592047	19.2	22.8	30.8	23.6
2014	30961856	23296247	7665609	10.2	8.3	30.8	23.2
2015	30789634	22291350	8498284	－0.6	－4.3	28.5	20.6
2016	33445538	24295200	9150338	8.6	9.0	27.5	20.0
2017	42222320	29953981	12268339	26.2	23.3	30.4	21.6

6-2 分级地方公共财政收支情况(2017年)

Revenue and Expenditures in Local Public Finance by Grade and Source(2017)

单位:万元

	全　市	分级收支		占全市比重(%)	
		市本级	区县级	市本级	区县级
一般公共预算收入	**12755334**	**3112057**	**9643277**	**24.4**	**75.6**
增 值 税	2998011	542161	2455850	18.1	81.9
营 业 税	31270	4953	26317	15.8	84.2
企业所得税	1340578	271386	1069192	20.2	79.8
个人所得税	641526	141660	499866	22.1	77.9
其他收入	7743949	2151897	5592052	27.8	72.2
一般公共预算支出	**17566621**	**3849578**	**13717043**	**21.9**	**78.1**
#一般公共服务支出	1806007	236894	1569113	13.1	86.9
公共安全支出	1204623	279844	924779	23.2	76.8
教育支出	2505824	323666	2182158	12.9	87.1
社会保障和就业支出	1591951	347486	1244465	21.8	78.2
医疗卫生与计划生育支出	1328891	503624	825267	37.9	62.1
城乡社区支出	3312625	622431	2690194	18.8	81.2
资源勘探信息等支出	1767957	296867	1471090	16.8	83.2
粮油物资储备支出	17814	3094	14720	17.4	82.6
商业服务业等支出	292353	159231	133122	54.5	45.5
金融支出	55696	10758	44938	19.3	80.7

6－3 全 市 税 收 情 况(2017 年)

Main Indicators of Taxes Revenue(2017)

单位:万元

	合 计	内资企业			
		小 计	#国有企业	#集体企业	#联营企业
总 计	**26490801**	**20637106**	**2344784**	**53753**	**24930**
#增 值 税	10357840	8691936	543183	35123	4899
消 费 税	2108518	1556088	219180	10	0
营 业 税	89670	88341	6099	92	0
企业所得税	5298791	3975596	225043	8165	15976
个人所得税	2467405	1929791	94508	2535	2562
资 源 税	7113	5834	856	22	0
城市维护建设税	848975	681625	49512	1855	310
房 产 税	566840	416725	25954	2357	130
印 花 税	216626	184223	11911	267	5
城镇土地使用税	347220	313696	10906	1451	123
土地增值税	1015702	831137	2266	1403	908
车船使用税	158452	151381	260	3	0
车船购置税	707813	134503	1687	292	17

6－3 续表

	内 资 企 业		港澳台外商投资企业	个体经营
	#股份公司	#私营企业		
总 计	**2808736**	**2547189**	**4038764**	**1814930**
#增 值 税	1258043	1184940	1367351	298553
消 费 税	33968	2450	551867	563
营 业 税	2171	6859	918	411
企业所得税	780414	604237	1323196	0
个人所得税	394660	272399	279868	257746
资 源 税	1306	676	1255	24
城市维护建设税	88503	88001	149376	17974
房 产 税	58483	64872	116449	33666
印 花 税	19899	26808	25519	6884
镇土地使用税	13837	37546	31339	2185
土地增值税	10204	134622	164572	19993
车船使用税	124107	2688	6120	951
车船购置税	2165	20372	4021	569290

6-4 各 项 税 收

Taxes of All Kinds

单位:万元

指标	2015 年		2016 年		2017 年	
	数值	增长%	数值	增长%	数值	增长%
产业税收	**21378045**	**7.7**	**21668938**	**1.4**	**26490801**	**22.3**
第一产业	28855	-67.5	21349	-26.0	19806	-7.2
第二产业	7650862	10.7	7811267	2.1	8514959	9.0
采矿业	139926	17.9	90335	-35.4	74485	-17.5
制造业	5672093	7.3	5699621	0.5	6381440	12.0
电力、燃气及水的生产和供应业	461147	42.5	395413	-14.3	381052	-3.6
建筑业	1377696	16.1	1625899	18.0	1677983	3.2
第三产业	13698327	6.6	13836321	1.0	17956035	29.8
交通运输、仓储及邮政业	369400	24.6	361103	-2.2	604273	67.3
批发和零售业	2300547	17.7	2441234	6.1	3229879	32.3
金融业	1664783	5.9	1764551	6.0	2467491	39.8
信息传输、计算机服务和软件业	539161	-0.1	520705	-3.4	858624	64.9
租赁和商务服务业	869012	17.8	1097976	26.3	1624637	48.0
房地产业	4662245	-2.9	4801461	3.0	5347607	11.4
其他行业	3293178	11.5	2849291	-13.5	3823525	34.2

6－5 国税税收收入

Revenue of National Taxation

单位：万元

项　　目	2015 年	2016 年	2017 年
税收收入合计	**10629934**	**12664190**	**17871264**
按税种分			
#增值税收入	5134359	7397691	11346907
#一般纳税人	4214466	5910772	9185817
消费税收入	1979888	1970219	2111698
企业所得税	2648397	2677295	3704823
个人所得税	67	24	22
按行业分			
第一产业	22035	10581	12042
第二产业	5168346	5705788	6917198
#工　　业	5064654	5181831	5806741
第三产业	5439553	6947821	10942023
#交通运输仓储及邮政业	213023	211328	391672

6－6 地税税收收入

Revenue of Local Taxation

单位：万元

项　　目	2015 年	2016 年	2017 年
税收收入合计	**10748111**	**9004748**	**8619537**
按税种分			
#营业税	3403304	2243617	89670
企业所得税	1052313	1150312	1593968
个人所得税	1384053	1669278	2467383
城市维护建设税	624720	717375	848975
房产和城市房地产税	430148	475675	566840
印花税	143922	165045	216626
城镇土地使用税	332075	317600	347220
土地增值税	953580	879580	1015702
按行业分			
第一产业	6821	10769	7764
第二产业	2482516	2105479	1597761
#工　　业	1208512	1003537	1030235
第三产业	8258774	6888500	7014012
#交通运输仓储及邮政业	156377	149775	212601

6－7 历年信贷及现金收支情况

Income and Expenditures on Credit and Cash over the Years

单位:万元

年份	金融机构信贷收支		国家银行现金收支		净投放(＋) 净回笼(－)
	年末存款余额	年末贷款余额	现金收入	现金支出	
1950	2510	51	3361	4082	721
1951	4641	404	8338	10083	1745
1952	11245	716	13534	15058	1524
1953	8843	6958	18325	20657	2332
1954	18101	40420	30256	29425	－831
1955	22201	23503	34121	33743	－378
1956	14481	18563	45538	47125	1587
1957	20936	21878	55374	54497	－877
1958	38853	37297	63388	63251	－137
1959	103889	79316	70858	67662	－3196
1960	77298	143748	75006	73085	－1921
1961	101189	130652	73303	71947	－1356
1962	70450	90614	60100	55569	－4531
1963	74314	61371	64128	60651	－3477
1964	69339	68163	70908	69027	－1881
1965	88541	90464	78669	77925	－744
1966	112231	126901	84284	82863	－1421
1967	103697	125694	89287	85540	－3747
1968	102058	145786	78624	79804	1180
1969	106782	159196	87936	84430	－3506
1970	143296	169548	89822	82611	－7211
1971	161042	182252	95408	89627	－5781
1972	168218	178822	106045	101187	－4858
1973	158311	187762	114147	108213	－5934
1974	164467	186970	115292	110170	－5122
1975	158736	195459	118666	111249	－7417
1976	156813	183154	114897	111929	－2968
1977	223387	193600	122723	116698	－6025
1978	237967	225304	144048	139022	－5026
1979	281399	250258	184524	180083	－4441
1980	303681	274013	230362	224825	5537
1981	324079	294740	257694	247998	－9696
1982	375890	297258	285665	274832	－10833
1983	414984	301860	336814	324651	－12163
1984	561629	631535	419970	416516	－3454
1985	590613	539559	591895	575088	－16807

6-7 续表

单位:万元

年　份	金融机构信贷收支		国家银行现金收支		净投放(+) 净回笼(-)
	年末存款余额	年末贷款余额	现金收入	现金支出	
1986	814434	797886	673159	654730	-18429
1987	1000047	942447	913920	887621	-26299
1988	1121097	1139779	1358685	1388848	30163
1989	1327700	1322547	1545823	1467073	-78750
1990	1723157	1605300	1751065	1616964	-134101
1991	2227217	1996183	2256416	2046852	-209564
1992	2975379	2485056	3356674	3199444	-157230
1993	3494672	3091224	5237439	5097752	-139687
1994	4522346	3880226	7241492	6982354	-259138
1995	6019448	4978719	10189352	9467860	-721492
1996	7596120	5990567	12919604	11849209	-1070395
1997	9068225	7022430	15063348	13661810	-1401538
1998	10870715	8160632	16789857	15762008	-1027849
1999	16364174	13742177	24126046	22950528	-1175518
2000	18904394	14871362	28189459	27026857	-1162602
2001	22571432	17622699	33919325	33100139	-819186
2002	26356135	21817846	41130487	40728767	-401720
2003	32407873	25879425	48819720	48347133	-472587
2004	37715442	28598705	53991306	52923407	-1067899
2005	44774948	30187025	58027002	57195480	-831522
2006	54853432	36313698	68830779	66898658	-1932121
2007	63932505	41192044	70844015	68400632	-2443383
2008	83170849	54097178	68423488	66097068	-2326420
2009	124159316	98694021	—	—	—
2010	152772464	121394256	—	—	—
2011	170980221	137668497	—	—	—
2012	203541672	156303941	—	—	—
2013	236622059	176175139	—	—	—
2014	267975023	197789312	—	—	—
2015	294749203	219706426	—	—	—
2016	314336886	250092017	—	—	—
2017	344232848	283593083	—	—	—

6－8　金融机构信贷收入与支出

Credit Income and Expenditures of Financial Institutions

单位:万元

	2013 年	2014 年	2015 年	2016 年	2017 年
年末存款余额	**236622059**	**267975023**	**294749203**	**314336886**	**344232848**
#企业存款	134865147	144211924	105420004	113497694	118782701
住户存款	81515890	89769401	99221841	108075605	119708368
1. 活期存款			37845309	42937951	47610141
2. 定期存款			61376531	65137655	72098227
年末贷款余额	**176175139**	**197789312**	**219706426**	**250092017**	**283593083**
#短期贷款	52425815	57878891	56526570	53840463	50907887
#个人贷款及透支	9153995	12546821	11046974	9410125	9659027
单位普通贷款及透支	41536570	43808233	45479596	44430338	41248860
#固定资产贷款	373411	137495	382819	1021082	933336
中长期贷款	121101733	136836923	157625805	190307939	228669532
#个人贷款	33630358	38757586	43923106	53558423	64615560
单位普通贷款	74208045	82649111	113702699	136749516	164053972

注:指标“住户存款”2014 年及以前为“城乡居民储蓄存款”。

6－9　国家银行信贷收入与支出

Credit Income and Expenditures of State Banks

单位:万元

	2013 年	2014 年	2015 年	2016 年	2017 年
年末存款余额	**102200521**	**110374887**	**121538016**	**135131383**	**152220008**
#企业存款	52693601	57066964	61400357	68918994	80495878
城镇居民储蓄存款	46555667	50551429	55097215	60940875	66297241
年末贷款余额	**69638330**	**77724443**	**85240166**	**96738914**	**108029239**
#短期贷款	11731244	13499673	13265793	13437857	14521822
#个人贷款及透支	1826392	3126162	2963782	2917351	3166551
单位普通贷款及透支	9267127	9759784	10302010	10520506	11355272
#固定资产贷款	51929	39090	57798	504787	281515
中长期贷款	57712186	63824871	70750334	82161595	93094487
#个人贷款	20222618	23992181	27911125	33934886	38645684
单位普通贷款	33798367	35701133	42839210	48226709	54448801

6－10 国家银行分机构信贷收入与支出(2017年)

Credit Income and Expenditures of State Banks by Institutions(2017)

单位:万元

	合 计	# 工商银行	# 农业银行	# 中国银行	# 建设银行
年末各项存款	**152220008**	**43481788**	**34477160**	**22332012**	**51929048**
#企业存款	80495878	23284778	14698281	12032029	30480790
城镇储蓄存款	66297241	18731004	18455811	9064187	20046239
年末各项贷款	**108029239**	**30399909**	**28838585**	**18682038**	**30108707**
#短期贷款	14521822	1768073	5478468	3630455	3644826
中长期贷款	93094487	28482995	23349413	14941115	26320964

6－11 全市金融机构外汇信贷收支情况

Foreign exchange credit revenue & disbursement of Financial Institutions

单位：万美元

	2016 年	2017 年		2016 年	2017 年
年末存款余额	**1649539**	**2064035**	**年末贷款余额**	**957525**	**1468663**
			境内贷款	724154	1056805
单位存款	1357974	1651626	短期贷款	472562	801402
			其中：个人贷款及透支	1124	925
其中：活期存款	191510	245705	单位普通贷款及透支	471438	800477
个人存款	262191	258461	中长期贷款	246088	252023
			其中：个人贷款	24	17
其中：储蓄存款	261840	257966	单位普通贷款	246064	252006

6－12 保 险 业 务

Economic and Technical Indicators of Insurance Companies

单位：万元

	保费		赔付支出	
	2016 年	2017 年	2016 年	2017 年
总　计	**8642503**	**9522474**	**2055249**	**2318250**
财产保险	2263393	2541864	994548	1150267
#企业财产险	95854	93681	33515	39682
机动车辆险	1835309	1879322	825399	921315
货物运输险	6705	7784	2378	2892
人寿保险	6379110	6980610	1060701	1163720
#意外伤害险	115811	242470		
健 康 险	1357293	1225193		
寿　险	4902403	5653027		
#满期给付			657227	674493
死伤医疗给付			98520	97323

主要统计指标解释

财政收入 包括:(1)各项税收包括增值税、营业税、消费税、土地增值税、城市维护建设税、资源税、城市土地使用税、印花税、固定资产投资方向调节税、个人所得税、企业所得税、关税、农牧业税和耕地占用税等。(2)专项收入包括征收排污费、征收城市水资源费收入,教育费附加收入等。(3)其他收入包括基本建设贷款归还收入、国家能源交通重点建设基金收入、国家预算调节基金等。(4)国有企业计划亏损补贴这项为负收入,冲减财政收入。

财政支出 主要包括:基本建设支出、企业挖潜改造资金、地质勘探费用、科技三项费用、支援农村生产支出、农林水利气象等部门的事业费用、工业交通商业等部门的事业费用、文教科学卫生事业费、抚恤和社会福利救济费、国际支出、行政管理费、价格补贴支出等。

属于地方财政的收入包括营业税、地方企业所得税、个人所得税、城镇土地使用税、固定资产投资方向调节税、城镇维护建设税、房产税、车船使用税、印花税、屠宰税、农牧业税、农业特产税、耕地占用税、契税、增值税25%部分,证券交易税(印花税)的50%部分和除海洋石油资源税以外的其他资源税。

地方财政支出 地方财政支出主要包括地方行政管理和各项事业费,地方统筹的基本建设、技术改造支出,支援农村生产支出,城市维护和建设经费,价格补贴支出等。

预算外资金收支 预算外资金是有关单位凭借国家权力或由国家授权而取得的没有纳入国家预算管理的财政性资金。其收入包括地方财政部门的各项附加收入,集中事业收入,专项收入等,事业行政单位的专用基金,经营性服务纯收入,行政事业性收费,专项资金,中小学勤工俭学收入,税收分成等。其支出包括固定资产投资支出,城市维护支出,福利奖励支出,行政事业支出等。

信贷资金 国家银行用于发放贷款的资金叫信贷资金。中国人民银行信贷资金的来源有各项存款、对国际金融机构负债、流通中货币、银行自有资金及当年结益等。信贷资金的运用有各项贷款、黄金占款、外汇占款、财政借款及在国际金融机构中的资产等。

存款 企业、机关、团体或居民根据可以收回的原则,把货币资金存入银行或其他信用机构保管并取得一定利息的一种信用活动形式。根据存款对象的不同可划分为企业存款、财政存款、机关团体存款、基本建设存款、城镇储蓄存款、农村存款等科目。它是银行信贷资金的主要来源。

贷款 银行或其他信用机构根据必须归还的原则,按一定利率,为企业、个人等提供资金的一种信用活动形式。我国银行贷款分为流动资金贷款、固定资产贷款、城乡个体工商户贷款以及农业贷款等科目。

保费 又叫保险费。是保险人根据保险合同的有关规定,为被保险人取得因约定危险事故发生所造成的经济损失补偿(或给付)权利,付给保险人的代价。包括财产险和人身险储金收入。

赔付支出 事故发生后,经查证确属保险责任范围以内的保险标的损失,保险人根据保险合同的规定履行赔偿义务,给予被保险人的款项叫做赔款。赔款可分为已决赔款和未决赔款两种。

七　人民生活、物价

简 要 说 明

主要内容

本部分反映人民生活状况与物价变动情况。主要包括：市区居民家庭抽样调查的人口、收入、支出总量与结构指标；城市居民家庭人均食物消费量、穿用商品及耐用消费品拥有量情况。农村居民家庭的人口、文化程度、收支、居住情况以及农村居民家庭消费结构、消费量和耐用消费品拥有量。历年城市居民消费价格指数及商品零售价格指数等。

资料来源

本部分统计资料来源于国家统计局成都调查队。

城乡居民收入（元）

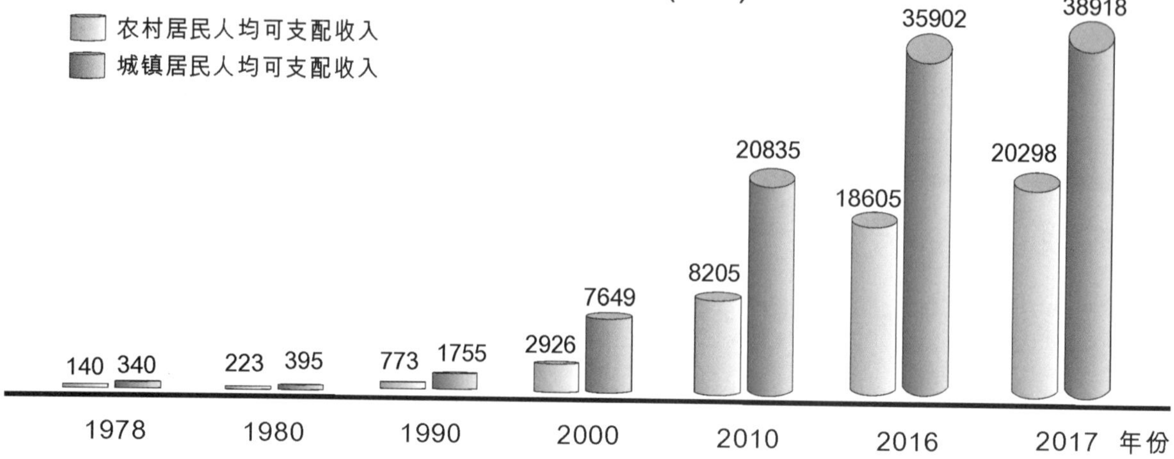

城乡居民人均生活消费支出构成（%）

城镇居民

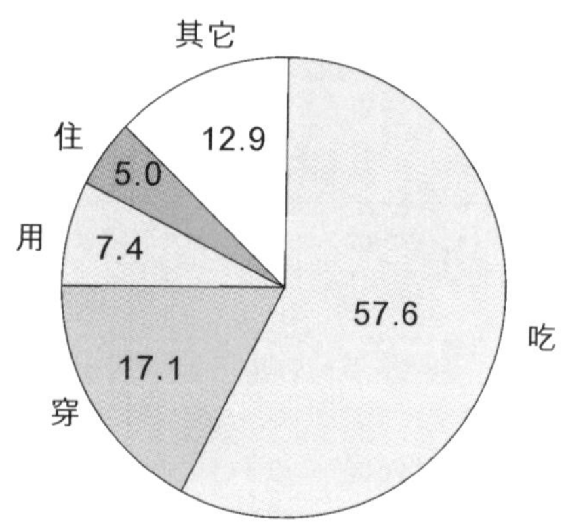

1978年

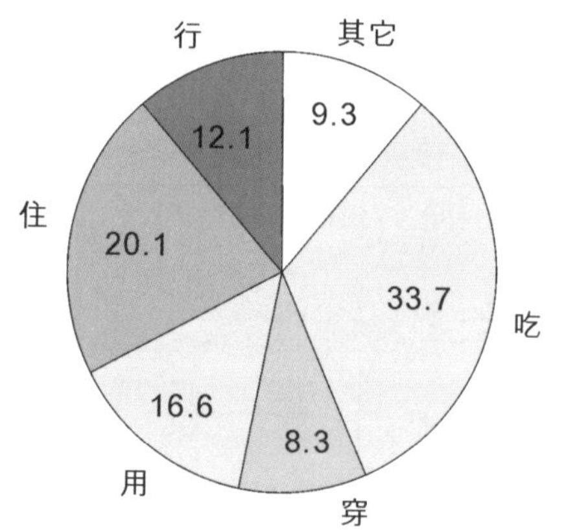

2017年

农村居民

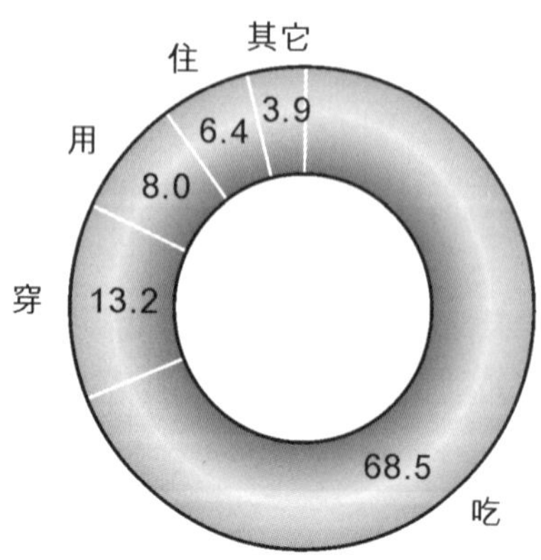

1978年

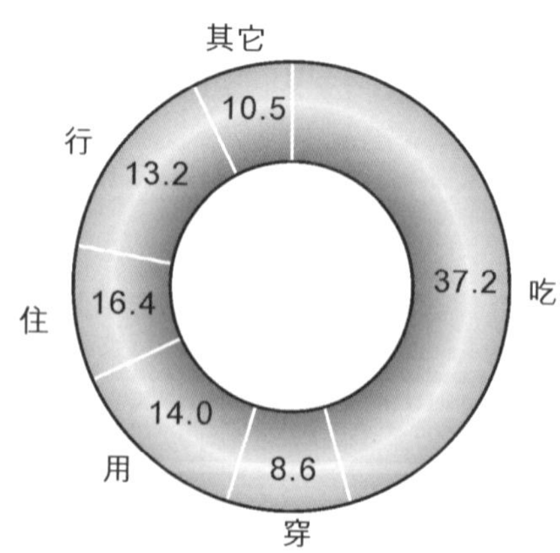

2017年

7－1 历年城镇居民家庭基本情况

Basic Conditions of Urban Households over the Years

年　份	调查户数（户）	户均家庭人口（人）	户均就业人口（人）	每一就业者负担人数（人）	平均每户就业面（%）
1954	300	3.91	1.21	3.23	30.95
1955	300	3.90	1.24	3.15	31.79
1956	300	3.72	1.25	2.98	33.60
1957	300	3.62	1.35	2.68	37.29
1958	300	3.64	1.31	2.78	35.99
1959	300	3.80	1.42	2.68	37.37
1960	300	3.31	1.42	2.33	42.90
1961	300	3.61	1.40	2.58	38.78
1962	300	4.34	1.40	3.10	32.26
1963	300	5.88	1.37	4.29	23.30
1964	300	5.18	1.52	3.41	29.34
1965	300	5.25	1.53	3.43	29.14
1966	300	5.10	1.57	3.25	30.78
1967	300	5.00	1.35	3.70	27.00
1968	300	5.01	1.31	3.82	26.15
1969	300	4.66	1.20	3.88	25.75
1970	300	4.52	1.15	3.93	25.44
1971	300	4.54	1.28	3.55	28.19
1972	300	4.50	1.28	3.52	28.44
1973	300	4.44	1.35	3.29	30.41
1974	300	4.37	1.49	2.93	34.10
1975	300	4.29	1.59	2.70	37.06
1976	300	4.12	1.60	2.58	38.83
1977	300	4.09	1.67	2.45	40.83
1978	300	4.19	1.74	2.41	41.53
1979	300	4.39	1.86	2.36	42.34
1980	300	3.84	1.97	1.95	51.30
1981	300	4.00	2.09	1.92	52.17
1982	300	3.82	2.07	1.85	54.14
1983	300	3.80	2.11	1.81	55.39
1984	300	3.75	2.10	1.79	56.00
1985	300	3.40	2.05	1.66	60.26

7－1 续表

年　份	调查户数（户）	户均家庭人　口（人）	户均就业人　口（人）	每一就业者负担人数（人）	平均每户就业面（%）
1986	300	3. 32	1. 98	1. 68	59. 68
1987	300	3. 42	2. 10	1. 63	61. 25
1988	300	3. 28	1. 87	1. 76	56. 95
1989	300	3. 17	1. 78	1. 78	56. 05
1990	300	3. 15	1. 79	1. 76	56. 93
1991	300	3. 05	1. 72	1. 77	56. 44
1992	300	3. 03	1. 66	1. 83	54. 79
1993	300	2. 90	1. 51	1. 92	52. 18
1994	300	2. 88	1. 56	1. 85	54. 17
1995	300	2. 96	1. 71	1. 73	57. 95
1996	300	2. 97	1. 76	1. 69	59. 26
1997	300	2. 99	1. 77	1. 69	59. 26
1998	300	2. 97	1. 72	1. 73	57. 91
1999	300	2. 92	1. 72	1. 70	58. 84
2000	300	2. 88	1. 44	2. 00	50. 12
2001	300	2. 98	1. 39	2. 14	46. 81
2002	300	2. 92	1. 33	2. 20	45. 55
2003	400	2. 89	1. 35	2. 14	46. 71
2004	400	2. 89	1. 48	1. 95	51. 21
2005	400	2. 87	1. 39	2. 06	48. 43
2006	400	2. 98	1. 56	1. 90	52. 70
2007	400	2. 90	1. 54	1. 88	53. 10
2008	396	2. 74	1. 43	1. 92	52. 21
2009	400	2. 74	1. 43	1. 92	52. 19
2010	400	2. 79	1. 53	1. 82	54. 84
2011	400	2. 75	1. 44	1. 91	52. 36
2012	400	2. 81	1. 43	1. 97	50. 89
2013	403	2. 82	1. 41	2. 00	50. 00
2014	2106	2. 89	1. 49	1. 94	51. 56
2015	2549	2. 93	1. 47	1. 99	50. 17
2016	2672	2. 98	1. 50	1. 99	50. 25
2017	2599	2. 97	1. 50	1. 98	50. 53

注:2008 年在“5. 12”地震期间,个别调查户无法正常记账,故年调查户数为 396 户。

7－2 历年城镇居民家庭就业人口情况

The Number of Employee of Urban Households over the Years

单位:人

年 份	调查户家庭人口	就业人口	国有经济单位职工	集体经济单位职工	个体劳动者	其他劳动者
1978	1257	522				
1979	1318	558				
1980	1152	591				
1981	1200	626	479	144		3
1982	1147	621	488	128		5
1983	1141	632	497	132		3
1984	1125	630	507	113	5	5
1985	1019	614	456	143	12	3
1986	997	595	447	135	5	8
1987	1027	629	467	145	6	11
1988	985	561	428	105	8	20
1989	951	533	432	76	7	18
1990	945	538	454	59	4	21
1991	916	517	398	87	12	20
1992	909	498	383	90	11	14
1993	870	454	339	87	14	14
1994	864	468	365	56	20	27
1995	887	514	426	59	11	18
1996	891	528	437	68	8	15
1997	896	531	431	69	17	14
1998	891	516	423	60	21	12
1999	877	516	416	60	20	20
2000	864	433	320	35	37	41
2001	893	418	238	49	72	59
2002	876	399	240	27	75	57
2003	1156	540	328	28	68	116
2004	1156	592	356	20	80	136
2005	1148	556	292	16	84	164
2006	1184	624	296	24	24	280
2007	1160	616	224	20	40	332
2008	1086	567	158	12	52	345
2009	1096	572	168	8	48	348
2010	1116	612	180	12	36	384
2011	1100	576	152	20	36	368
2012	1124	572	152	16	48	356
2013	1146	573	153	18	44	358
2014	6130	3150	543			2607
2015	7546	3731	—	—	—	—
2016	7995	3978	—	—	—	—
2017	7738	3861	—	—	—	—

注:①1980 年以前就业人口未分经济类型;②1997 年以前的国有经济单位职工为全民职工;③2015 年起就业人口未分经济类型。

7－3 历年城镇居民家庭人均现金收入情况

Per Capita Cash Income of Urban Households over the Years

单位:元

年　份	家　庭 总收入	# 可支配 收　入	储蓄借贷 收　　入	家　庭 总支出	#消费性 支　出
1954	159.78	153.85	20.35	157.38	138.48
1955	178.66	167.40	31.21	175.44	152.16
1956	186.48	173.16	37.80	179.64	166.32
1957	250.68	224.40	56.16	243.84	217.44
1958	228.36	202.20	40.56	215.04	188.88
1959	212.18	209.99	42.33	223.49	197.79
1960	217.68	196.92	31.08	193.68	179.64
1961	208.44	190.80	34.09	204.27	190.32
1962	199.20	187.56	31.44	210.48	198.84
1963	203.24	188.04	24.96	207.72	192.72
1964	214.80	201.48	24.72	210.84	197.52
1965	208.08	194.52	25.20	211.80	198.24
1966	223.79	208.12	26.34	219.48	204.12
1967	208.77	194.57	24.69	204.35	189.85
1968	201.23	186.94	30.30	197.82	186.23
1969	207.88	193.54	28.79	208.76	195.36
1970	204.10	183.69	33.21	199.87	181.49
1971	208.64	193.82	37.69	201.22	183.12
1972	229.35	213.75	32.03	213.45	190.69
1973	241.11	224.59	28.79	237.56	218.61
1974	284.04	264.64	35.74	279.89	261.13
1975	291.86	272.89	37.23	281.24	254.79
1976	314.03	293.30	32.66	311.03	286.42
1977	342.77	327.08	38.77	341.67	329.13
1978	364.55	340.25	39.88	347.83	328.32
1979	389.60	352.44	42.73	366.92	341.67
1980	420.92	395.04	60.48	415.29	391.26

注:①1992 年以前家庭总收入为家庭实际收入,可支配收入为生活费收入;②1992 年以前家庭总支出为家庭实际支出。

7－3 续表

年　　份	家　庭 总收入	# 可支配 收　入	储蓄借贷 收　　入	家　庭 总支出	#消费性 支　出
1981	484.62	457.68	58.56	479.48	451.98
1982	516.04	485.74	53.20	490.39	459.64
1983	567.11	520.59	64.22	545.11	513.60
1984	657.09	603.06	66.49	627.57	591.13
1985	852.91	786.74	143.43	851.67	810.26
1986	991.39	913.19	166.26	999.65	946.17
1987	1101.07	1015.64	151.64	1072.05	1006.60
1988	1340.35	1243.12	266.10	1400.45	1318.01
1989	1661.91	1564.62	256.91	1607.25	1511.89
1990	1870.91	1755.37	246.34	1767.28	1680.77
1991	2062.98	1924.71	262.35	1941.01	1845.11
1992	2254.44	2101.87	443.38	2217.68	1988.08
1993	2807.35	2624.20	532.88	2745.09	2428.32
1994	4239.48	3940.47	682.96	3907.62	3641.19
1995	5075.82	4708.99	676.28	4857.78	4502.46
1996	5700.71	5265.64	808.60	5432.62	4925.45
1997	6046.84	6018.74	1204.41	6083.39	4959.48
1998	6490.18	6446.44	1529.18	6458.53	5482.28
1999	7140.96	7098.01	1321.76	6639.39	5797.97
2000	7694.95	7649.09	1527.74	7174.33	6423.48
2001	8181.60	8128.39	1624.51	7672.85	6801.19
2002	9026.38	8971.91	2616.02	9373.40	6874.17
2003	10177.34	9641.00	2261.10	9582.58	7057.68
2004	11057.90	10394.10	4052.10	12876.30	8996.97
2005	12039.21	11358.81	3275.11	12921.01	9642.45
2006	13646.97	12789.44	3866.76	14263.24	10302.37
2007	15939.29	14849.23	2971.12	14165.27	11702.77
2008	18320.39	16942.62	3421.98	16244.74	12849.93
2009	20410.71	18659.40	6033.15	20145.92	14087.79
2010	22946.69	20835.34	4848.83	20620.59	15510.91
2011	26087.45	23932.08	4463.24	22778.76	17795.00
2012	29893.91	27193.65	4174.45	24704.55	19053.89
2013	32452.00	29968.00	3862.37	26704.26	20362.00
2014	35074.77	32665.00	2570.4	28323.00	21711.00
2015	37350.00	33476.00	—	32682.00	21825.00
2016	40624.00	35902.00	—	34957.00	23514.00
2017	45180.79	38917.50	—	38284.60	25314.43

注:“存入储蓄款”在2002年以前为“存入银行与储金会款”。

7-4 城镇居民家庭人均消费性支出情况

Per Capita Annual Living Expenditures of Urban Households

单位:元

	1980 年	1990 年	2000 年	2010 年	2016 年	2017 年
消费性支出	**391.26**	**1680.77**	**6423.48**	**15510.91**	**23513.64**	**25314.43**
食品烟酒	226.15	863.63	2491.43	5732.45	8038.49	8527.34
#粮　食	45.02	70.15	160.36	392.01	647.74	683.47
油脂类		25.80	90.41	179.08	213.22	221.89
#食用植物油		25.80	72.25	172.92	190.21	202.51
肉禽及制品		225.33	599.14	1272.7	1823.27	1835.69
蛋　类		34.06	61.82	114.17	132.28	140.21
水产品类		22.39	71.58	203.09	237.05	274.41
蔬菜和食用菌		102.22	240.15	638.82	871.99	920.2
#鲜　菜		94.14	227.44	592.44	769.34	810.87
糖　类		13.51	35.58	56.29	49.89	50.87
烟草类		61.73	112.05	337.36	429.28	450.00
酒和饮料		28.34	106.30	218.43	338.4	354.55
干鲜瓜果类		54.93	127.83	379.19	519.00	620.54
奶及奶制品		19.84	137.00	322.74	416.42	447.24
衣　着	60.21	246.07	580.47	1487.4	2004.67	2110.97
#衣　类		104.02	417.10	1084.5	1568.86	1655.06
服装材料		62.38	14.26	7.49	5.27	6.04
鞋　类		43.12	146.56	383.96	431.29	449.87
生活用品及服务	34.74	200.00	565.00	882.47	1337.65	1439.65
#耐用消费品		73.83	306.02	359.71	222.69	248.62
#洗衣机		31.92	9.71	80.00	33.22	23.91
电冰箱		75.01	34.60	28.93	33.17	40.85
医疗保健	5.11	25.24	417.32	827.3	1261.08	1404.58
交通和通讯	4.23	22.31	378.95	2652.83	2842.76	3054.88
#交　通	3.84	20.67	156.16	1624.01	1872.84	1984.87
通　信	0.39	1.64	222.8	1028.82	969.92	1070.02
教育文化娱乐服务	27.94	176.05	828.75	2032.58	2392.03	2750.19
#文化娱乐用品		98.64	211.67	476.22	300.69	352.34
教　育	5.88	28.54	440.23	654.95	704.41	794.26
文化娱乐服务	12.46	29.86	176.85	901.41	1386.93	1603.58
居　住	17.88	81.91	764.31	1113.17	4745.67	5085.53
其他用品和服务	15.00	65.56	397.26	782.70	891.29	941.28
#首饰及手表			21.97	39.14	267.97	180.86
理发美容洗浴			44.70	195.99	348.08	408.93

注:1990 年以前蛋类为鲜蛋;"家庭设备用品及服务"指日用品;"教育"未含教材及参考书;"交通"未含交通工具。

7－5 城镇居民家庭人均食品消费量

Per Capita Foods Consumption of Urban Households

单位:千克

	2012 年	2013 年	2014 年	2015 年	2016 年	2017 年
食用植物油	10.62	11.53	11.16	11.80	11.62	12.31
猪　　肉	29.42	31.89	32.06	33.72	33.05	33.83
牛 羊 肉	3.05	2.53	2.66	2.94	3.22	3.50
鲜　　蛋	9.93	7.29	7.06	8.58	8.47	8.90
鲜　　菜	131.95	109.22	120.35	134.59	134.33	138.03
白　　酒	1.89	2.89	2.85	3.15	2.97	3.10
果　　酒	0.09	0.16	0.10	0.12	0.11	0.17
啤　　酒	1.69	2.75	3.02	2.84	2.77	2.82
碳酸饮料	0.35	0.42	—	—	—	—
茶　　叶	0.35	0.39	0.32	0.32	0.30	0.35
糕　　点	4.40	3.95	3.69	3.18	2.98	3.04
鲜 乳 品	20.81	19.20	16.29	16.91	17.90	18.37
奶　　粉	0.92	0.86	0.75	0.82	0.88	0.97

注:鲜蛋包括鸡蛋、鸭蛋和鹅蛋等。

7－6 城镇居民家庭人均食品消费额

Per Capita funds Consumption of Urban Households

单位:元

	2012 年	2013 年	2014 年	2015 年	2016 年	2017 年
粮　　食	455.42	475.00	504.00	548.87	647.74	683.47
油 脂 类	187.81	196.00	191.00	197.31	213.22	221.89
#食用植物油	183.45	188.68	183.35	189.46	190.21	202.51
猪　　肉	789.93	812.00	808.00	892.97	992.63	972.47
家禽及制品	348.37	367.00	346.00	396.30	399.63	387.03
蛋　　类	129.68	135.00	132.00	135.16	132.28	140.21
#鲜　　蛋	116.41	98.00	96.44	122.30	118.94	125.50
鲜　　菜	685.82	708.00	662.84	749.99	769.34	810.87
干菜及菜制品	29.33	30.54	36.25	28.54	30.61	33.94
酒　　类	131.65	204.56	210.35	206.92	228.40	227.91
#白　　酒	97.04	113.00	120.00	166.16	181.84	171.63
果　　酒	12.84	8.89	7.61	10.52	12.69	20.24
啤　　酒	17.18	19.30	23.02	23.46	25.09	24.62
茶　　叶	63.86	56.79	51.59	57.20	55.35	68.62
鲜 乳 品	214.60	184.45	157.37	180.87	190.05	205.36
奶　　类	411.02	445.00	463.00	379.20	416.42	447.24

7-7 历年城镇居民家庭每百人购买穿用商品情况

Consumption of Clothing and Using Per 100 Citizens over the Years

年 份	体育户外用品（元）	滋补保健品（元）	液化石油气（公斤）	首饰及手表（元）	化妆品（元）
1980			51.6		
1981			32.6		
1982			22.8		
1983			30.6		
1984			62.6		
1985			46.4	154.4	
1986			51.7	149.7	
1987			29.2	120.2	
1988			36.6	702.1	
1989			106.0	1613.8	
1990			122.2	1360.9	
1991			90.1	1967.4	
1992			181.5	858.4	904.2
1993			440.6	1422.5	1340.9
1994			319.5	3174.7	1828.1
1995			222.3	2958.0	2967.9
1996			242.3	1663.9	3646.6
1997			262.3	536.2	3430.6
1998			264.5	672.2	4800.4
1999			239.0	1648.9	5174.7
2000			305.1	2197.2	4436.0
2001			279.7	1298.6	4526.3
2002			345.9	2428.3	5116.2
2003			350.0	793.0	5070.0
2004			237.0	1355.0	7286.0
2005			174.0	700.0	8637.0
2006			185.0	1775.0	9919.0
2007			228.0	678.0	9247.0
2008			48.0	1747.0	8974.0
2009			104.0	2344.0	13505.0
2010			77.0	3914.0	19102.0
2011			180.0	7123.0	23036.0
2012			220.0	6387.0	20536.0
2013			210.0	9090.0	10469.0
2014			819.0	14441.0	10238.0
2015	1450.7	13245.4	760.0	27478.2	9597.3
2016	1607.8	15024.8	669.0	26797.4	11790.7
2017	2370.2	14432.8	620.2	18086.1	13333.2

注：本表中“首饰及手表”1980－2014年名为“金银珠宝饰品”；“化妆品”1980－2014年名为“美容化妆品”。

7－8 历年城镇居民家庭平均每百户年末耐用消费品拥有量

The Number of Major Durable Consumer Goods Owned Per 100 Urban Households over the Years

年　份	洗衣机（台）	电冰箱（台）	彩　电（台）	摩托车（辆）	照相机（架）	电　话（部）	电　脑（台）	汽　车（辆）
1978								
1979			0.3		2.7			
1980			0.7		3.0			
1981			0.7		3.7			
1982			1.3		5.0			
1983			3.0		10.7			
1984			8.7		11.7			
1985	63.7	8.7	26.7	0.7	18.3			
1986	25.3	7.8	42.3	0.7	26.7			
1987	80.3	33.3	49.3	0.7	29.0			
1988	82.0	45.7	65.3	0.3	32.0			
1989	85.7	60.3	79.3		38.7			
1990	93.0	76.0	92.0	0.7	43.3			
1991	87.0	72.3	88.0	0.7	42.3			
1992	86.7	70.7	92.3		40.7	4.7		
1993	86.0	72.3	89.0	0.3	36.0	5.3		
1994	92.0	83.7	100.0	0.3	40.7	15.3		
1995	95.7	89.0	111.3	1.7	49.0	25.3		
1996	95.7	88.7	114.0	2.0	51.0	35.3		
1997	99.0	91.3	117.7	4.0	50.0	57.0	2.7	
1998	97.3	93.0	119.3	7.3	53.7	65.3	9.0	
1999	99.7	93.7	124.0	6.7	56.0	70.7	9.3	0.7
2000	96.0	94.0	141.0	5.0	64.3	81.0	17.7	1.3
2001	99.3	94.0	145.0	4.7	63.3	91.3	25.0	3.3
2002	98.5	96.6	140.4	4.3	54.2	93.8	26.4	3.4
2003	98.3	96.1	143.4	4.1	46.7	92.1	30.2	3.1
2004	99.3	98.5	147.1	5.5	56.1	94.5	42.1	8.5
2005	98.3	96.5	145.8	5.3	60.0	95.0	50.5	8.8
2006	99.0	98.0	151.3	2.8	58.5	93.8	58.5	9.3
2007	100.7	99.0	148.0	1.0	50.5	92.6	65.1	9.9
2008	96.3	94.8	133.8	2.2	42.7	76.9	65.7	18.1
2009	99.3	97.2	145.5	2.1	49.9	80.5	76.6	17.7
2010	100.5	100.9	151.9	2.4	59.7	76.9	89.2	22.6
2011	99.3	99.8	144.8	3.7	56.6	65.8	86.6	28.2
2012	98.8	98.6	146.3	5.2	59.4	70.3	99.6	30.6
2013	94.5	95.1	145.2	5.0	—	65.5	86.8	31.0
2014	95.9	95.7	141.4	5.5	—	54.6	88.9	34.0
2015	98.6	98.2	135.3	12.0	37.6	53.1	81.2	42.1
2016	99.2	99.8	136.5	10.5	32.0	45.0	81.9	44.6
2017	100.4	101.1	137.8	10.5	33.5	41.4	84.9	50.8

7－8 续表

年　　份	钢　琴 （架）	空调器 （台）	中高档 乐　器 （件）	热水器 （台）	抽　排 油烟机 （台）	健身器材 （件）	移动电话 （部）
1978							
1979							
1980							
1981							
1982							
1983							
1984							
1985			4.3				
1986			6.3				
1987			7.7				
1988			13.0				
1989			11.0				
1990			13.0				
1991			7.3				
1992	0.3		8.0	41.7	19.0		
1993	0.3		9.3	44.3	18.7		
1994	1.0	1.3	9.0	72.7	28.7		
1995	1.0	3.0	8.7	78.0	33.7		
1996	0.7	6.0	9.0	76.0	33.3		
1997	1.3	8.7	8.0	83.0	47.7	2.0	0.7
1998	1.3	13.7	9.7	80.0	42.7	3.3	3.7
1999	2.7	25.7	10.3	87.0	48.0	5.6	8.3
2000	2.3	34.3	8.7	87.0	45.0	6.0	25.7
2001	1.7	47.7	11.0	90.3	51.7	8.0	54.7
2002	0.7	44.9	7.1	89.4	55.8	3.3	68.3
2003	0.8	55.2	6.1	89.2	45.6	2.9	94.9
2004	2.0	90.2	7.3	94.5	48.9	4.5	137.3
2005	2.8	103.8	5.5	96.5	54.5	4.3	165.3
2006	2.5	114.3	5.0	97.5	57.0	3.0	185.0
2007	2.5	108.9	3.2	98.3	—	4.0	186.4
2008	4.6	111.9	2.6	98.9	—	4.2	175.3
2009	3.9	131.5	5.5	99.3	—	4.6	200.2
2010	3.3	143.6	4.3	99.3	—	5.7	228.5
2011	3.0	133.7	2.1	98.2	—	4.9	222.6
2012	3.3	149.2	2.4	100.2	—	3.3	226.4
2013	—	148.3	1.0	94.8	—	1.0	225.1
2014	—	136.1	—	91.8	—	—	236.2
2015	—	125.1	4.5	95.0	71.1	4.2	244.3
2016	—	127.9	4.7	94.8	71.3	4.5	252.0
2017	—	148.8	5.7	97.2	75.3	5.5	254.8

7-9 农村居民家庭基本情况

Basic Conditions of Rural Households

	单 位	1980 年	1990 年	2000 年	2010 年	2016 年	2017 年
调查户数	**户**	**162**	**1380**	**2240**	**5000**	**1340**	**1258**
人口状况							
平均每户人口	人	5. 20	4. 20	3. 60	3. 42	3. 31	3. 32
平均每一劳动力赡养人口	人	2. 00	1. 40	1. 40	1. 31	1. 32	1. 30
劳动者文化程度构成							
文盲或半文盲	%		11. 60	2. 40	1. 98	2. 87	2. 60
小学程度	%		45. 40	33. 70	19. 43	27. 99	26. 95
初中程度	%		35. 50	51. 20	57. 21	51. 43	51. 91
高中程度	%		7. 00	10. 20	14. 57	13. 45	13. 73
中专程度	%		0. 40	1. 80	3. 36	—	—
大专程度	%		0. 10	0. 60	3. 45	3. 25	3. 64
人均收入状况							
可支配收入	元	223	773	2926	8205	18605	20298
人均居住情况							
年末住房面积	平方米	10. 04	20. 61	34. 85	48. 80	55. 02	52. 26
#砖木结构面积	平方米		11. 43	17. 08	19. 15	13. 02	12. 40
钢筋混凝土结构面积	平方米		2. 26	15. 29	24. 98	40. 75	38. 73
年末住房价值	元	156	917	4835	24898	56922	58484
人均生产性固定资产情况							
年末生产性固定资产原值	元		214. 8	1404. 8	3246. 8	2542. 1	2697. 1
#役畜、产品畜	元		26. 7	66. 8	308. 7	198. 8	206. 3
大中型铁木农具	元		29. 7	89. 8	45. 9	—	—

注:2015 年以前均为农村居民人均纯收入,2015 年以后为农村居民人均可支配收入。

7 - 10 农村居民家庭人均总收入

Per Capita Annual Gross Income of Rural Households

单位:元

	1980 年	1990 年	2000 年	2010 年	2016 年	2017 年
全年总收入	**262.06**	**1195.27**	**4298.28**	**10625.82**	**25493.85**	**27781.45**
工资性收入	42.41	130.20	1006.78	3776.44	9217.67	10034.00
家庭经营收入	190.57	1003.28	2911.70	5299.93	10315.66	11055.93
#农业收入	111.16	491.52	1210.01	1980.01	3610.55	4313.18
林业收入	0.67	7.74	40.83	96.52	487.13	694.17
牧业收入	71.88	355.61	895.43	1433.17	3019.98	2784.41
渔业收入	0.22	4.26	60.59	107.27	170.36	241.94
工业收入		24.72	88.06	177.59	211.04	266.24
建筑业收入		21.82	80.90	242.22	44.28	65.82
交通运输仓储和邮政业	3.33	18.04	97.25	363.35	808.25	568.92
批发零售业或住宿和餐饮业		20.53	153.12	522.57	1350.66	1487.23
居民服务修理和其他服务业		19.61	92.68	183.31	292.79	285.19
转移性和财产性收入	29.08	61.79	379.80	1549.44	5960.52	6691.52

注:从 2003 年起转移性和财产性收入不含"调查补贴"等项。

7-11 农村居民家庭人均现金收支情况

Per Capita Cash Income and Expenditure of Rural Households

单位:元

	1980 年	1990 年	2000 年	2010 年	2016 年	2017 年
全年现金收入	**160.79**	**995.95**	**3302.32**	**10083.51**	**24110.65**	**26456.2**
工资性收入	42.41	130.20	1006.48	3747.94	9062.55	9841.10
家庭经营收入	98.34	668.39	1922.96	4793.65	9397.88	10272.92
#农　业	90.90	210.60	479.54	1445.15	2917.58	3755.76
牧　业		309.07	679.12	1450.22	2836.39	2592.51
建筑业现金收入		21.82	80.90	241.25	44.28	65.82
交通运输仓储和邮政业	3.33	18.04	97.25	363.35	808.25	568.92
转移性和财产性收入	9.62	76.14	372.89	1541.91	5650.21	6342.18
非收入所得	**10.42**	**121.22**	**326.27**	**1087.57**	**2291.94**	**4520.05**
全年现金支出	**154.45**	**949.23**	**2922.27**	**8280.47**	**21798.42**	**25143.10**
#生产费用支出	29.29	286.07	915.30	2137.51	5112.66	5443.39
生活消费支出	103.31	459.39	1769.71	5443.67	10958.29	12045.31

7－12 农村居民家庭人均支出情况

Per Capita Expenditure of Rural Households

单位:元

	1980 年	1990 年	2000 年	2010 年	2016 年	2017 年
全年总支出	**234.84**	**1124.89**	**3495.51**	**8695.98**	**24466.72**	**27902.03**
家庭经营费用支出		354.23	999.79	2102.57	5311.50	5631.94
#农业支出		86.96	240.59	477.53	1022.74	1060.18
牧业支出		229.36	618.72	962.58	2101.22	2027.46
购置生产性固定资产		16.40	46.14	77.67	115.27	216.42
生活消费支出	185.70	692.92	2200.74	5796.33	13427.75	14615.70
食品烟酒	129.90	440.96	1126.03	2359.11	5078.42	5444.10
衣　　着	18.69	46.12	146.76	517.00	1170.13	1257.18
居　　住	16.56	114.68	320.79	624.54	2220.90	2398.19
生活用品及服务	13.31	28.19	113.72	378.43	740.54	827.94
医疗保健	0.93	16.43	99.72	324.59	955.78	1066.95
交通通信	1.21	10.91	120.10	821.91	1733.55	1933.28
教育文化娱乐	5.10	31.67	209.37	489.03	1104.00	1219.65
其他商品和服务		3.96	64.25	114.56	424.43	468.42
财产转移性支出		14.97	169.46	693.37	1245.34	1484.18

7－13 农村居民家庭人均可支配收入

Per Capita Disposable Income of Rural Households

单位:元

	2012 年	2013 年	2014 年	2015 年	2016 年	2017 年
可支配收入	**11501**	**12985**	**14478**	**17690**	**18605**	**20298**
工资性收入	5440	6424	7349	9211	9218	10034
家庭经营收入	4040	4187	4328	4032	4673	5057
#农业收入	1883	1954	1958	2330	2502	3170
林业收入	63	51	66	358	365	466
牧业收入	576	607	653	377	869	698
渔业收入	61	50	57	48	23	145
工业收入	20	－2	28	15	－0.4	15
建筑业收入	276	347	287	－50	－55	－106
交通运输仓储和邮政业收入	220	274	299	108	454	162
批发零售贸易餐饮业收入	461	458	613	391	732	205
居民服务修理和其他服务业	247	274	173	253	－397	128
转移性收入	989	1150	1460	2755	2930	3236
财产性收入	1032	1224	1341	1692	1785	1972

注:2014 年及以前为农村居民家庭人均纯收入。

7－14 农村居民家庭人均主要实物消费量

Major Foods Consumption Per Capita of Rural Households

	单　　位	1980 年	1990 年	2000 年	2010 年	2016 年	2017 年
粮　食	千克		301. 81	230. 77	159. 03	144. 80	140. 93
蔬　菜	千克	122. 63	203. 51	117. 63	76. 51	111. 75	119. 85
植物油	千克	3. 14	4. 07	7. 90	5. 69	12. 23	11. 44
动物油	千克	0. 65	1. 29	1. 69	0. 67	0. 71	0. 81
猪　肉	千克	12. 20	22. 55	30. 10	26. 49	32. 13	33. 66
蛋　类	千克	1. 23	2. 95	5. 67	5. 14	7. 26	7. 89
家　禽	千克	1. 40	1. 82	5. 09	6. 42	12. 43	12. 47
鱼　虾	千克	0. 11	0. 59	2. 83	4. 81	5. 88	6. 51
糖　类	千克	1. 12	1. 62	1. 63	1. 02	1. 38	1. 49
酒　类	千克	2. 04	5. 29	8. 19	10. 78	11. 30	12. 00
水　果	千克		4. 40	18. 07	18. 20	34. 14	38. 20

7－15 农村居民家庭每百户耐用物品拥有量

The Number of Durable Consumer Goods Owned Per 100 Rural Households

	单　　位	1980 年	1990 年	2000 年	2010 年	2016 年	2017 年
自行车	辆	68	161	149	92. 5	—	—
热水器	台				50. 4	79. 2	82. 7
洗衣机	台		8. 3	50. 1	94. 1	99. 8	101. 2
电冰箱	台		0. 3	16. 9	81. 4	101. 1	103. 8
摩托车	辆		0. 7	39. 9	65. 6	60. 0	59. 2
微波炉	台				14. 2	12. 6	15. 0
抽油烟机	台			1. 6	14. 1	14. 6	16. 5
彩色电视机	台		4. 0	69. 1	124. 6	142. 4	146. 4
照像机	架		0. 4	5. 0	9. 6	7. 0	7. 5
空调机	台			1. 2	21. 1	45. 0	59. 1
电话机	部			29. 8	40. 5	10. 0	7. 3
移动电话	部			9. 2	200. 5	273. 8	276. 9
家用计算机	台			3. 0	17. 5	36. 4	39. 6

7－16 农村居民家庭平均每百户生产性固定资产原值

Original Value of Productive Fixed Assets Owned Per 100 Rural Households

单位:元

	1990 年	2000 年	2010 年	2016 年	2017 年
合　　计	**90094**	**500273**	**1105403**	**840184**	**894352**
役畜、产品畜	11178	23788	105092	65699	68403
大中型铁木农具	12446	31979	15630	—	—
农林牧渔业机械	4066	25069	41067	35891	45554

7－17 农村居民家庭平均每百户拥有生产性固定资产数量

The Number of Productive Fixed Assets Owned Per 100 Rural Households

	单　位	1990 年	2000 年	2010 年	2016 年	2017 年
汽　　车	辆	0. 30	1. 90	4. 52	—	—
大中型拖拉机	台	0. 36	0. 80	0. 31	0. 28	0. 85
小型及手扶拖拉机	台	2. 23	2. 72	1. 04	1. 91	1. 53
机动脱粒机	台	0. 30	10. 76	5. 93	4. 30	5. 41
胶轮大车	辆	0. 51	5. 40	1. 08	—	—
农用水泵	台	2. 13	19. 33	26. 77	—	—
役　　畜	头	8. 12	9. 72	10. 72	3. 40	2. 27
产 品 畜	头	30. 09	45. 31	62. 34	55. 22	42. 95

7－18 历年农村居民家庭每百人购买穿用商品

The Purchase of Clothing and Using Per 100 Rural Residents over the Years

年份	服装(件)	电话(部)	电视机(部)	#彩电	收录机(部)
1983			1.09		0.13
1984			1.75		0.31
1985			1.28	0.07	0.21
1986			1.58	0.07	0.51
1987			2.20	0.02	0.53
1988			2.14	0.15	0.65
1989			1.09	0.10	0.77
1990			1.19	0.21	0.36
1991			1.38	0.11	0.55
1992			1.46	0.47	0.47
1993			2.17	0.68	0.52
1994			1.11	0.42	0.50
1995			1.18	0.62	0.62
1996			1.16	0.69	0.38
1997			1.24	1.01	0.36
1998			1.53	1.27	0.26
1999			2.05	1.81	0.21
2000	121.79	2.47	1.70	1.60	0.24
2001	141.58	1.97	1.70	1.65	0.31
2002	148.03	2.23	1.66	1.65	0.60
2003	243.68	1.94	1.93	1.87	0.13
2004	251.09	1.85	1.53	1.49	0.24
2005	259.63	2.66	1.39	1.36	0.13
2006	295.54	1.63	1.46	1.42	0.13
2007	297.38	1.91	1.43	1.43	0.18
2008	295.74	1.32	1.65	1.61	0.15
2009	310.70	2.95	1.15	1.15	0.10
2010	345.30	1.35	1.76	1.74	0.08
2011	425.23	1.77	1.98	1.94	0.15
2012	408.22	0.82	1.85	1.85	0.51
2013	412.14	0.78	1.72	1.66	0.37
2014	—	1.00	2.00	2.00	—
2015	—	0.73	2.77	2.77	—
2016	—	0.31	3.14	3.14	—
2017	—	0.18	2.87	2.87	—

7－18 续表

年　　份	自行车（辆）	洗衣机（台）	电风扇（台）	电冰箱（台）	摩托车（辆）	手　　机（部）
1983	3.03		0.20			
1984	3.65	0.03	0.12			
1985	3.29	0.09	0.31			
1986	3.33	0.10	0.58			
1987	3.62	0.24	0.98			
1988	4.14	0.42	1.44			
1989	2.29	0.33	0.82			
1990	2.49	0.14	0.79			
1991	3.50	0.28	1.71			
1992	3.46	0.47	1.42			
1993	4.46	0.71	2.72			
1994	3.21	0.50	2.55			
1995	2.72	0.45	3.43			
1996	1.74	0.45	2.70			
1997	1.97	0.66	1.71			
1998	1.68	0.55	2.46			
1999	2.07	0.58	1.86	0.35	1.25	
2000	2.98	0.66	2.37	0.23	0.94	0.30
2001	2.72	0.93	2.81	0.46	1.21	0.71
2002	2.82	0.94	2.55	0.37	1.52	2.12
2003	3.25	1.11	2.22	0.55	1.38	3.27
2004	2.49	1.21	1.98	0.64	1.43	3.31
2005	2.21	1.50	1.76	0.60	1.12	3.67
2006	2.15	1.42	3.59	0.92	1.11	4.39
2007	1.54	1.24	2.47	1.90	1.60	7.11
2008	1.80	1.38	2.14	2.27	1.40	8.30
2009	1.52	1.31	2.18	1.90	1.13	8.78
2010	1.66	1.16	2.86	2.00	1.06	8.54
2011	1.99	1.62	3.65	1.32	1.22	9.10
2012	1.89	1.56	3.11	0.98	0.97	10.90
2013	2.11	1.37	3.52	0.88	0.59	10.25
2014	2.00	2.00	—	1.00	1.00	16.00
2015	1.80	1.89	—	1.66	0.77	17.92
2016	1.88	2.45	—	1.79	0.66	18.24
2017	1.74	2.37	—	2.37	0.53	19.06

7－19 历年居民消费价格指数与商品零售价格指数(以上年同期为100)

Consumer Price Indices and Retail Price Indices over the Years(Preceding Year＝100)

年　份	居民消费价格指数	#食品类	#衣着类	#家庭设备用品及维修服务	#娱乐教育文化用品及服务	#医疗保健	商品零售价格指数
1951	114.8	114.0	107.7	112.3	98.2	128.8	113.8
1952	110.6	112.6	96.7	97.8	80.8	93.1	110.3
1953	102.2	103.9	101.3	93.1	89.9	89.9	102.1
1954	103.2	100.8	99.3	97.3	90.8	87.3	103.1
1955	103.6	106.2	98.2	101.7	100.0	103.9	103.1
1956	104.9	107.4	96.4	100.3	103.2	102.9	103.4
1957	106.0	103.9	99.9	101.0	97.7	136.2	104.3
1958	101.0	100.5	99.8	101.0	99.7	98.5	100.1
1959	100.3	99.5	100.2	101.2	100.1	102.7	100.2
1960	100.6	101.1	100.0	98.9	102.2	98.8	100.9
1961	116.0	130.0	100.0	100.0	100.1	99.6	117.7
1962	99.8	99.0	101.4	109.1	109.4	106.3	99.5
1963	91.2	93.0	101.6	101.7	100.3	101.5	90.0
1964	94.4	94.6	99.1	92.8	96.4	88.1	93.8
1965	97.5	93.5	99.2	95.9	94.9	94.3	98.1
1966	100.7	103.0	100.5	99.9	99.7	99.0	101.2
1967	102.0	104.0	99.4	99.2	96.5	91.7	102.0
1968	100.2	100.2	100.0	100.1	98.8	100.0	100.2
1969	100.1	100.0	100.0	100.0	100.0	87.3	99.8
1970	99.5	100.2	100.0	100.0	100.0	77.7	99.5
1971	100.2	100.1	100.0	100.0	100.0	98.7	100.2
1972	100.5	100.8	100.2	99.9	99.1	97.2	100.5
1973	100.0	99.9	100.0	99.6	97.6	99.2	99.9
1974	100.2	100.2	100.0	100.7	100.9	98.9	100.2
1975	100.3	100.1	100.0	99.9	100.3	99.6	100.3
1976	100.0	100.0	100.0	100.0	101.2	100.0	100.0
1977	100.2	99.6	100.0	100.0	100.0	100.7	100.2
1978	101.1	101.1	100.0	100.0	100.0	103.1	101.1
1979	102.0	104.6	99.4	100.4	100.5	103.7	102.1
1980	106.6	110.6	99.6	101.2	100.3	101.3	107.1
1981	102.1	101.7	100.3	100.6	100.5	103.7	102.1
1982	101.9	103.6	99.2	97.4	100.0	100.8	102.0
1983	100.3	100.7	98.8	98.8	97.0	103.8	100.0
1984	104.6	105.3	101.4	100.0	100.1	101.8	103.8
1985	111.4	115.0	102.2	102.5	102.3	106.1	111.3

注:居民消费价格指数中1994年以前"家庭设备及用品"指日用品类;"娱乐教育文化用品"指文化娱乐用品类;"医疗保健"指药及医疗用品类。

7－19 续表

年 份	居民消费价格指数	#食品类	#衣着类	#家庭设备用品及维修服务	#娱乐教育文化用品及服务	#医疗保健	商品零售价格指数
1986	104.8	104.9	104.8	104.8	100.4	97.3	104.7
1987	108.8	112.4	102.6	107.4	103.4	113.2	109.4
1988	124.6	130.5	115.6	115.0	122.8	132.0	125.7
1989	116.2	113.6	125.0	113.1	111.0	125.9	116.1
1990	103.5	102.5	106.4	103.4	95.3	100.6	102.9
1991	105.2	105.8	102.6	105.0	94.3	100.9	104.7
1992	110.8	113.5	101.4	100.4	94.3	102.6	108.5
1993	115.9	118.7	107.2	108.9	102.4	115.0	115.1
1994	126.5	136.2	123.1	111.3	113.6	107.2	123.3
1995	117.5	124.2	107.4	106.4	104.3	109.3	114.5
1996	109.7	109.4	109.5	102.1	112.3	109.0	106.5
1997	105.7	104.1	102.1	103.2	100.3	105.5	102.9
1998	100.3	96.9	103.3	99.7	100.4	102.0	98.4
1999	98.3	96.3	99.3	98.4	96.5	101.2	97.1
2000	100.2	96.3	100.2	99.2	94.0	102.2	98.2
2001	100.8	101.6	98.4	99.4	103.9	97.0	100.7
2002	98.7	98.4	98.0	99.0	98.3	99.2	98.8
2003	102.1	103.0	100.8	99.4	99.1	102.3	100.2
2004	103.9	107.6	97.1	98.0	106.0	104.1	101.4
2005	102.3	104.5	91.0	98.0	107.8	101.2	99.8
2006	101.8	102.5	100.9	103.7	99.4	100.3	101.2
2007	105.2	112.4	101.1	102.7	100.0	101.7	104.2
2008	104.3	112.9	94.9	102.9	98.6	101.4	104.5
2009	100.3	103.1	94.4	100.0	99.9	100.3	99.0
2010	103.0	106.4	94.5	100.4	98.7	107.9	102.4
2011	105.4	112.6	98.9	104.0	97.3	102.8	104.3
2012	103.0	103.9	111.6	101.6	100.7	101.9	101.4
2013	103.1	105.5	101.6	103.0	101.3	101.9	101.7
2014	101.3	102.6	100.2	101.5	100.3	100.4	100.4
2015	101.1	102.0	100.1	100.9	102.3	101.3	99.5

年 份	居民消费价格指数	#食品烟酒	#衣着	#生活用品及服务	#教育文化和娱乐	#医疗保健	商品零售价格指数
2016	102.2	104.0	99.2	100.4	104.1	102.7	100.8
2017	102.0	99.4	100.8	100.3	105.8	106.4	99.4

注：由于2016年基期年，CPI八大类结构发生较大变化，部分指数较基期前可比性不强，因而将指数调整为现有指数。

7－20 居民消费价格分类指数(以上年同期为100)

Consumer Price Indices by Category(Preceding Year＝100)

	2017年		2017年
居民消费价格指数	**102.0**	奶　　类	99.8
食品烟酒类	99.4	烟　　酒	100.6
食　　品	98.2	衣着类	100.8
#粮　　食	100.1	生活用品及服务	100.3
食用油	98.0	医疗保健	106.4
畜肉类	95.2	交通和通信类	101.7
蛋　　类	97.2	教育文化和娱乐	105.8
水产品	102.2	居住类	102.6
菜	94.4	**服务项目价格指数**	**105.4**
干鲜瓜果类	106.2		

7－21 商品零售价格分类指数(以上年同期为100)

Retail Price Indices by Category(Preceding Year＝100)

	2016年	2017年		2016年	2017年
商品零售价格指数	**100.8**	**99.4**	体育娱乐用品类	99.5	100.1
食品类	104.7	98.9	交通、通信用品类	98.5	97.0
#粮　食	101.0	100.0	家具类	98.5	101.8
饮料、烟酒类	100.5	100.8	化妆品类	102.4	101.1
服装、鞋帽类	99.2	100.6	金银珠宝类	106.1	100.8
纺织品类	100.0	100.2	中西药品及医疗保健用品类	106.6	101.2
家用电器及音像器材类	98.9	98.7	书报杂志及电子出版物类	102.0	99.6
文化办公用品类	95.0	92.5	燃料类	99.4	105.5
日用品类	99.3	98.3	建筑材料及五金电料类	99.5	99.7

7－22 工业生产者购进价格指数(以上年同期为100)

Purchasing Price Indices of Industrial Producers(Preceding Year＝100)

	2013 年	2014 年	2015 年	2016 年	2017 年
工业生产者购进价格指数	**98.2**	**99.1**	**97.2**	**98.6**	**105.4**
燃料、动力类	101.1	102.2	101.1	97.3	104.7
黑色金属材料类	93.9	95	91.6	97.6	117.1
有色金属材料类	95.8	95.9	95.3	98.3	116.7
化工原料类	95.0	99.7	95.9	98.6	105.5
木材及纸浆类	98.1	98.7	100.0	102.2	119.4
建筑材料及非金属矿类	103.8	105.4	92.3	97.8	117.7
农副产品类	99.5	99.9	98.7	98.6	98.9
其他工业原材料及半成品类	98.8	97.6	97.2	101.0	102.9
纺织原料类	97.2	97.4	96.4	99.3	111.2

7－23 工业生产者出厂价格指数(以上年同期为100)

Ex－factory Price Indices of Industrial Producers(Preceding Year＝100)

	2016 年	2017 年		2016 年	2017 年
工业生产者出厂价格指数	**99.6**	**105**	#生产资料	99.4	107.2
			采掘工业	84.5	100.0
#轻 工 业	100.3	101.1	原材料工业	101.9	112.7
以农产品为原料	100.4	100.9	加工工业	98.9	106.0
以非农产品为原料	99.9	101.6	生活资料	100.2	100.4
重 工 业	99.4	106.4	食　　品	101.3	100.3
采掘工业	84.5	100.0	衣　　着	100.2	102.0
原材料工业	101.6	111.8	一般日用品	99.4	99.2
加工工业	99.0	105.3	耐用消费品	99.3	101.0

7－24 分月居民消费价格指数

Monthly Consumer Price Indices

	全 年 (2017)	1 月	2 月	3 月	4 月
居民消费价格指数	**102.0**	**103.3**	**101.4**	**101.7**	**102.3**
非食品(原口径)指数	103.0	104.1	103.7	103.9	104.0
服务项目价格指数	105.4	107.0	106.0	106.7	106.8
扣除鲜菜鲜果总指数	102.2	103.6	102.8	103.1	103.0
消费品价格指数	**100.0**	**101.0**	**98.6**	**98.7**	**99.6**
一、食品烟酒	99.4	100.8	95.8	96.2	98.0
二、衣　　着	100.8	101.1	101.2	100.7	101.0
三、居　　住	102.6	102.9	102.9	103.4	103.3
四、生活用品及服务	100.3	100.3	100.1	100.2	100.5
五、交通和通信	101.7	103.2	103.0	103.1	102.8
六、教育文化和娱乐	105.8	109.4	107.7	108.2	108.5
七、医疗保健	106.4	107.4	107.4	106.8	107.0
八、其他用品和服务	105.5	108.9	105.4	106.1	107.7
商品零售价格总指数	**99.4**	**100.1**	**98.9**	**98.7**	**99.4**
一、食 品 类	98.9	100.7	94.3	94.7	97.2
二、饮料、烟酒类	100.8	98.5	99.3	99.4	99.2
三、服装、鞋帽类	100.6	101.0	101.0	100.5	100.6
四、纺织品类	100.2	99.9	100.0	100.0	100.6
五、家用电器及音像器材	98.7	97.7	97.9	98.0	98.5
六、文化办公用品	92.5	91.5	91.1	89.9	89.8
七、日用品类	98.3	98.7	98.7	98.7	99.4
八、体育娱乐用品	100.1	99.2	99.2	100.1	99.4
九、交通、通信用品	97.0	97.9	98.3	98.0	98.0
十、家　　具	101.8	98.2	98.1	98.9	98.9
十一、化妆品类	101.1	103.2	103.2	103.0	102.1
十二、金银珠宝类	100.8	106.4	103.3	101.7	104.3
十三、中西药品及医疗保健用品类	101.2	103.0	103.2	101.9	102.3
十四、书报杂志及电子出版物类	99.6	100.5	100.5	100.5	100.5
十五、燃 料 类	105.5	108.4	108.9	108.5	107.6
十六、建筑材料及五金电料类	99.7	98.9	98.9	98.9	100.0

及商品零售价格指数(以上年同月为100)

and Retail Price Indices(preceding month = 100)

5月	6月	7月	8月	9月	10月	11月	12月
102.7	**102.2**	**102.3**	**102.7**	**101.7**	**101.5**	**101.3**	**101.3**
104.0	103.1	103.2	103.3	102.2	102.0	101.6	101.5
107.3	106.1	106.5	105.9	103.8	103.7	102.7	102.3
102.7	101.8	101.9	102.3	101.6	101.4	101.3	101.1
99.9	**99.8**	**99.7**	**100.7**	**100.3**	**100.1**	**100.4**	**100.6**
99.2	99.8	99.9	101.4	100.5	100.3	100.6	100.8
101.0	101.4	101.6	101.4	101.1	99.3	100.2	100.2
103.0	103.1	103.5	102.1	102.1	102.2	101.5	101.4
100.2	99.5	99.7	100.7	100.4	100.4	100.8	100.9
101.8	100.0	99.2	100.5	101.5	102.0	101.8	102.1
111.1	107.3	107.8	108.4	101.8	101.3	99.7	99.4
106.9	106.6	106.5	105.9	106.1	105.9	105.7	104.6
106.0	105.7	105.5	105.7	103.3	104.0	104.1	103.7
99.4	**99.2**	**99.0**	**99.8**	**99.8**	**99.6**	**99.6**	**100.0**
98.7	99.4	99.6	101.4	100.1	99.9	100.3	100.6
99.5	100.2	101.1	102.3	102.5	102.6	102.3	102.3
100.7	101.0	101.2	101.1	100.7	99.0	99.9	99.9
100.4	100.4	100.4	100.3	100.3	99.9	99.8	100.4
98.6	98.9	99.3	99.5	98.7	98.9	99.4	99.5
90.8	91.4	91.6	92.1	93.7	94.3	96.0	98.1
98.6	98.1	98.0	98.1	97.8	97.7	97.9	97.8
101.3	101.3	100.7	100.5	100.3	100.0	99.7	99.7
97.7	96.9	96.1	96.1	97.9	97.0	94.5	96.0
99.4	98.8	101.8	105.6	105.7	105.3	105.8	105.5
101.5	100.8	100.3	99.9	100.6	99.9	99.8	99.7
102.0	100.7	96.1	97.5	98.0	99.5	99.6	101.2
102.0	101.3	101.1	100.0	100.4	100.0	99.6	99.7
100.5	100.1	98.8	98.9	98.8	98.9	98.9	99.0
105.4	102.5	101.2	104.0	103.1	104.3	106.1	105.7
98.0	98.3	98.4	101.7	100.3	100.9	100.9	101.1

7－25 城乡居民家庭人均收入及恩格尔系数(1978－2017年)

Per Capita Annual Income and Engle Coefficient of Urban and Rural Households(1978－2017)

年 份	农村居民家庭人均可支配收入		城镇居民家庭人均可支配收入		农村居民家庭恩格尔系数(%)	城镇居民家庭恩格尔系数(%)
	绝对值(元)	指数(1978＝100)	绝对值(元)	指数(1978＝100)		
1978	140	100	340	100		
1979	175	125	352	104		
1980	223	159	395	116		
1981	276	197	458	135		
1982	310	221	486	143		
1983	334	239	521	153		
1984	366	261	603	177		
1985	413	295	787	231		
1986	458	327	913	268		
1987	526	376	1016	298		
1988	632	451	1243	365		
1989	693	495	1565	455		
1990	773	552	1755	516		51.4
1991	832	594	1925	566		52.7
1992	903	645	2102	618		54.7
1993	1029	735	2624	771		53.4
1994	1303	931	3941	1158		51.9
1995	1649	1178	5047	1483		50.5
1996	2051	1465	5669	1666		50.3
1997	2427	1734	6019	1769		50.4
1998	2631	1879	6446	1895		44.4
1999	2783	1988	7098	2086		43.9
2000	2926	2090	7649	2248		38.8
2001	3178	2270	8128	2389		37.4
2002	3377	2412	8972	2637		39.1
2003	3655	2611	9641	2834		38.3
2004	4072	2909	10394	3055		35.4
2005	4485	3204	11359	3338		35.3
2006	4905	3504	12789	3759		33.9
2007	5642	4030	14849	4364		39.1
2008	6481	4629	16943	4979	41.4	37.4
2009	7129	5092	18659	5483	40.8	37.5
2010	8205	5861	20835	6123	41.9	37.0
2011	9895	7068	23932	7033	42.0	37.0
2012	11501	8215	27194	7998	41.1	35.4
2013	12985	9275	29968	8814	40.4	35.1
2014	14478	10341	32665	9607	39.8	34.8
2015	17690	12636	33476	9846	38.4	34.1
2016	18605	13289	35902	10559	37.8	34.2
2017	20298	14499	38918	11446	37.3	33.7

主要统计指标解释

城镇居民家庭实际收入 指被调查城镇居民家庭全部的实际现金收入，包括经常或固定得到的收入和一次性收入。不包括周转性收入，如提取银行存款、向亲友借入款、收回借出款以及其他各种暂收款。

城镇居民家庭总收入 指调查户中生活在一起的所有家庭成员在调查期得到的工薪收入、经营净收入，财产性收入、转移性收入的总和，不包括出售财物收入和借贷收入。

城镇居民家庭可支配收入 指调查户可用于最终消费支出和其它非义务性支出及储蓄的总和，即居民家庭可以用来自由支配的收入。它是家庭总收入扣除交纳的所得税、个人交纳的社会保障费以及调查户的记账补贴后的收入。计算公式：可支配收入 = 家庭总收入 - 交纳所得税 - 个人交纳的社会保障支出 - 记账补贴。

城镇居民家庭消费支出 指调查户用于本家庭日常生活的全部支出，包括食品、衣着、家庭设备用品及服务、医疗保健、交通和通讯、娱乐教育文化服务、居住、杂项商品和服务八大类。包括用于赠送的商品或服务。

农村居民可支配收入 指农村居民获得的经过初次分配与再分配后的收入。可支配收入可用于农村居民的最终消费、非义务性支出以及储蓄。其计算方法是：

农村居民可支配收入 = 全年总收入 - 家庭经营费用支出 - 税费支出 - 生产性固定资产折旧 - 调查补贴 - 财产性支出 - 转移性支出中除赠送农村内部亲友支出外的所有支出 - 亲友赠送收入 + 农村外部亲友赠送收入。

农村居民生活消费支出 指农村常住居民家庭年内用于物质生活和精神生活方面的实际支出，直接反映农民的生活水平，是研究农民消费结构变化的基本指标。农民家庭生活消费支出，包括食品、衣着、居住、家庭设备、用品及服务、医疗保健、交通和通讯、文化教育娱乐用品及服务、其他商品和服务等消费支出。

城乡居民储蓄存款余额 城乡居民储蓄存款，包括城镇居民储蓄存款和农民个人储蓄存款两部分。不包括居民的手存现金和工矿企业、部队、机关团体等集团存款。储蓄存款余额，是指城乡居民存入银行及农村信用社储蓄的时点数（存入数扣除取出数的余额），如月末、季末或年末数额。

商品零售价格指数 是反映市场商品零售价格变动趋势和变动程度的一种经济指数。零售物价的调整变动直接影响到居民的生活支出和国家的财政收入，影响居民购买力和市场供需平衡，影响消费与积累的比例。

居民消费价格指数 是反映一定时期内居民所消费商品及服务项目的价格水平变动趋势和变动程度。

工业生产者价格指数 包括工业企业产品第一次出售时的出厂价格和企业作为中间投入的原材料、燃料、动力购进价格，即工业生产者出厂价格和工业生产者购进价格。通常，我们把工业生产者出厂价格指数称为PPI。

八 城市公用事业

简 要 说 明

主要内容

本部分资料反映城市基本情况，主要包括：城市规模、建设用地，城市绿化、环境卫生、道路、桥梁、自来水、天然气等城市基础设施情况；城市公共交通，全市及分行业用电量情况，工业企业主要污染物排放及处理利用情况。

资料来源

城市基础设施建设资料来源于成都市建设委员会。

用电量资料来源于成都电业局。

环保资料来源于成都市环境保护局。

城市公共交通资料来源于成都市交通运输委员会。

其他需要说明的问题

城市基础设施建设和城市公共交通资料统计口径为市区“11+2”口径。

用电量资料仅为成都电业局售给成都地区的售电量，不含各县（市）未入网的自行发电量。

环保资料为全社会统计口径。

建成区面积与绿地面积

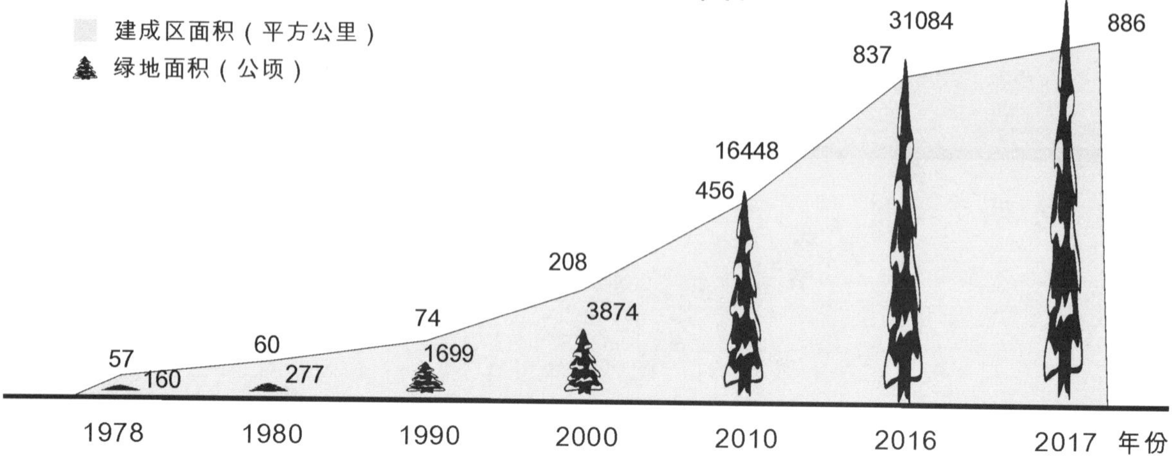

生活垃圾无害化处理量（万吨）

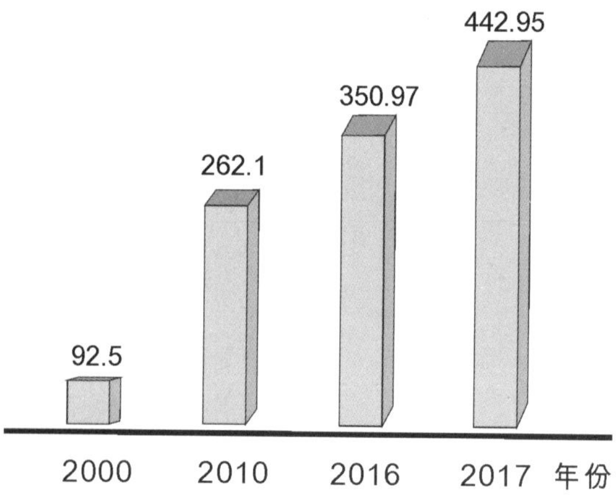

全市用电量（亿千瓦小时）

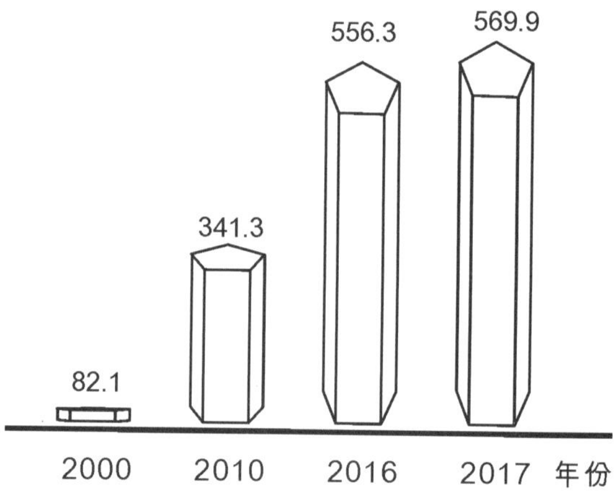

城市供水量（万吨）

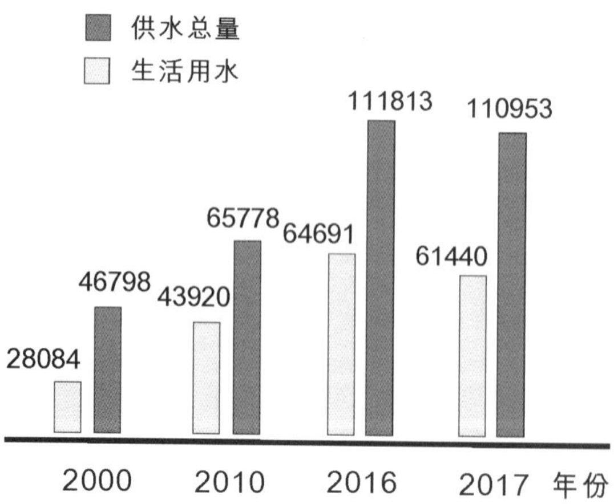

城市供天然气量（亿立方米）

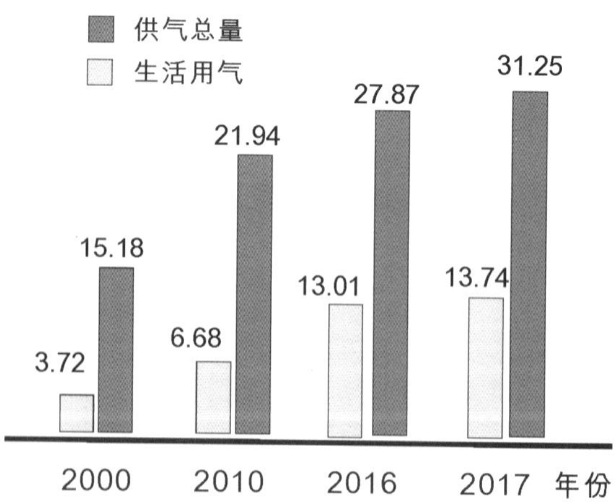

8－1 城市规模和建设用地情况

Urban Scale and Construction Land

	单 位	2016 年	2017 年		单 位	2016 年	2017 年
市区人口	万人	773.66	811.55	#居住用地	平方公里	257.34	269.68
市区面积	平方公里	3639.81	3639.81	公共设施用地	平方公里	83.36	86.4
建成区面积	平方公里	837.27	885.61	工业用地	平方公里	114.70	117.84
#城　　区	平方公里	407.25	—	交通设施用地	平方公里	127.28	137.4
城市建设用地面积	平方公里	770.78	810.11	物流仓储用地	平方公里	17.81	18.38

8－2 市政设施水平

Level of Urban Public Facilities

	单 位	2016 年	2017 年		单 位	2016 年	2017 年
用水普及率	%	94.95	96.71	人均公园绿地面积	平方米	14.23	13.66
用气普及率	%	95.01	93.72	建成区绿地率	%	36.49	36.83
人均拥有道路面积	平方米	13.89	14.06	建成区绿化覆盖率	%	41.39	41.63

8－3　市政工程设施情况

Municipal Engineering Facilities

	单　位	2016 年	2017 年		单　位	2016 年	2017 年
年末实有铺装道路长度	公里	3699.9	4124.7	排水管道长度	公里	10668	10816
年末实有铺装道路面积	万平方米	9590.3	10783.9	#污水管道	公里	4274	4875
#人行道面积	万平方米	2430.4	2643.6	污水排放量	万立方米	94747	98746
路灯盏数	千盏	300	343	污水处理厂座数	座	24	27
桥 梁 数	座	843	1066	污水处理厂处理能力	万立方米/日	269	285
#立 交 桥	座	151	151	污水处理总量	万立方米	89349	93449

8－4　自来水供应情况

Basic Statistics of Tap Water Supply

	单　位	2016 年	2017 年		单　位	2016 年	2017 年
年末供水综合生产能力	万立方米/日	375.9	528.7	全年供水量	万吨	111813	110953
#地 下 水	万立方米/日	19.1	12.2	#生活用水	万吨	64691	61440
供水管道长度	公里	13964	14681	用水人口	万人	655.5	741.5

8－5 天然气、液化石油气情况

Basic Statistics of Urban Supply for Natural Gas and Liquefied Petroleum Gas

	单 位	2016 年	2017 年		单 位	2016 年	2017 年
天 然 气				**液化石油气**			
输气管道长度	公里	17493	18762	供气量	吨	107008	125506
供气总量	万立方米	278703	312462	#家庭用量	吨	47144	55169
#家庭用量	万立方米	130058	137387	用气人口	万人	28.6	32.4
用气人口	万人	627.3	686.2				

8－6 城市公共交通

Public Traffic in City

	单 位	2016 年	2017 年		单 位	2016 年	2017 年
公共汽车				年末营运线路	条	792	902
年末公共营运汽车	辆	13479	14402	**年末出租汽车**	**辆**	**13089**	**11968**
年末公共营运汽车	标台	16541	17433	**地 铁**			
年末全市公交线路长度	公里	11672	12318	运营线路长度	公里	106	179
全年公交客运总量	万人次	175097	168527	客运总量	万乘次	56217	78212

8－7 园林绿化情况

Basic Statistics of Parks, Gardens and Green Areas

	单　位	2013 年	2014 年	2015 年	2016 年	2017 年
绿地面积	公顷	**19082**	**19757**	**21902**	**31084**	**32617**
#建 成 区	公顷	19082	19629	21902	30550	32617
年末公园绿地面积	公顷	**6310**	**6899**	**7695**	**9821**	**10474**
绿化覆盖面积	公顷	**21246**	**22156**	**24530**	**35231**	**36870**
#建 成 区	公顷	21246	21664	24530	34658	36870

8－8 工业主要污染物排放及处理利用情况

Discharge, Treatment and Utilization of Industrial Pollutants

单位:万元

	单　位	2016 年	2017 年		单　位	2016 年	2017 年
工业废水				**一般工业固体废物**			
排放总量	万吨	9262		产　生　量	万吨	296	
工业废气				综合利用量	万吨	228	
排放总量	亿标立方米	2105		贮　存　量	万吨	0. 38	
工业烟(粉)尘				处　置　量	万吨	70. 5	
排　放　量	万吨	1. 25					

注:本表中因市环保局 2017 年相关数据尚未审定,故 2017 年数据暂空。

8－9 历年全市用电量

Total Electricity Consumption over the Years

单位：万千瓦小时

年份	用电量	#工业用电	#交通运输用电	#城乡居民生活用电
1950	770	377		
1951	1019	591		
1952	1141	722		
1953	1540	909		
1954	1929	1206		
1955	2331	1457		
1956	3426	2209		
1957	4276	2777		
1958	8386	6559		
1959	21717	18984		
1960	47508	43455		
1961	42103	38514		
1962	35633	30704		
1963	37319	32107		
1964	46417	42619		
1965	70084	62821	25	
1966	96492	86855	63	
1967	77595	68445	147	
1968	44587	35257	123	
1969	85931	72706	267	
1970	147391	127357	3637	
1971	163559	137687	6098	
1972	165761	140600	6093	
1973	173619	147826	5389	
1974	181273	152666	6457	
1975	138626	112246	1100	
1976	135847	115992	1765	
1977	162564	140421	2125	
1978	197000	171281	2268	
1979	219477	188343	2174	
1980	236796	200477	2160	
1981	232955	192777	1879	
1982	242919	199843	2032	
1983	262682	217953	2206	
1984	269408	220028	4625	
1985	273763	218888	5771	

8－9 续表

单位:万千瓦小时

年　　份	用电量	# 工业用电	# 交通运输用电	# 城乡居民生活用电
1986	283501	233569	8362	
1987	297163	237476	8862	
1988	302933	236183	7353	
1989	337198	263915	6964	
1990	356117	269271	7112	
1991	405748	310748	7139	
1992	446621	335390	9110	
1993	511759	374196	9526	
1994	555674	391665	10206	
1995	594427	410396	10415	
1996	647423	424693	11740	
1997	678070	425725	14004	
1998	699964	427596	11861	
1999	734982	431075	13570	
2000	821001	453625	15699	191046
2001	903557	476157	23247	209509
2002	1115973	625479	27461	236596
2003	1181635	632120	47087	256962
2004	1318347	691741	37818	292576
2005	1465839	760470	24318	334690
2006	1671532	867800	34905	382409
2007	2399000	1311200	29277	502204
2008	2610793	1351903	37628	586859
2009	2961226	1534439	42441	657674
2010	3413139	1766106	57531	746640
2011	3858208	1971939	72363	826941
2012	4117967	2098735	81215	874030
2013	4449331	2289153	98572	916529
2014	4780323	2440120	97826	976000
2015	4863458	2339117	109169	1048009
2016	5562783	2652744	150387	1253832
2017	5699242	2574020	178991	1323354

注:用电量 2007 年及以后为全口径,2007 年以前为直供口径。

8-10 分行业用电量

Electricity Consumption by Sector

单位：万千瓦小时

	2013 年	2014 年	2015 年	2016 年	2017 年
总 计	**4449331**	**4780323**	**4863458**	**5562783**	**5699242**
农、林、牧、渔、水利业	27355	29440	34922	40092	40083
工 业	2289153	2440120	2339117	2652744	2574020
建 筑 业	162549	142951	123043	127944	137787
交通运输、仓储和邮政业	116085	113412	125724	150387	178991
商业、住宿和餐饮业	336612	373030	402547	441217	471541
城乡居民生活用电	916529	976000	1048009	1253832	1323354
城 镇	624671	698213	762110	890233	921480
乡 村	291858	277787	285899	363599	401874

8－11 分月全社会用电情况(2017年)

Monthly Total Electricity Consumption(2017)

单位:万千瓦时

	用电量	# 工业	# 城镇居民	# 农村居民
总　计	**5699241.65**	**2574020.42**	**921479.55**	**401874.36**
一季度	**1312688.73**	**556837.44**	**241039.55**	**100312.55**
1月	483607.30	220822.24	82568.65	33437.46
2月	408898.10	151566.07	85375.87	36191.29
3月	420183.33	184449.13	73095.03	30683.80
二季度	**1330249.19**	**634329.25**	**187571.53**	**87274.00**
4月	428623.50	191301.05	69100.80	30894.36
5月	424354.27	212308.61	55961.22	26814.91
6月	477271.42	230719.60	62509.51	29564.73
三季度	**1646966.78**	**677758.36**	**301913.62**	**124530.81**
7月	525950.58	257784.92	73253.43	32568.67
8月	613786.46	218846.26	137810.23	53248.05
9月	507229.74	201127.18	90849.96	38714.09
四季度	**1409336.94**	**705095.38**	**190954.85**	**89757.00**
10月	436450.14	205435.22	59460.96	28479.34
11月	461688.84	237285.84	61219.31	29317.96
12月	511197.96	262374.31	70274.59	31959.69

主要统计指标解释

自来水生产能力 指城建部门管理的自来水厂和自备水源的社会单位取水、净化、送水、出厂输水干管等环节的实际生产能力。

城市人口用水普及率 指城市用水的人口数(不包括临时人口和流动人口)与城市总人口数之比。计算公式:

用水普及率 = (城市用水的人口数 ÷ 城市总人口数) × 100%

城市用气普及率 指使用煤气(包括人工煤气、液化石油气、天然气)的城市总人口数(不包括临时人口和流动人口)与城市人口总数之比。计算公式:

$$城市煤气普及率 = \frac{城市用气的人口数}{城市总人口数} \times 100\%$$

营运线路长度 指设置的固定营运线路长度,包括郊区营运线路长度。不包括临时行驶的线路长度。

城市园林绿地面积 指城市公共绿地、专用绿地、生产绿地、防护绿地、郊区风景名胜区的全部面积。

工业废水排放量 指经过企业厂区所有排放口排到企业外部的工业废水量。包括生产废水、外排的直接冷却水、超标排放的矿井地下水和与工业废水混排的厂区生活污水,不包括外排的间接冷却水(清污不分流的间接冷却水应计算在内)。

工业废水排放达标量 指各项指标都达到国家或地方排放标准的外排工业废水量,包括未经处理外排达标的和经过处理后外排达标的两部分。国家排放标准见 GB8978 - 88。

工业废气排放量 指企业厂区内燃料燃烧和生产工艺过程中产生的各种排入空气的含有污染物的气体的总量,以标准状态[273K,101325Pa]计。

工业粉尘排放量 指企业在生产工艺过程中排放的颗粒物重量。如钢铁企业的耐火材料粉尘、焦化企业的筛焦系统粉尘、烧结机的粉尘、石灰窑的粉尘、建材企业的水泥粉尘等。不包括电厂排入大气的烟尘。

工业固体废物产生量 指企业在生产过程中产生的固体状、半固体状和高浓度液体状废弃物的总量,包括危险废物、冶炼废渣、粉煤灰、炉渣、煤矸石、尾矿、放射性废物和其他废物等;不包括矿山开采的剥离废石和掘进废石(煤矸石和呈酸性或碱性的废石除外)。酸性或碱性废石是指采掘的废石其流经水、雨淋水的 pH 值小于 4 或 pH 值大于 10.5 者。

工业固体废物综合利用量 指通过回收、加工、循环、交换等方式,从固体废物中提取或者使其转化为可以利用的资源、能源和其他原材料的固体废物量(包括当年利用往年的工业固体废物累计贮存量)。如用作农业肥料、生产建筑材料、筑路等。综合利用量由原产生固体废物的单位统计。

工业固体废物贮存量 指以综合利用或处置为目的,将固体废物暂时贮存或堆存在专设的贮存设施或专设的集中堆存场所内的量。专设的固体废物贮存场所或贮存设施必须有防扩散、防流失、防渗漏、防止污染大气、水体的措施。工业固体废物处置量指将固体废物焚烧或者最终置于符合环境保护规定要求的场所并不再回取的工业固体废物量(包括当年处置往年的工业固体废物累计贮存量)。处置方法如:填埋(其中危险废物应安全填埋)、焚烧、专业贮存场(库)封场处理、深层灌注、回填矿井等。

九 农 业

简 要 说 明

主要内容

本部分资料反映全市农业生产和农村经济的基本情况，主要包括农村基层组织、乡村从业人员和农、林、牧、渔业产值及其主要产品产量、农业机械拥有量、水利设施、林业生产等方面的统计资料。

资料来源

农林牧渔业产值、产量及其有关资料来源于成都市统计局。

农业机械资料来源成都市统筹城乡和农业委员会。

林业生产资源来源于成都市林业和园林局。

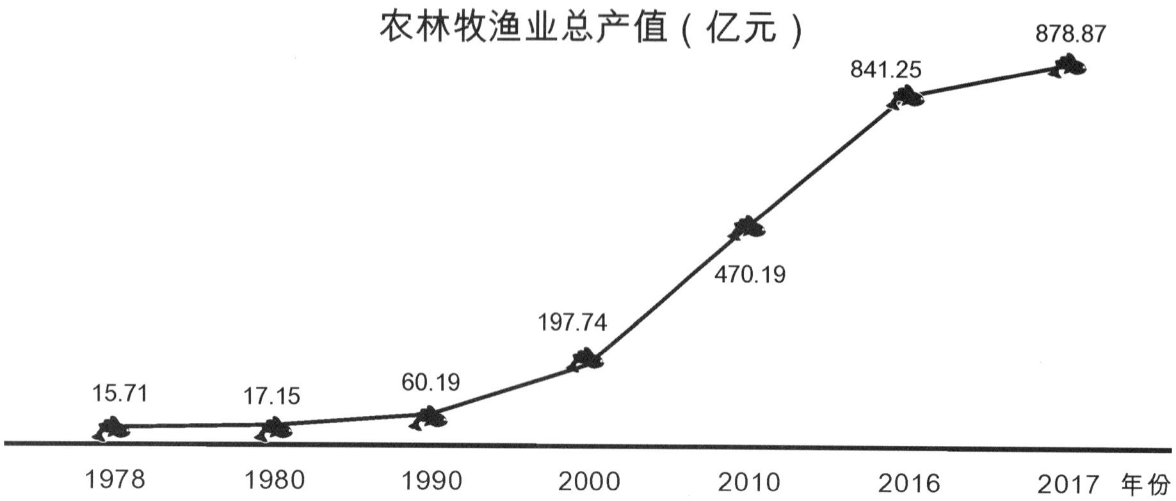
农林牧渔业总产值（亿元）
15.71
17.15
60.19
197.74
470.19
841.25
878.87
1978
1980
1990
2000
2010
2016
2017
年份

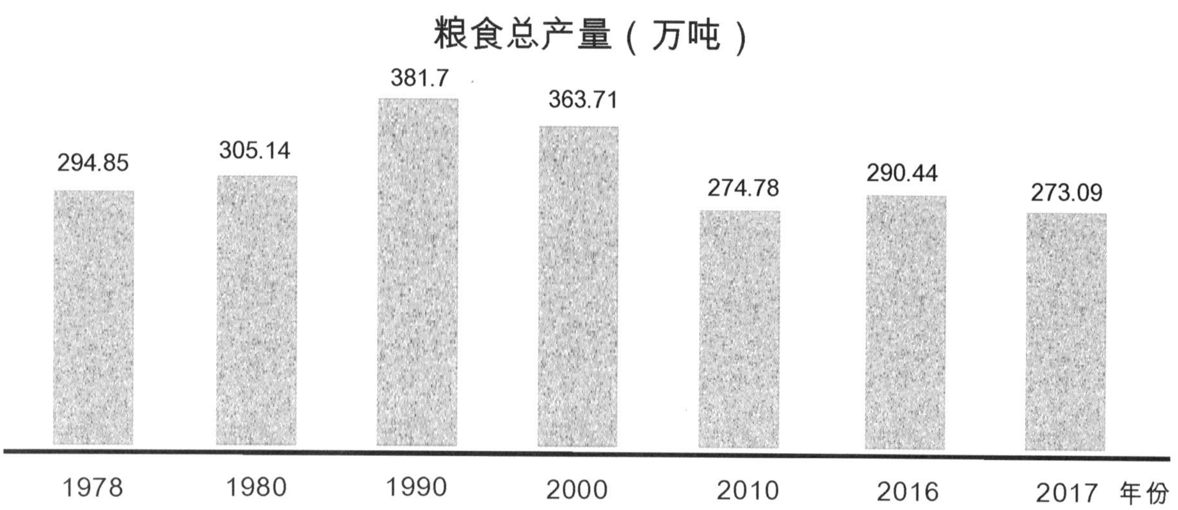
粮食总产量（万吨）
294.85
305.14
381.7
363.71
274.78
290.44
273.09
1978
1980
1990
2000
2010
2016
2017
年份

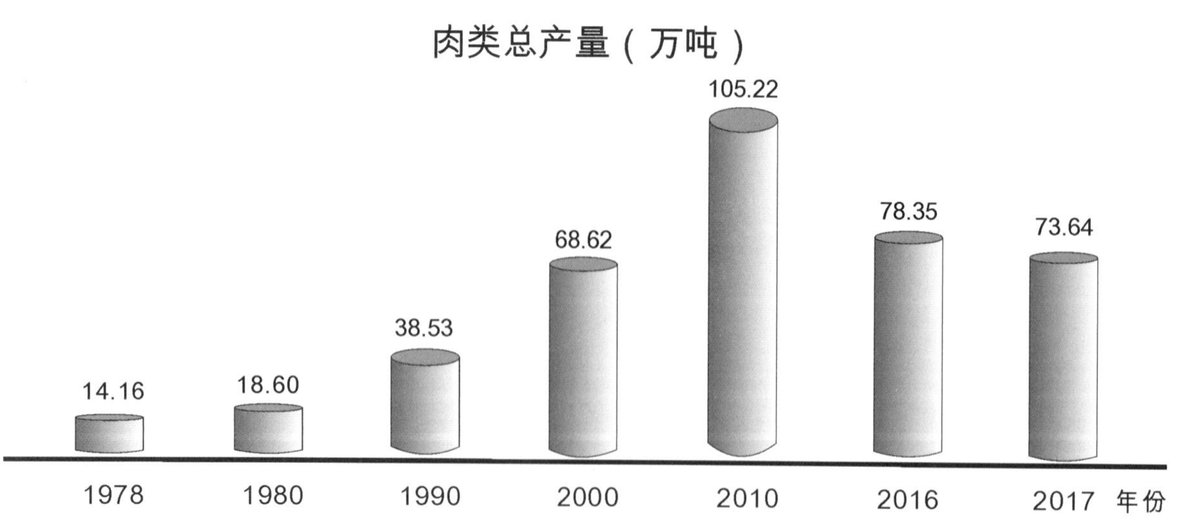
肉类总产量（万吨）
14.16
18.60
38.53
68.62
105.22
78.35
73.64
1978
1980
1990
2000
2010
2016
2017
年份

9－1　农村基层组织及农业生产条件

Basic Conditions of Rural Grassroots Units and Agriculture

	单　位	1978 年	1990 年	2000 年	2010 年	2016 年	2017 年
农村基层组织							
乡镇个数	个	394	408	338	221	258	258
#镇 个 数	个		78	208	194	206	206
村委会个数	个	4575	4651	4582	2529	3205	3177
乡村户数、人口与从业人员							
乡村户数	户	1445797	1977835	2081843	2276745	2611443	2585138
乡村人口数	人	6348345	6918256	6841033	6715987	7578389	7494984
#乡村从业人员	人	2635876	3916699	4088305	4063402	4365590	4276088
#转移出省的从业人员	人		13904	126959	272350	364821	355062
按性别分							
男	人	1342399	2028586	2113385	2152128	2322173	2274625
女	人	1293477	1888113	1974920	1911274	2043417	2001463
按行业分							
农、林、牧、渔业	人	2413646	3051316	2440924	1526538	1526022	1502105
工　　业	人	87706	348459	412239	647603		
建 筑 业	人	40133	158749	351166	646895		
交通运输仓储业及邮电通讯业	人	6126	52632	101882	180518		
批发、零售贸易业	人	9452	110166	258698	262461		
其他行业	人	78813	195377	523396	799387		

注：①2008 年以来交通运输仓储业及邮电通讯业包含计算机服务和软件业；其他行业包含住宿和餐饮业。②2012 年以来乡镇、村委会个数包含涉农街道、乡镇及村委会。③2011 年起取消分行业人数指标。

9－1 续表

	单　位	1978 年	1990 年	2000 年	2010 年	2016 年	2017 年
农村社会基础设施							
自来水受益村数	个			1897	1670	2342	2391
通有线电视村数	个					3149	3147
通宽带村数	个					2950	3084
农业主要能源及物质消耗							
农村用电量	万千瓦小时	12033	77482	222405	315870	363262	366457
农用化肥施用量(折纯)	万吨	15.59	15.78	21.42	17.17	18.58	18.36
#氮　　肥	万吨	11.50	11.67	9.42	6.85	7.19	7.05
磷　　肥	万吨	4.09	2.99	4.58	3.77	3.65	3.59
钾　　肥	万吨		0.38	1.73	1.95	1.97	1.97
复 合 肥	万吨		0.74	5.69	4.60	5.77	5.75
农用塑料薄膜使用量	吨		1131	7331	10548	12804	12730
#地膜使用量	吨			4449	7308	8483	8437
地膜覆盖面积	万公顷			4.67	5.67	7.91	7.79
农用柴油	万吨			2.42	2.49	3.40	3.37
农药使用量	吨		4080	7146	5897	5584	5378
机耕面积	公顷				839067	464667	507453
机播面积	公顷				41162	190667	214973

9-2 历年农林牧渔业总产值

Gross Output Value of Farming, Forestry, Animal Husbandry and Fishery over the Years

单位:万元

年　份	农林牧渔业总产值	其中:			
		农业	林业	牧业	渔业
1950	35140	30850	1070	3192	28
1951	37231	32527	1116	3557	31
1952	40583	35315	1269	3967	32
1953	46049	39992	1526	4489	42
1954	49264	41788	2105	5327	44
1955	50101	42344	2249	5458	50
1956	53498	44926	2428	6089	55
1957	57859	48160	2681	6950	68
1958	67215	54521	5265	7338	91
1959	52465	42641	4281	5471	72
1960	42184	35224	3340	3546	74
1961	36998	31938	1997	2971	92
1962	45840	39385	2041	4345	69
1963	55284	45216	2336	7642	90
1964	65290	51599	3026	10573	92
1965	76227	60247	3053	12829	98
1966	83034	65507	3151	14293	83
1967	84823	66425	3038	15264	96
1968	77963	60731	2856	14293	83
1969	81898	64835	2868	14111	84
1970	90799	73016	2893	14792	98
1971	97206	77463	2989	16658	96
1972	97890	75476	3211	19096	107
1973	105872	81759	3636	20366	111
1974	110799	86075	3801	20795	128
1975	113923	88472	3807	21503	141
1976	113083	87941	3887	21064	191
1977	124834	98381	4059	22121	273
1978	157073	122713	4725	29349	286
1979	173161	132675	5308	34852	326
1980	171518	126158	5175	39849	336
1981	177416	128085	4975	43949	407
1982	219738	166598	5527	47001	612

9-2 续表

单位:万元

年　份	农林牧渔业总产值	其中:			
		农业	林业	牧业	渔业
1983	237768	176620	5983	54107	1058
1984	262666	193216	8339	59181	1930
1985	291302	203470	8756	75682	3394
1986	324607	219259	8041	92244	5063
1987	395987	255562	7935	125554	6936
1988	479787	284690	9386	176896	8815
1989	520868	312455	9886	188248	10279
1990	601911	375241	11248	204964	10458
1991	639111	401953	11361	214000	11797
1992	739631	462607	14415	249449	13160
1993	884061	544490	14837	307831	16903
1994	1279351	750677	16651	491217	20806
1995	1504482	899164	18877	562630	23811
1996	1683751	1020560	21279	612394	29518
1997	1812981	1073548	20612	685333	33488
1998	1919066	1187104	28482	667369	36111
1999	1935590	1207099	28117	666298	34076
2000	1977360	1210837	28556	700601	37366
2001	2121433	1238181	33819	810704	38729
2002	2256349	1227188	29649	909268	42981
2003	2438091	1303164	33584	990880	51820
2004	2832163	1418945	30644	1258726	59444
2005	3077972	1513190	36452	1391177	69542
2006	3279600	1594729	42177	1489285	78951
2007	4020885	1859410	48855	1937296	92113
2008	4381347	2044872	49909	2095021	99747
2009	4411403	2232924	56335	1908737	109419
2010	4701886	2371434	65671	2031628	117097
2011	5470001	2684971	87514	2423763	137936
2012	5778379	2940361	89356	2446463	148749
2013	5845959	3082059	92432	2351452	153566
2014	6130048	3313932	96585	2370940	165345
2015	6630582	3751421	114626	2375230	192282
2016	8412540	4430867	162180	3323983	267541
2017	8788670	4901751	189417	3156710	297255

注:从2002年起农林牧渔业总产值中增加农林牧渔服务业产值;农民家庭兼营性商品工业产值从农业产值中扣除;林业产值改为全社会口径。

9－3 历年农林牧渔业总产值发展速度

Development Rates of Gross Output Value of Farming, Forestry, Animal Husbandry and Fishery over the Years

单位:%

年　份	农林牧渔业总产值	其中: 农　业	林　业	牧　业	渔　业
1950	100. 0	100. 0	100. 0	100. 0	100. 0
1951	106. 0	105. 3	104. 2	111. 4	109. 8
1952	109. 0	108. 5	113. 7	111. 5	105. 1
1953	106. 9	106. 0	112. 6	111. 7	121. 8
1954	106. 4	104. 4	137. 8	112. 5	104. 0
1955	101. 7	101. 3	106. 8	102. 5	114. 4
1956	106. 4	105. 6	107. 4	111. 0	107. 9
1957	103. 2	102. 1	105. 1	108. 7	118. 6
1958	105. 8	103. 6	178. 7	96. 6	122. 9
1959	82. 1	82. 3	85. 6	78. 5	83. 5
1960	79. 0	81. 7	76. 1	64. 0	101. 3
1961	79. 0	81. 7	53. 8	75. 4	111. 3
1962	119. 5	118. 4	98. 2	140. 4	72. 3
1963	120. 6	113. 3	113. 0	174. 0	129. 7
1964	118. 1	113. 4	128. 7	137. 6	100. 9
1965	116. 2	115. 9	100. 2	120. 5	105. 4
1966	108. 8	108. 6	103. 0	110. 8	101. 4
1967	102. 2	101. 1	96. 2	106. 9	96. 1
1968	91. 9	91. 3	93. 9	93. 5	86. 6
1969	105. 0	107. 1	100. 7	99. 0	102. 0
1970	110. 9	112. 9	101. 1	105. 1	116. 4
1971	104. 7	103. 5	100. 8	109. 9	95. 8
1972	98. 6	94. 8	104. 5	111. 5	108. 0
1973	108. 1	108. 4	113. 3	106. 7	104. 6
1974	101. 8	102. 6	101. 8	99. 5	112. 0
1975	100. 2	100. 1	97. 6	100. 7	107. 5
1976	97. 6	97. 8	100. 5	96. 4	133. 2
1977	108. 1	109. 8	102. 5	103. 1	139. 6
1978	109. 6	108. 3	101. 1	115. 2	91. 2
1979	108. 2	105. 6	109. 8	116. 1	111. 3
1980	100. 2	95. 9	87. 0	114. 0	98. 9
1981	100. 4	97. 2	104. 9	107. 6	124. 0
1982	112. 7	119. 4	102. 6	98. 4	133. 9

注:发展速度以上年为基数,按可比价格计算。

9-3 续表

单位:%

年　份	农林牧渔业总产值	其中:			
		农　业	林　业	牧　业	渔　业
1983	110.9	109.3	105.5	115.2	145.3
1984	105.3	103.0	121.3	108.8	166.6
1985	105.1	101.2	105.7	113.3	149.0
1986	105.7	103.5	90.2	110.5	144.1
1987	106.5	105.0	95.7	110.3	108.3
1988	100.6	96.1	103.6	108.6	113.2
1989	105.4	109.1	97.3	99.2	111.6
1990	103.0	103.0	97.9	103.3	99.3
1991	104.8	104.0	95.9	106.6	107.2
1992	105.1	103.5	118.8	107.5	105.5
1993	104.8	103.8	98.8	106.5	116.1
1994	105.5	103.5	99.2	109.1	107.2
1995	105.5	105.1	97.0	106.4	110.2
1996	104.6	103.7	106.7	105.2	116.8
1997	104.7	103.5	93.0	106.7	110.0
1998	104.3	105.1	105.0	102.9	107.5
1999	104.1	104.8	112.4	102.9	99.5
2000	105.0	103.3	97.6	107.4	114.3
2001	105.5	101.9	106.0	110.9	105.0
2002	106.6	103.1	119.7	111.0	107.9
2003	106.2	101.5	115.7	110.2	117.8
2004	107.4	99.4	92.6	116.8	105.1
2005	106.7	104.9	117.7	108.3	111.7
2006	105.4	104.1	113.8	106.1	112.9
2007	105.8	105.9	111.2	105.3	111.8
2008	104.4	105.4	97.4	103.4	98.9
2009	103.7	103.5	112.8	103.0	110.3
2010	104.4	105.0	107.3	103.2	106.9
2011	103.8	107.7	113.1	98.3	107.7
2012	103.5	105.2	101.9	101.1	107.1
2013	103.5	106.9	104.6	99.1	102.3
2014	103.7	105.2	103.2	101.2	106.2
2015	104.4	106.7	115.3	100.2	112.3
2016	103.9	105.8	109.3	100.6	109.0
2017	103.9	105.9	109.3	100.4	110.2

9－4 农林牧渔业总产值

Gross Output Value of Farming, Forestry, Animal Husbandry and Fishery

	绝对额(万元)		构 成(%)	
	2016 年	2017 年	2016 年	2017 年
农林牧渔业总产值	**8412540**	**8788670**	**100**	**100**
一、农业产值	4430867	4901751	52.67	55.77
(一)谷物及其它作物	904409	923372	10.75	10.51
#谷　　物	576733	566720	6.86	6.45
薯　　类	103389	103788	1.23	1.18
油　　料	177338	195030	2.11	2.22
豆　　类	41519	44192	0.49	0.50
(二)蔬菜园艺作物	2845591	3191610	33.83	36.32
#蔬　　菜(含菜用瓜)	1705659	1926529	20.28	21.92
花　　卉	448686	476273	5.33	5.42
(三)水果、坚果、饮料和香料作物	607660	697729	7.22	7.94
水果、坚果(含果用瓜)	559219	647684	6.65	7.37
茶及其他饮料	48441	50045	0.58	0.57
香料作物				
(四)中药材	73207	89040	0.87	1.01
二、林业产值	162180	189417	1.93	2.16
(一)林木的培育和种植	111550	132054	1.33	1.50
(二)竹木采运	50630	57363	0.60	0.65
三、牧业产值	3323983	3156710	39.51	35.92
(一)牲畜饲养	370196	369452	4.40	4.20
(二)猪的饲养	2037199	1909509	24.22	21.73
(三)家禽饲养	855571	820885	10.17	9.34
(四)其它畜牧业	61016	56864	0.73	0.65
四、渔业产值	267541	297255	3.18	3.38
#养　　殖	256765	294055	3.05	3.35
五、农林牧渔服务业产值	227970	243537	2.71	2.77

9－5 历年农业机械拥有量

Agricultural Machinery over the Years

年 份	农业机械总动力（千瓦）	农用大中型拖拉机		农用排灌动力机械		农用载重汽车（辆）
		台	千瓦	台	千瓦	
1978	401045	3130	86634	9437	90139	150
1979	547861	3830	108568	11903	115810	355
1980	668943	4132	117947	12096	110984	663
1981	751754	4323	144493	12261	120805	864
1982	810771	4337	125921	13921	136008	944
1983	880933	4307	125918	13266	131190	1359
1984	916337	4033	118510	12364	125120	2177
1985	1001914	4162	123521	12091	124118	2821
1986	1060317	4209	125978	12651	122034	3288
1987	1103871	4196	127139	13885	133852	3346
1988	1221017	4115	126475	13397	130678	3925
1989	1251611	3790	117789	13464	133430	4265
1990	1348769	3376	106235	14990	157097	4329
1991	1394756	2730	86817	14090	153435	4517
1992	1451580	2334	74572	14414	156764	4829
1993	1557072	2153	69849	14672	160099	4942
1994	1623060	2100	68988	16234	167906	5459
1995	1759407	1912	63316	16445	174122	6018
1996	1803993	1773	58770	16329	168709	6292
1997	1856009	1831	59375	17003	173272	6485
1998	1920602	2118	65814	17013	177142	6367
1999	2024727	3307	98472	19718	186752	6822
2000	2052884	6415	223449	20173	193664	7056
2001	2113830	7061	240621	20911	185356	6956
2002	2279774	7725	296129	20912	204102	6831
2003	2352992	8396	313535	22528	211477	6819
2004	2359000	9058	327840	22873	215661	6905
2005	2408373	9108	312182	21803	199653	6027
2006	2473248	9119	312041	23078	225018	6267
2007	2555461	9506	324920	30632	227560	5548
2008	2634140	9145	315074	35455	246379	5815
2009	2803328	11138	366972	37180	251738	5792
2010	2881638	12062	410813	37713	247709	5729
2011	3106474	12215	400936	39737	258621	5673
2012	3203188	13744	460530	41110	262566	—
2013	3422104	14990	528080	42660	271535	—
2014	3659536	11182	406814	45239	282653	—
2015	3706601	11695	432500	45890	288000	—
2016	3900000	11838	440000	54565	276000	—
2017	4038572	10845	418746	54818	424907	—

9-6 历年农村用电量及化肥施用量情况

The Number of Electricity Consumption and Consumption of Chemical Fertilizers in Rural Areas over the Years

	农村用电量 (万千瓦小时)	化肥施用量 (折纯:吨)
1978	12033	155921
1979	21018	149627
1980	17173	132170
1981	22619	145630
1982	25529	145480
1983	28262	147081
1984	34179	132185
1985	38963	119625
1986	50939	143128
1987	55167	134453
1988	59329	136772
1989	68113	152904
1990	77482	157815
1991	79777	176083
1992	91325	168497
1993	104562	165078
1994	117276	172344
1995	148686	184865
1996	161258	191553
1997	180553	191557
1998	195302	199910
1999	206600	216103
2000	222405	214166
2001	240596	214635
2002	253682	207116
2003	261202	195859
2004	280271	200261
2005	292141	197055
2006	290845	192601
2007	294031	199310
2008	295403	197939
2009	301709	185335
2010	315870	171692
2011	316136	173593
2012	319152	158358
2013	324176	156374
2014	316671	156336
2015	321190	154885
2016	363262	185761
2017	366457	183597

9-7 农 业 机 械

Main Indicators of Agricultural Machinery

	单 位	1978 年	1990 年	2000 年	2010 年	2016 年	2017 年
农业机械总动力	万千瓦	40.10	134.88	205.29	288.16	390	403.9
农用大中型拖拉机	台	3130	3376	6415	12062	11838	10845
	万千瓦	8.66	10.62	22.34	41.08	44	41.9
小型(手扶)拖拉机	台	8183	42563	33878	25855	23479	22070
	万千瓦	7.12	43.58	36.83	30.23	27.6	25.5
农用排灌动力机械	台	9437	14990	20173	37713	54565	54818
	万千瓦	9.01	15.71	19.37	24.77	42	42.5
农用载重汽车	辆	150	4329	7056	5729	—	—
	万千瓦	0.91	31.08	53.13	45.65	—	—
大中型拖拉机配套农具	部	6522	3228	1994	5141	9503	9851
小型拖拉机配套农具	部	15859	56787	44854	29686	27042	24659
农用水泵	台	8522	14701	19950	45454	59031	59023
节水灌溉机械	套	3033	596	1765	3578	3980	3983
机动喷雾机	台	1176	7672	7693	28614	43426	43969
机动脱粒机	台	6065	6243	49617	74346	96642	111918
粮食加工机械	台	18323	24871	24905	46771	56992	56767
油料加工机械	台	662	588	1528	1609	3339	3452

9-8 历年粮食、油菜籽、蔬菜产量

Yield of Grains, Rapeseeds and Vegetables over the Years

单位:万吨

年 份	粮 食	#小 麦	#稻 谷	油菜籽	蔬 菜
1949	127.37	7.68	98.11	4.05	36.49
1950	137.02	8.52	105.37	4.47	37.25
1951	143.02	9.84	109.99	4.73	42.86
1952	154.47	9.20	119.70	5.61	38.22
1953	163.26	9.66	125.88	5.48	39.05
1954	169.58	9.27	130.93	6.46	44.87
1955	176.55	10.52	134.34	6.92	52.88
1956	188.06	13.24	136.13	6.56	55.87
1957	187.03	13.96	134.68	6.12	54.92
1958	192.05	14.59	130.91	5.00	61.71
1959	150.14	13.78	109.79	4.81	102.85
1960	125.22	13.39	88.81	2.58	116.12
1961	105.49	8.50	78.08	1.86	98.17
1962	137.28	12.65	98.33	2.11	66.35
1963	148.10	10.19	112.46	2.46	59.71
1964	160.18	12.25	122.27	5.24	63.21
1965	191.78	16.09	136.68	7.07	60.10
1966	200.47	23.35	148.96	6.85	63.79
1967	199.11	24.74	146.11	8.36	60.25
1968	176.86	23.10	126.26	7.18	60.09
1969	199.09	20.79	145.18	6.51	62.76
1970	233.94	27.27	161.31	7.88	70.96
1971	231.23	32.48	163.07	8.88	74.04
1972	214.73	35.78	147.17	9.18	75.53
1973	242.20	36.70	167.15	9.09	78.60
1974	237.68	43.53	157.34	9.67	76.88
1975	253.97	40.27	166.33	8.76	76.68
1976	237.85	45.82	148.39	6.75	85.13
1977	266.63	43.82	176.23	6.78	89.03
1978	294.85	60.64	182.83	10.82	87.61
1979	310.41	63.57	188.80	12.24	84.57
1980	305.14	62.26	189.78	13.70	75.09

9－8 续表

单位:万吨

年 份	粮 食	#小 麦	#稻 谷	油菜籽	蔬 菜
1981	301.08	63.65	192.35	16.87	82.97
1982	352.66	76.45	228.31	21.52	102.66
1983	371.22	92.20	230.32	18.69	130.62
1984	359.36	84.33	226.70	17.89	132.67
1985	344.74	76.49	219.74	22.96	154.60
1986	357.73	80.65	231.30	22.32	174.10
1987	353.89	85.12	224.30	23.61	192.68
1988	329.57	74.04	211.03	18.46	203.76
1989	356.80	77.75	230.70	18.08	205.76
1990	381.70	90.14	243.10	19.85	222.80
1991	392.26	96.24	248.22	19.92	227.29
1992	399.05	92.21	255.14	17.88	244.93
1993	397.53	93.70	250.99	13.05	258.10
1994	397.30	99.11	245.79	14.38	271.33
1995	398.97	97.54	246.23	18.30	283.87
1996	400.61	92.68	250.88	15.68	292.47
1997	402.10	90.29	252.92	14.11	307.00
1998	403.86	91.71	252.14	15.06	337.77
1999	397.02	88.59	246.89	14.37	361.81
2000	363.71	72.72	234.50	18.59	409.82
2001	310.73	59.27	201.36	18.40	398.40
2002	299.08	55.85	194.85	18.64	425.93
2003	265.12	46.71	174.14	18.16	423.23
2004	276.03	46.14	177.92	18.70	394.58
2005	259.91	47.37	160.42	19.06	410.02
2006	265.10	45.82	170.87	19.89	425.21
2007	270.11	44.69	171.84	19.06	456.41
2008	274.51	44.85	173.35	20.83	470.64
2009	278.88	44.51	175.67	23.43	484.10
2010	274.78	43.78	171.76	23.86	494.69
2011	265.43	41.39	164.51	24.20	529.88
2012	249.99	33.50	170.95	24.28	538.61
2013	243.11	32.20	164.61	24.07	533.42
2014	237.05	31.29	148.67	24.60	541.96
2015	230.15	28.43	144.73	24.48	570.84
2016	290.44	39.57	159.16	29.87	637.36
2017	273.09	32.55	150.93	31.36	635.79

9-9 农作物播种面积

Sown Area of Crops

单位:公顷

	1978 年	1990 年	2000 年	2010 年	2016 年	2017 年
农作物总播种面积	**997341**	**990944**	**988093**	**793924**	**886274**	**844701**
粮食作物	735222	702559	616275	447973	511243	472108
谷　物	624324	607380	507259	354552	379675	345422
稻　谷	353555	332677	290118	214160	193877	183093
小　麦	185990	203745	161237	91854	93339	72989
玉　米	77444	65201	54922	47586	92194	89272
高　粱	650	376	78	26	140	59
其他谷物	6685	5381	904	926	125	10
豆　类	36169	26116	25156	24769	47831	46132
#大　豆	2853	9509	10638	11686	22123	21323
薯　类	74729	69063	83860	68652	83737	80554
#马铃薯	29157	13301	27082	36853	43109	39859
油　料	67388	108210	105278	111865	137156	141989
#花　生	2976	5059	9835	8788	13792	14690
油菜籽	64408	103146	95430	103071	123333	127279
糖　类	2544	1261	1123	293	298	287
#甘　蔗	2544	1261	1123	293	298	287
烟　叶	3507	2070	1844	505	294	304
药材类	3028	3194	9148	9502	12945	13311
蔬菜、瓜果类	34357	79823	159035	166368	197665	192317
蔬　菜	34357	78384	157824	159077	190042	184964
瓜果类		1439	1211	7291	7623	7353
其他农作物	151295	93827	95390	57418	26383	24153
#青饲料	82425	63383	45520	17555	14586	12268

9－10 主要农产品产量

Yield of Major Agricultural Products

单位:吨

	1978 年	1990 年	2000 年	2010 年	2016 年	2017 年
主要农产品产量						
粮　　食	2948539	3817016	3637072	2747776	2904358	2730947
谷　　物	2720127	3606758	3332937	2404842	2497156	2328014
稻　　谷	1828295	2430986	2344973	1717598	1591071	1509320
小　　麦	606425	901383	727238	437795	395706	325463
玉　　米	257943	251793	256931	244463	509153	492894
高　　粱	1445	1294	271	94	632	291
其他谷物	26019	21302	3524	4892	594	46
豆　　类	42580	44997	59757	64126	106854	105665
#大　　豆	6944	18213	24958	30459	56632	55264
薯　　类	185832	165261	244378	278808	300348	297268
#马 铃 薯	47224	28163	84254	155699	161944	153703
油　　料	112545	207283	209143	264866	334815	351542
#花　　生	4306	8784	23250	26277	35894	37831
油 菜 籽	108238	198492	185880	238582	298745	313589
糖　　类	106952	74088	66588	13845	11778	10809
#甘　　蔗	106952	74088	66588	13845	11778	10809
烟　　叶	4276	3791	4097	1471	832	880
蔬　　菜	876104	2227982	4098199	4946895	6373555	6357943

9-11 历年畜牧业生产情况

Productive Statistics of Animal Husbandry over the Years

年　份	年末牛存栏数（万头）	年末生猪存栏数（万头）	当年生猪出栏数（万头）	猪肉产量（万吨）	牛奶（吨）
1949	17.92	80.22	28.42	1.63	15
1950	18.50	82.23	30.14	1.69	15
1951	19.73	92.63	35.10	1.96	15
1952	21.02	100.45	41.06	2.28	48
1953	21.68	116.30	47.40	2.36	58
1954	21.66	129.85	56.91	2.91	78
1955	22.30	123.72	58.80	3.10	139
1956	22.96	133.16	65.75	3.36	173
1957	23.08	172.84	73.17	4.13	2537
1958	22.01	203.03	60.54	2.88	2988
1959	21.12	155.31	50.24	2.36	3933
1960	19.43	93.32	20.24	0.94	4044
1961	18.27	64.91	10.23	0.46	2912
1962	18.57	97.19	21.72	1.08	4103
1963	19.77	159.98	56.48	2.76	5737
1964	20.98	202.35	91.65	4.75	8575
1965	22.68	265.83	120.28	6.24	10073
1966	24.00	310.79	138.83	6.87	9845
1967	24.55	312.18	147.51	7.76	9555
1968	24.92	293.16	147.25	7.27	7867
1969	25.52	279.79	144.92	7.05	8539
1970	25.94	302.01	145.74	7.52	9498
1971	25.75	410.84	160.41	7.98	10455
1972	24.68	459.93	191.71	9.46	10283
1973	24.54	441.36	198.91	9.89	9121
1974	24.03	432.67	193.09	9.52	8668
1975	23.22	441.99	208.50	10.71	8340
1976	21.73	428.61	195.97	9.52	8276
1977	20.70	416.45	193.84	9.80	9587
1978	20.88	459.01	238.88	12.95	11717
1979	20.09	526.37	292.12	15.35	11698
1980	18.68	542.20	334.40	17.14	12997
1981	17.99	502.62	362.28	18.49	12515

9－11 续表

年　　份	年末牛存栏数（万头）	年末生猪存栏数（万头）	当年生猪出栏数（万头）	猪肉产量（万吨）	牛　奶（吨）
1982	17.73	483.08	349.18	17.98	11707
1983	18.04	488.83	350.59	20.77	14237
1984	17.62	527.43	369.98	22.17	15708
1985	16.48	540.26	436.32	26.74	18492
1986	15.85	543.68	468.99	29.42	21678
1987	16.40	540.67	479.00	30.81	27000
1988	16.52	547.43	520.81	34.27	28610
1989	16.20	525.92	521.32	33.01	31449
1990	16.14	532.93	533.52	33.79	31700
1991	16.47	535.05	552.52	34.76	31995
1992	16.61	529.51	567.12	35.87	35530
1993	20.22	520.52	581.67	37.40	37740
1994	22.80	532.87	617.94	39.49	39420
1995	22.48	525.45	637.94	41.81	37011
1996	20.05	521.58	655.07	43.00	36103
1997	16.03	502.56	670.65	44.19	39568
1998	15.40	490.76	676.03	44.82	42750
1999	15.30	436.83	665.26	45.41	44502
2000	15.45	433.17	680.06	46.52	49753
2001	17.92	438.29	724.25	49.81	62778
2002	18.08	447.97	753.68	52.02	84183
2003	18.13	457.67	792.73	54.63	93343
2004	18.01	492.54	888.95	60.96	100439
2005	18.28	526.14	1007.94	69.13	102151
2006	19.13	531.32	1095.35	75.40	108947
2007	10.76	512.36	1016.44	67.50	122489
2008	12.02	511.46	1046.04	69.38	118828
2009	12.83	527.49	1081.10	71.83	121983
2010	13.16	524.63	1108.95	73.83	122788
2011	13.14	508.10	1076.06	72.77	114234
2012	11.09	465.99	725.14	50.14	125222
2013	11.04	455.14	729.83	50.68	115888
2014	10.79	434.13	740.30	51.63	113412
2015	10.32	418.64	720.62	50.59	102074
2016	11.06	458.00	811.53	57.14	104492
2017	9.46	390.68	763.94	53.87	86327

9－12　主要畜牧产品产量

Yield of Main Livestock Products

	单　位	1978 年	1990 年	2000 年	2010 年	2016 年	2017 年
出栏生猪头数	万头	238.88	533.52	680.06	1108.95	811.53	763.94
出售和自宰肉用牛	万头	1.23	1.20	5.46	11.85	8.18	8.15
出售和自宰肉用羊	万只	3.92	5.81	73.44	62.21	131.43	128.54
肉类总产量	万吨	14.16	38.53	68.62	105.22	78.35	73.64
#猪　　肉	万吨	12.95	33.79	46.52	73.83	57.14	53.87
牛 羊 肉	万吨	0.17	0.22	2.17	3.15	3.19	3.26
禽　　肉	万吨	1.04	4.14	18.30	24.91	15.20	13.90
奶类产量	吨	11717	31759	49779	122788	104492	86327
#牛　　奶	吨	11717	31700	49753	122788	104492	86327
禽蛋产量	吨	17652	59660	146369	208037	199606	187828
蜂蜜产量	吨		5575	4735	3985	5559	5421

注:1978 年、1980 年禽肉产量含兔肉。

9－13　渔业生产情况

Productive Statistics of Fishery

	单　位	1978 年	1990 年	2000 年	2010 年	2016 年	2017 年
水产品总产量	**吨**	**2300**	**23885**	**49622**	**102400**	**146230**	**161200**
#养殖产量	吨	1926	23253	49032	100981	144796	160138
#池　　塘	吨	1350	16682	43788	90690	117822	129618
稻　　田	吨	469	5797	1775	1351	8929	13021
鱼　　苗	万尾		154286	159136	193241	364613	392410
养殖水面	公顷	4473	8386	9202	8804	14602	14980
#池　　塘	公顷	3413	7099	7698	7323	9320	9467
稻田养鱼	公顷		19516	4186	1062	6812	9446

9－14　蚕茧、茶叶和水果、花卉生产情况

Productive Statistics of Silkworm Cocoons, Tea, Fruits and Flowers

	单　位	1978 年	1990 年	2000 年	2010 年	2016 年	2017 年
蚕茧产量	吨	564	766	1654	4331	3368	1808
茶叶产量	吨	1067	1917	2531	13044	21992	22424
水果产量	吨	26644	111714	523978	1179418	1504345	1579492
#苹　　果	吨	4013	2606	3303	4905	4256	4096
柑　　桔	吨	11136	74473	241252	399387	547834	575205
茶园面积	公顷	4108	5022	3054	13211	13287	11919
果园面积	公顷	6702	23477	38567	59286	82811	86238
#柑 桔 园	公顷	4853	14420	16646	17294	22690	27033
花卉种植面积	公顷		442	4978	23242	28511	37290
花卉当年销售收入	万元		719	30394	251748	923962	1038663

9－15　林业生产情况

Productive Statistics of Forestry

<table>
<tr><th></th><th>单　位</th><th>1978 年</th><th>1990 年</th><th>2000 年</th><th>2010 年</th><th>2016 年</th><th>2017 年</th></tr>
<tr><td>造林面积</td><td>公顷</td><td>6724</td><td>3958</td><td>12037</td><td>1031</td><td>5529</td><td>5283</td></tr>
<tr><td>#用 材 林</td><td>公顷</td><td></td><td>2879</td><td>3833</td><td>365</td><td>477</td><td>693</td></tr>
<tr><td>经 济 林</td><td>公顷</td><td></td><td>312</td><td>5769</td><td>274</td><td>4706</td><td>1927</td></tr>
<tr><td>幼林抚育实际面积</td><td>公顷</td><td></td><td>10205</td><td>4752</td><td>5104</td><td rowspan="2">3575</td><td rowspan="2">10581</td></tr>
<tr><td>成林抚育实际面积</td><td>公顷</td><td></td><td>987</td><td>5005</td><td>5635</td></tr>
<tr><td>育苗面积</td><td>公顷</td><td></td><td>197</td><td>840</td><td>838</td><td>9207</td><td>31451</td></tr>
<tr><td>四旁植树</td><td>万株</td><td></td><td>1935</td><td>1122</td><td>2903</td><td>1251</td><td>1007</td></tr>
<tr><td>棕片产量</td><td>吨</td><td></td><td>625</td><td>601</td><td>36</td><td>37</td><td>38</td></tr>
</table>

注：本表中 2017 年“幼林抚育实际面积”和“成林抚育实际面积”合并为“中幼林抚育面积”，2016 年作同口径调整。

主要统计指标解释

农林牧渔业总产值　是以货币表现的农林牧渔业的全部产品总量和对农林牧渔业生产活动进行的各种支持性服务活动的价值。它反映一定时期内农林牧渔业生产总规模和总成果，是观察农林牧渔业生产水平和发展速度，研究农林牧渔业内部比例关系、农林牧渔业与工业、农林牧渔业与国家建设、人民生活比例关系的重要指标，同时也是计算农林牧渔业劳动生产率和农林牧渔业增加值的基础资料。

农林牧渔业总产值的核算范围

农林牧渔业总产值的统计范围是辖区内各种经济组织类型、各个系统的全部农林牧渔业生产单位和非农行业单位附属的农林牧渔业生产活动单位。军委系统的农林牧渔业生产（除军马外）也包括在内，但不包括农业科学试验机构进行的农业生产。

农林牧渔业总产值的核算范围也就是本辖区内在一定时期内生产的农业、林业、牧业、渔业产品的价值量和对农林牧渔业生产活动进行的各种支持性服务活动的价值的总和，执行日历年度。对于收获期延长到次年年初的个别农产品（如甘蔗），仍然把延期收获的部分算在本年度内。

农林牧渔业增加值　指农林牧渔及农林牧渔服务业生产货物或提供服务活动而增加的价值，为农林牧渔业现价总产值扣除农林牧渔业现价中间投入后的余额。

增加值也叫附加价值或追加价值，是指各单位生产经营的最终成果，即本单位或本行业对社会所作的贡献。从宏观上来说，增加值是计算国内生产总值的基础，即各部门增加值之和就是国内生产总值；从微观上来说，增加值能客观反映企业单位或行业的投入、产出、效益、速度和收入等情况。因此，计算增加值不仅是国民经济宏观管理的需要，也是微观的企业和行业管理的需要。

农林牧渔业增加值的核算范围：同农林牧渔业总产值核算范围。

农林牧渔业增加值的核算方法：采用“生产法”和“分配法”两种方法计算。

粮食总产量　指全社会的产量。包括国有经济经营的、集体统一经营的和农民家庭经营的粮食产量，还包括工矿企业家属办的农场和其他农业生产单位的产量。粮食除包括稻谷、小麦、玉米、高粱及其他杂粮外，还包括薯类和豆类。其产量计算方法，豆类按去豆荚后的干豆计算；薯类（包括甘薯和马铃薯，不包括芋头和木薯）1963 年以前按每 4 公斤鲜薯折 1 公斤粮食计算，从 1964 年开始及以后改为按 5 公斤鲜薯折 1 公斤粮食计算。城市郊区作为蔬菜的薯类（如：马铃薯、嫩玉米、青豌豆、葫豆）按鲜品计算，并且不作为粮食统计。其他粮食一律按脱粒后的原粮计算。

油料产量　指全部油料作物的生产量。包括花生、油菜籽、芝麻、向日葵籽、胡麻籽（亚麻籽）和其他油料。不包括大豆，也不包括木本油料和野生油料。花生以带壳干花生计算。

肉类总产量　是指当年出栏并已屠宰的畜禽肉产量，即屠宰后除去头蹄下水后带骨肉的重量，也叫酮体重。

农作物播种面积　指实际播种或移植有农作物的面积。凡是实际种植有农作物的面积，不论种植在耕地上还是种植在非耕地上，均包括在农作物播种面积中。在播种季节基本结束后，因遭灾而重新改种和补种的农作物面积，也包括在内。

有效灌溉面积　指具有一定的水源，地块比较平整，灌溉工程或设备已经配套，在一般年景下当年能够进行正常灌溉的耕地面积。

农用化肥施用量　指本年内实际用于农业生产的化肥数量。包括氮肥、磷肥、钾肥和复合肥。化肥施用量要求按折纯量计算数量。折纯法化肥施用量是把氮肥、磷肥和钾肥分别按含氮、含五氧化二磷、含氧化钾的百分之一百成份折算后的数量。复合肥按其所含主要成分折算。

农业机械总动力　指主要用于农、林、牧、渔业生产的各种动力机械的动力总和。包括耕作机械、农用排灌机械、收获机械、农用运输机械、植物保护机械、牧业机械、林业机械、渔业机械和其他农业机械（内燃机按引擎马力折成瓦（特）计算，电动机按功率折成瓦（特）计算）。不包括专门用于乡、镇、村、组办工业、基本建设、非农业运输、科学试验和教学等非农业生产方面用的动力机械与作业机械。

乡村从业人员　是指实际参加生产经营活动并取得实物或货币收入的人员，既包括劳动年龄内实际参加劳动的人员，也包括不在劳动年龄实际参加劳动人员，但不包括户口在家的在外学生、现役军人和丧失劳动能力的人，也不包括待业人员和家务劳动者。从业人员年龄 16 岁以上，从业时间为一个农事季节，一般为 2 个月以上的劳动时间。

十 工 业

简 要 说 明

主要内容

本部分包括全市规模以上工业总产值及其构成、主要经济指标、大中型工业企业主要经济指标等资料。

资料来源

本部分资料来源于成都市统计局。

其他需要说明的问题

为保证历史资料的可比性，本资料按1999年计算方法及统计口径对工业总产值及相关资料的历史数据作了调整。

表内规模以上工业企业指主营业务收入2000万元以上的工业企业。

工业总产值发展速度均按可比价格计算,工业总产值绝对额及其余指标均按当年价格计算。

规模以上工业总产值（亿元）

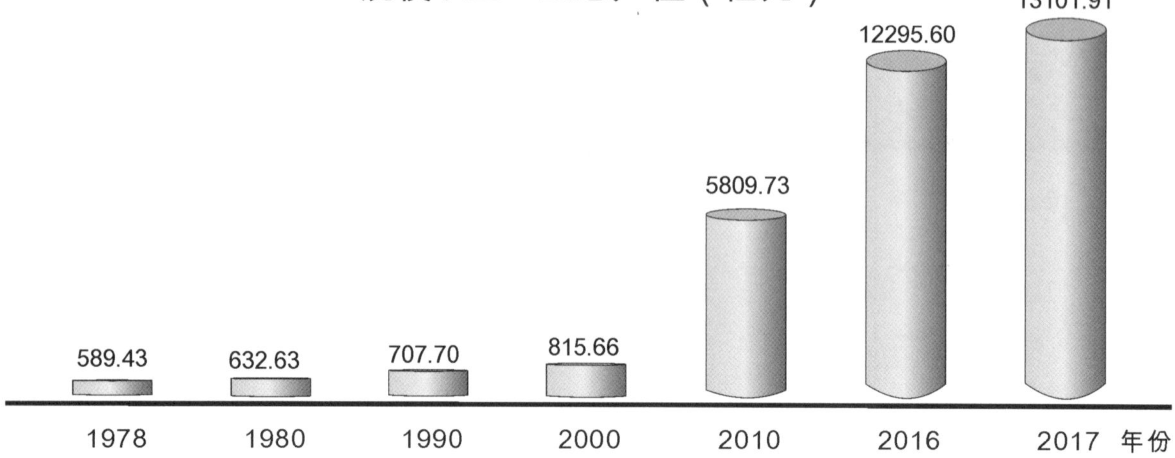

规模以上工业总产值结构（%）

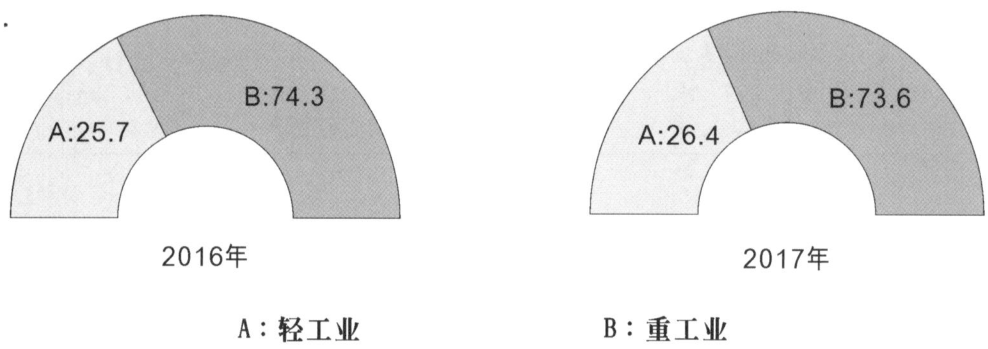

2017年全市工业企业特色优势企业完成总产值及占全市工业比重(%)

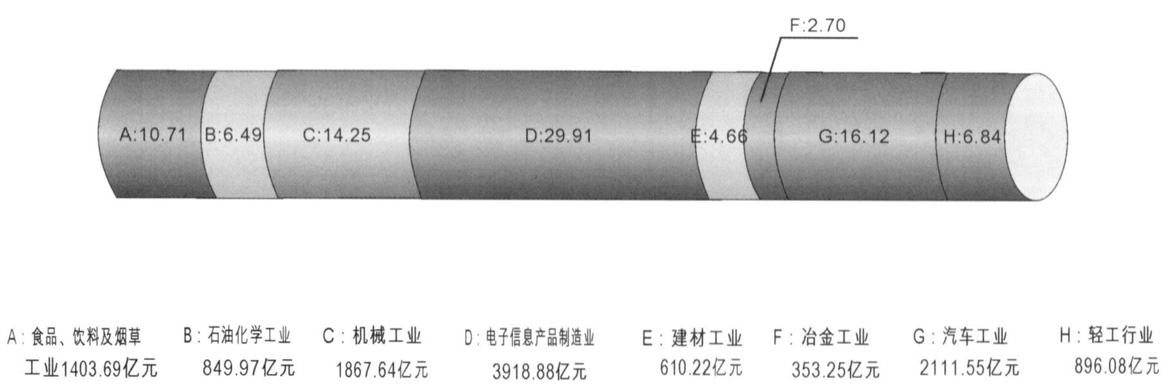

10－1 历年主要工业产品产量

Output of Major Industrial Products over the Years

年 份	合 成 洗涤剂 (万吨)	卷 烟 (亿支)	饮料酒 (混合量) (亿升)	# 白 酒	# 啤 酒	软饮料 (万吨)	配混合 饲 料 (万吨)	化学药品 原药 (吨)
1949		0.28	0.40					
1950		0.54	0.35					
1951		0.95	0.54					
1952		0.71	0.46					
1953		0.74	0.55					
1954		0.74	0.59					
1955		0.78	0.50					
1956		1.02	0.64					
1957		1.13	0.67					
1958		1.79	0.92					
1959		2.41	1.17					
1960		1.45	1.39					
1961		1.62	0.83					
1962		1.19	0.44					
1963		1.21	0.61					
1964		3.08	0.75					
1965		3.09	0.70					
1966		4.34	0.50					
1967		3.98	0.54					
1968		2.07	0.55					
1969		3.96	0.57					
1970	0.04	5.31	0.66					229
1971	0.10	7.03	0.66					275
1972	0.12	4.88	0.79					276
1973	0.25	6.3	0.75					290
1974	0.20	7.25	0.94					264
1975	0.35	8.53	0.98					346
1976	0.41	8.61	0.99					309
1977	0.51	10.64	1.15					374
1978	0.81	11.19	1.28					544
1979	1.07	12.10	1.70					517
1980	1.27	12.60	2.77					447

10－1 续表1

年 份	合 成 洗涤剂 (万吨)	卷 烟 (亿支)	饮料酒 (混合量) (亿升)	# 白 酒	# 啤 酒	软饮料 (万吨)	配混合 饲 料 (万吨)	化学药品 原药 (吨)
1981	1.58	12.50	2.89					686
1982	1.88	12.00	2.86					801
1983	2.13	12.50	3.70					1112
1984	2.62	12.50	5.80					837
1985	2.84	13.23	8.00	4.96	2.27	0.70	7.29	614
1986	3.08	15.57	8.52	5.26	2.63	0.75	10.33	930
1987	3.34	16.00	12.31	8.87	2.96	0.77	12.79	1104
1988	3.63	16.05	9.61	6.11	2.97	0.87	16.29	1105
1989	5.15	20.01	9.82	6.43	2.91	1.32	16.37	1120
1990	6.53	22.01	11.00	8.53	2.47	1.26	24.34	1344
1991	5.92	26.00	15.93	12.28	3.65	1.50	33.72	1462
1992	6.33	27.00	24.71	19.91	4.80	1.15	48.95	2271
1993	7.33	28.00	32.93	26.69	6.24	1.30	72.24	2127
1994	8.04	27.00	41.72	34.62	7.10	1.03	112.78	2598
1995	13.01	28.00	54.02	44.76	9.26	3.28	115.47	5098
1996	9.31	30.00	44.28	34.55	8.86	5.30	150.30	2366
1997	10.10	30.00	43.89	30.89	12.99	9.04	103.43	5459
1998	10.92	50.24	47.52	35.99	11.53	10.79	94.65	2964
1999	10.62	49.00	50.90	40.96	9.94	17.52	92.62	2975
2000	6.49	51.10	48.54	36.41	10.65	22.28	88.88	3109
2001	12.27	54.00	55.99	44.79	11.20	30.39	72.26	3174
2002	13.41	53.47	51.03	39.76	11.27	39.45	77.22	3612
2003	16.85	57.79	48.45	39.30	9.15	43.53	85.69	6570
2004	35.79	299.05	6.73	5.46	1.27	54.60	106.95	3630
2005	36.67	461.25	6.64	4.22	2.42	61.70	113.29	5060
2006	33.41	473.93	6.76	4.00	2.76	82.63	135.65	6021
2007	37.06	484.87	7.09	3.85	3.24	100.81	138.43	7299
2008	34.37	704.70	6.75	3.35	3.16	106.51	206.99	8012
2009	34.67	873.95	5.09	0.74	4.33	117.98	193.30	6173
2010	35.00	914.24	6.72	1.03	5.69	164.71	188.29	6123
2011	34.16	944.20	7.25	1.23	5.83	220.50	233.40	12595
2012	35.17	978.85	6.33	1.34	4.94	227.94	264.28	22999
2013	47.36	998.67	7.19	1.28	5.91	370.03	335.09	17961
2014	66.94	1003.69	7.81	1.17	6.63	372.12	353.89	170753
2015	62.29	945.76	7.40	1.18	6.22	324.63	307.94	198162
2016	63.77	668.16	8.70	1.37	7.33	285.12	329.45	168847
2017	61.18	734.10	11.01	1.50	9.51	290.11	326.51	150818

注:2003年以前(含2003年)卷烟单位为万箱,饮料酒、白酒和啤酒单位万吨。

10－1 续表2

年份	粗钢(万吨)	钢材(万吨)	移动通信手持机(手机)(万台)	发电量(万千瓦时)	化学纤维(吨)	布(万米)	印染布(万米)
1949				1027		113	276
1950				524		106	281
1951				1533		317	275
1952				1556		413	455
1953				2057		600	568
1954				2522		885	700
1955				2983		763	616
1956				4261		878	710
1957				5215		1932	549
1958	0.01			10714		2203	707
1959	0.67	1.01		26544		2872	924
1960	1.33	1.64		57168		3306	1451
1961	1.43	1.16		51524		1499	937
1962	0.19	0.29		43846		1224	591
1963	0.08	0.83		45076		2025	711
1964	0.37	1.76		57789		2501	618
1965	1.10	3.67		82843	27	2452	763
1966	2.57	8.30		111263	1767	9150	1857
1967	4.40	4.89		91946	1207	3427	1794
1968	0.60	0.31		47354	50	2109	112
1969	6.33	1.15		79317	281	6940	1252
1970	9.35	2.70		94839	701	8967	4635
1971	18.80	7.99		106714	1148	8548	5474
1972	20.51	10.76		95574	1307	8099	4661
1973	20.03	12.32		125068	1145	6395	5613
1974	11.01	8.50		71640	863	3366	2758
1975	16.59	16.43		76181	1125	6957	6242
1976	7.89	11.74		83051	1266	5370	5594
1977	17.71	20.58		81901	1631	10398	8053
1978	32.73	35.55		103645	2013	11550	10632
1979	30.97	40.04		71429	1622	11658	12383
1980	32.29	40.86		70621	2487	12241	11845

10－1　续表 3

年　份	粗　钢（万吨）	钢　材（万吨）	移动通信手持机(手机)（万台）	发电量（万千瓦时）	化学纤维（吨）	布（万米）	印染布（万米）
1981	28.34	34.50		109155	3023	12627	15591
1982	37.06	45.21		120165	2431	12790	17021
1983	43.61	49.42		125000	2654	12604	15338
1984	45.10	50.98		139717	3091	11212	14932
1985	50.00	59.34		160700	3177	11341	15091
1986	53.63	63.29		179300	4048	10568	16159
1987	58.50	69.13		186000	6469	10598	14039
1988	63.24	72.35		197005	6028	10107	13543
1989	77.30	78.53		208310	8258	9534	12042
1990	79.96	86.32		235977	10400	8772	11351
1991	90.53	92.50		379300	11800	8700	11200
1992	112.88	118.06		390100	14400	10400	11400
1993	124.44	183.86		406000	15800	7800	10800
1994	131.59	123.84		435600	17200	8500	7100
1995	129.37	141.67		440200	15700	10200	14400
1996	128.45	108.73		456060	17760	12012	12937
1997	156.37	125.91		501146	21050	8075	13945
1998	144.38	130.95		457098	31239	8756	10392
1999	125.08	127.85		390800	32500	7600	15583
2000	118.75	126.21		531300	33977	5942	6681
2001	165.60	168.13		485258	31160	5732	4322
2002	157.90	173.16		492120	37112	3591	3952
2003	147.39	170.06		631511	37924	2276	3025
2004	176.75	184.15		623595	39846	1747	2997
2005	193.04	221.90		565513	46727	3001	—
2006	191.22	253.16		668222	42776	4223	—
2007	208.18	306.96		944593	48321	1264	1960
2008	173.34	286.81		969849	37941	907	5043
2009	188.12	301.31		1215166	43766	448	3440
2010	193.13	362.80		1307659	53222	262	4281
2011	182.28	409.20		1369551	44928	222	4030
2012	160.57	417.51		1395149	22003	250	3793
2013	332.71	504.90		1356183	39843	6271	3829
2014	288.08	664.18	290.83	1310291	74290	7285	3791
2015	229.13	669.29	1026.63	1310454	78305	6964	5365
2016	209.80	763.16	1391.57	1168406	97162	8680	5296
2017	68.80	337.80	897.97	1176747	127985	6121	2914

注:2005 年、2006 年规模以上工业企业无印染布产品产量;从 2014 年起新增移动通信手持机(手机)的产品产量数据。

10－1 续表4

年 份	机制纸及纸板（万吨）	中成药（吨）	电子计算机整机（万台）	合成氨（万吨）	水泥（万吨）	汽车（辆）	金属切削机床（台）
1949							
1950							
1951	0.04						
1952	0.07						
1953	0.06						
1954	0.07						
1955	0.12						3
1956	0.18						11
1957	0.26						14
1958	0.42				0.64		772
1959	0.67			0.15	0.17		480
1960	1.63			0.56	3.13		1490
1961	0.64			2.56	1.20		465
1962	0.50			3.82	0.05		145
1963	0.72			4.80	0.65		119
1964	0.89			7.54	3.90		138
1965	1.07			10.93	0.14		228
1966	1.35			13.56	2.87		753
1967	1.19			7.92	2.70		577
1968	0.43			1.90	1.02	2	448
1969	0.83			3.82	1.48	33	700
1970	1.29			8.08	3.79	102	1105
1971	1.73			12.53	7.15	181	1472
1972	1.66			14.92	9.46	158	1672
1973	1.61			16.36	10.38	308	1701
1974	1.66			16.35	9.61	315	1728
1975	2.18			20.58	14.86	414	2218
1976	1.83			27.10	13.18	243	1701
1977	2.33			46.23	20.84	614	2231
1978	2.99			61.44	25.37	641	2265
1979	3.74			63.64	30.98	886	2798
1980	4.71			61.99	37.46	966	2845

10-1 续表5

年 份	机制纸及纸板（万吨）	中成药（吨）	电子计算机整机（万台）	合成氨（万吨）	水泥（万吨）	汽车（辆）	金属切削机床（台）
1981	4.56			57.44	39.65	681	2368
1982	6.25			54.78	50.49		3696
1983	7.33			58.10	60.13	2312	2533
1984	8.26			61.27	72.89	2055	2253
1985	9.13	1533		57.21	83.05	4065	2500
1986	9.59	1422		53.87	92.24	3763	2642
1987	11.05	1712		49.78	104.32	5082	2106
1988	11.44	1690		55.49	121.26	9422	2115
1989	12.22	1819		54.57	118.99	5924	1840
1990	12.70	2137		55.58	112.87	5230	1033
1991	12.00	3592		48.40	145.89	9113	1300
1992	15.00	3695		53.97	177.78	18834	1700
1993	18.00	13100		52.37	210.06	23951	1300
1994	24.00	12843		60.37	214.75	19298	900
1995	23.00	22144		64.04	226.23	43912	3700
1996	18.03	8022		107.09	253.73	23513	1300
1997	21.48	9801		63.69	235.41	22629	348
1998	15.13	12662		64.71	277.43	19701	371
1999	12.70	14838		73.44	301.00	19040	499
2000	9.60	15827		74.40	324.00	20124	1378
2001	15.47	15162		73.22	338.82	21897	1717
2002	13.99	17441		70.69	370.69	33500	1960
2003	11.73	20623		69.83	492.81	33109	3292
2004	12.44	19047		57.36	498.79	53415	3525
2005	18.44	22570		78.85	559.33	54702	3764
2006	12.99	19697		78.28	574.78	60270	2995
2007	23.40	48911		73.26	1044.44	69205	3590
2008	18.67	60692		69.71	444.00	71120	1666
2009	16.70	46187		69.18	830.20	65082	1232
2010	22.77	16956		51.75	1039.05	93819	2546
2011	16.69	27714		38.42	1328.80	181809	2762
2012	24.08	27267		48.03	1468.13	392374	832
2013	29.24	88518		65.49	1488.51	758934	1102
2014	29.77	164603	7619.05	33.48	1516.83	933993	14688
2015	34.80	154831	6319.48	19.78	1423.64	927990	982
2016	28.98	184470	5936.55	19.76	1712.39	1153802	1757
2017	26.53	154068	6966.09	18.43	1658.35	1329927	1591

注：从2014年起新增电子计算机（整机）的产品产量数据。

10－2　工业企业数及工业总产值(2017年)

(年主营业务收入2000万元及以上企业)

The Number of Industrial Enterprises and Gross Industrial Output Value(2017)

	企　业　数		工业总产值	
	个　　数 (个)	构　　成 (%)	绝对额 (万元)	构　　成 (%)
总　　计	**3631**	**100.00**	**131019139**	**100.00**
按登记注册类型分组				
#国有企业	21	0.58	713733	0.54
集体企业	11	0.30	290467	0.22
股份合作企业	19	0.52	356498	0.27
联营企业	2	0.06	27615	0.02
有限责任公司	1288	35.47	43364519	33.10
股份有限公司	208	5.73	8205686	6.26
私营企业	1766	48.64	30082045	22.96
港澳台商投资企业	103	2.84	15254919	11.64
外商投资企业	210	5.78	32691420	24.95
按经济组织类型分组				
#独资企业	222	6.11	31970621	24.40
合作合伙企业	35	0.96	852812	0.65
股份有限公司	304	8.37	10064310	7.68
有限责任公司	3070	84.55	88131396	67.27
按轻重工业分				
轻　工　业	1489	41.01	34650266	26.45
重　工　业	2142	58.99	96368873	73.55
按企业规模分				
大型企业	114	3.14	58121182	44.35
中型企业	501	13.80	30484243	23.27
小型企业	2925	80.56	41121802	31.39
微型企业	91	2.51	1291913	0.99
按工业行业大类分				
煤炭开采和洗选业				
石油和天然气开采业	2	0.06	19202	0.01
黑色金属矿采选业				
有色金属矿采选业				
非金属矿采选业	2	0.06	72580	0.06
开采专业及辅助性活动	1	0.03	2092	
其他采矿业				
农副食品加工业	211	5.81	5595288	4.29
食品制造业	176	4.85	3606495	2.75

10－2 续表

	企业数		工业总产值	
	个数（个）	构成（%）	绝对额（万元）	构成（%）
酒、饮料和精制茶制造业	72	1.98	2568899	1.96
烟草制品业	2	0.06	2266221	1.73
纺织业	28	0.77	230620	0.18
纺织服装、服饰业	31	0.85	518527	0.40
皮革、毛皮、羽毛及其制品和制鞋业	55	1.51	703767	0.54
木材加工和木、竹、藤、棕、草制品业	46	1.27	746380	0.57
家具制造业	168	4.63	3984390	3.04
造纸和纸制品业	81	2.23	1169819	0.89
印刷和记录媒介复制业	86	2.37	1437181	1.10
文教、工美、体育和娱乐用品制造业	16	0.44	525460	0.40
石油、煤炭及其他燃料加工业	12	0.33	4695260	3.58
化学原料和化学制品制造业	184	5.07	3785244	2.89
医药制造业	182	5.01	5335927	4.07
化学纤维制造业	4	0.11	170128	0.13
橡胶和塑料制品业	176	4.85	2950144	2.25
非金属矿物制品业	303	8.34	6029604	4.60
黑色金属冶炼和压延加工业	43	1.18	1676059	1.28
有色金属冶炼和压延加工业	40	1.10	1361129	1.04
金属制品业	268	7.38	4813264	3.67
通用设备制造业	284	7.82	5795941	4.42
专用设备制造业	225	6.20	4115480	3.14
汽车制造业	233	6.42	20837192	15.90
铁路、船舶、航空航天和其他运输设备制造业	63	1.74	4165434	3.18
电气机械和器材制造业	266	7.33	5664126	4.32
计算机、通信和其他电子设备制造业	220	6.06	32752527	25.00
仪器仪表制造业	49	1.35	1081924	0.83
其他制造业	8	0.22	72085	0.06
废弃资源综合利用业	6	0.17	108238	0.08
金属制品、机械和设备修理业	3	0.08	250099	0.19
电力、热力生产和供应业	22	0.61	487840	0.37
燃气生产和供应业	42	1.16	1011990	0.77
水的生产和供应业	21	0.58	412580	0.31

10－3 全部独立核算工业企业主要经济指标(2017年)

(年主营业务收入2000万元及以上企业)

Main Indicators of Corporate Industrial Enterprises with Independent Accounting System(2017)

单位:万元

	企业数(个)	#亏损企业	工业总产值
总　计	**3631**	**404**	**131019139**
按登记注册类型分组			
#国有企业	21	4	713733
集体企业	11	1	290467
股份合作企业	19	2	356498
联营企业	2		27615
有限责任公司	1288	172	43364519
股份有限公司	208	25	8205686
私营企业	1766	145	30082045
港澳台商投资企业	103	23	15254919
外商投资企业	210	32	32691420
按经济组织类型分组			
#独资企业	222	32	31970621
合作合伙企业	35	4	852812
股份有限公司	304	34	10064310
有限责任公司	3070	334	88131396
按轻重工业分			
轻工业	1489	167	34650266
重工业	2142	237	96368873
按企业规模分			
大型企业	114	4	58121181
中型企业	501	43	30484243
小型企业	2925	342	41121802
微型企业	91	15	1291913
按工业行业大类分			
煤炭开采和洗选业			
石油和天然气开采业	2		19202
黑色金属矿采选业			
有色金属矿采选业			
非金属矿采选业	2		72580
开采专业及辅助性活动	1		2092
其他采矿业			
农副食品加工业	211	34	5595288
食品制造业	176	16	3606495

10－3 续表 1

单位:万元

	企业数(个)	#亏损企业	工业总产值
酒、饮料和精制茶制造业	72	8	2568899
烟草制品业	2		2266221
纺 织 业	28	3	230620
纺织服装、服饰业	31	3	518527
皮革、毛皮、羽毛及其制品和制鞋业	55	8	703767
木材加工和木、竹、藤、棕、草制品业	46	9	746380
家具制造业	168	11	3984390
造纸和纸制品业	81	11	1169819
印刷和记录媒介复制业	86	9	1437181
文教、工美、体育和娱乐用品制造业	16	1	525460
石油、煤炭及其他燃料加工业	12	3	4695260
化学原料和化学制品制造业	184	36	3785244
医药制造业	182	17	5335927
化学纤维制造业	4	1	170128
橡胶和塑料制品业	176	18	2950144
非金属矿物制品业	303	24	6029604
黑色金属冶炼和压延加工业	43	8	1676059
有色金属冶炼和压延加工业	40	10	1361129
金属制品业	268	21	4813264
通用设备制造业	284	24	5795941
专用设备制造业	225	19	4115480
汽车制造业	233	30	20837192
铁路、船舶、航空航天和其他运输设备制造业	63	10	4165434
电气机械和器材制造业	266	38	5664126
计算机、通信和其他电子设备制造业	220	19	32752530
仪器仪表制造业	49	4	1081924
其他制造业	8		72085
废弃资源综合利用业	6		108238
金属制品、机械和设备修理业	3		250099
电力、热力生产和供应业	22	2	487840
燃气生产和供应业	42	4	1011990
水的生产和供应业	21	3	412580

10－3 续表2

单位:万元

	资产合计	流动资产合计	负债合计	所有者权益合计
总计	**121112964**	**71638018**	**66331905**	**54781059**
按登记注册类型分组				
#国有企业	2885716	1644097	1645720	1239996
集体企业	79210	43989	37412	41798
股份合作企业	136994	106914	64979	72015
联营企业	6021	3783	2778	3244
有限责任公司	48895427	26923705	27889897	21005530
股份有限公司	18012175	10035567	8565702	9446473
私营企业	20106251	12208830	10533128	9573123
港澳台商投资企业	13117903	9658233	7996119	5121784
外商投资企业	17866336	11011159	9594131	8272205
按经济组织类型分组				
#独资企业	22386376	15217248	13406991	8979385
合作合伙企业	537061	367916	271720	265341
股份有限公司	20118964	11435380	9374903	10744061
有限责任公司	78070563	44617474	43278291	34792272
按轻重工业分				
轻工业	30389965	17866027	14321609	16068356
重工业	90722999	53771991	52010296	38712703
按企业规模分				
大型企业	51072692	31328896	27867235	23205457
中型企业	32618150	18672833	16293810	16324340
小型企业	35593808	20529298	20928204	14665604
微型企业	1828314	1106991	1242656	585658
按工业行业大类分				
煤炭开采和洗选业				
石油和天然气开采业	45470	4197	23177	22293
黑色金属矿采选业				
有色金属矿采选业				
非金属矿采选业	23207	4690	439	22767
开采专业及辅助性活动	8488	7110	1598	6889
其他采矿业				
农副食品加工业	2552016	1622260	1511301	1040716
食品制造业	2587656	1319338	1102543	1485114

10－3　续表3

单位:万元

	资产合计	流动资产合计	负债合计	所有者权益合计
酒、饮料和精制茶制造业	2094098	980103	860243	1233855
烟草制品业	2329188	1861912	728163	1601025
纺 织 业	252405	107874	111574	140832
纺织服装、服饰业	330466	203373	160557	169910
皮革、毛皮、羽毛及其制品和制鞋业	361849	229885	221164	140686
木材加工和木、竹、藤、棕、草制品业	876768	327369	327528	549241
家具制造业	2692119	1129139	1280207	1411911
造纸和纸制品业	799293	406176	465614	333679
印刷和记录媒介复制业	1274939	729415	498454	776485
文教、工美、体育和娱乐用品制造业	266856	209573	194248	72607
石油、煤炭及其他燃料加工业	3415513	436750	1049427	2366086
化学原料和化学制品制造业	3618162	1877751	1736289	1881873
医药制造业	9081066	5858619	4385112	4695954
化学纤维制造业	168736	81975	112871	55865
橡胶和塑料制品业	2365570	1264594	1194087	1171482
非金属矿物制品业	5443874	2892261	2520255	2923619
黑色金属冶炼和压延加工业	2045536	936165	1849853	195683
有色金属冶炼和压延加工业	1302395	950022	1017119	285276
金属制品业	3666158	2115621	1913440	1752718
通用设备制造业	5237818	3578080	2809631	2428187
专用设备制造业	5109977	3155465	2572714	2537264
汽车制造业	13670850	9259399	8603386	5067464
铁路、船舶、航空航天和其他运输设备制造业	7506585	4844396	4683071	2823514
电气机械和器材制造业	5069485	3265834	3511786	1557699
计算机、通信和其他电子设备制造业	27187690	18398940	15412096	11775591
仪器仪表制造业	1597432	1092251	895408	702024
其他制造业	76038	61119	24885	51153
废弃资源综合利用业	116218	67503	78948	37270
金属制品、机械和设备修理业	659300	426743	285228	374073
电力、热力生产和供应业	1590975	254980	992060	598915
燃气生产和供应业	2468066	611705	1503402	964664
水的生产和供应业	3220702	1065431	1694027	1526675

10－3　续表4

单位:万元

	主营业务收入	主营业务成本	利润总额	利税总额	本年应交增值税
总　计	**124895558**	**101983730**	**9942305**	**16493837**	**3233162**
按登记注册类型分组					
#国有企业	781884	645287	12434	34806	17432
集体企业	275314	246296	14573	22859	7395
股份合作企业	331946	280787	10359	21877	9801
联营企业	24769	21905	1002	1670	547
有限责任公司	41746787	32960108	2501677	5928140	1325875
股份有限公司	7907515	5416393	954032	1376167	341386
私营企业	28316324	23791515	1762586	2721671	783739
港澳台商投资企业	14039796	13195253	450940	573166	92362
外商投资企业	31439273	25397036	4233088	5811152	653977
按经济组织类型分组					
#独资企业	30080976	26280975	2806080	3099145	174089
合作合伙企业	848215	657410	91711	131277	33470
股份有限公司	9717000	6792331	1091342	1610732	397975
有限责任公司	84249367	68253014	5953172	11652683	2627628
按轻重工业分					
轻　工　业	32778103	24472800	2528043	5165028	1267569
重　工　业	92117455	77510930	7414262	11328809	1965593
按企业规模分					
大型企业	54880829	43882042	5181219	9331087	1331160
中型企业	29581907	23993027	2545906	3673205	879688
小型企业	39480511	33308556	2231670	3460404	990378
微型企业	952311	800105	－16490	29141	31936
按工业行业大类分					
煤炭开采和洗选业					
石油和天然气开采业	19184	11611	3615	5538	984
黑色金属矿采选业					
有色金属矿采选业					
非金属矿采选业	71051	58112	2430	5593	2207
开采专业及辅助性活动	2088	1167	575	618	13
其他采矿业					
农副食品加工业	5419321	4828599	241394	320747	64853
食品制造业	3636217	2794990	366156	513264	126690

10－3 续表5

单位：万元

	主营业务收入	主营业务成本	利润总额	利税总额	本年应交增值税
酒、饮料和精制茶制造业	2323413	1756162	199355	361887	81909
烟草制品业	2008067	706711	22160	1332469	228169
纺 织 业	220880	189496	10229	18625	7200
纺织服装、服饰业	530811	421895	26985	44294	13715
皮革、毛皮、羽毛及其制品和制鞋业	686321	595747	29717	45020	10418
木材加工和木、竹、藤、棕、草制品业	752607	628024	43204	65763	17767
家具制造业	3756106	2972468	177871	355046	135113
造纸和纸制品业	1143862	975600	63545	107024	36348
印刷和记录媒介复制业	1367195	1134207	106734	172675	56097
文教、工美、体育和娱乐用品制造业	540287	439313	23976	39675	13795
石油、煤炭及其他燃料加工业	4516117	3106582	324470	1246572	132572
化学原料和化学制品制造业	3693959	2950846	247678	367002	92914
医药制造业	4938318	2564106	908189	1265759	302965
化学纤维制造业	166865	152061	4642	6949	1408
橡胶和塑料制品业	2976114	2527673	157998	249003	75365
非金属矿物制品业	5766811	4870019	359145	611744	214725
黑色金属冶炼和压延加工业	1597962	1532925	－60872	－9188	36412
有色金属冶炼和压延加工业	1368121	1267309	45244	66944	18618
金属制品业	4495974	3880926	182112	320815	111649
通用设备制造业	5600016	4657862	329501	536976	171777
专用设备制造业	3798493	2998501	297652	458765	134945
汽车制造业	20027544	16709532	1874814	3297834	603490
铁路、船舶、航空航天和其他运输设备制造业	3758469	3269548	111128	226531	96335
电气机械和器材制造业	5410062	4487214	348248	533007	141065
计算机、通信和其他电子设备制造业	30932539	26925114	2944435	3218350	175631
仪器仪表制造业	1068715	814905	137397	174410	30070
其他制造业	46780	23522	16264	21950	5183
废弃资源综合利用业	97114	79942	8661	15219	5604
金属制品、机械和设备修理业	251646	219835	89469	103613	11126
电力、热力生产和供应业	477109	389195	17174	53406	30023
燃气生产和供应业	998259	775916	166387	203679	29091
水的生产和供应业	431161	266095	114623	136259	16916

10－3　续表6

	亏损面（%）	产销率（%）	资　产 贡献率（%）	负债率（%）	流动资产 周转次数（次）
总　　计	**11.13**	**96.60**	**14.26**	**54.77**	**1.77**
按登记注册类型分组					
#国有企业	19.05	104.47	1.48	57.03	0.51
集体企业	9.09	98.21	29.55	47.23	6.26
股份合作企业	10.53	97.06	16.59	47.43	3.12
联营企业		100.00	28.74	46.13	6.55
有限责任公司	13.35	97.94	12.71	57.04	1.57
股份有限公司	12.02	96.90	8.33	47.56	0.82
私营企业	8.21	95.96	14.36	52.39	2.34
港、澳、台商投资企业	22.33	92.37	5.61	60.96	1.48
外商投资企业	15.24	97.12	32.66	53.70	2.88
按经济组织类型分组					
#独资企业	14.41	94.20	14.65	59.89	2.00
合作合伙企业	11.43	99.16	24.90	50.59	2.32
股份有限公司	11.18	96.92	8.70	46.60	0.88
有限责任公司	10.88	97.41	15.51	55.43	1.91
按轻重工业分					
轻　工　业	11.22	97.05	17.81	47.13	1.86
重　工　业	11.06	96.44	13.07	57.33	1.74
按企业规模分					
大型企业	3.51	96.21	18.84	54.56	1.77
中型企业	8.58	97.91	11.95	49.95	1.62
小型企业	11.69	96.27	10.42	58.80	1.94
微型企业	16.48	93.87	2.13	67.97	1.07
按工业行业大类分					
煤炭开采和洗选业					
石油和天然气开采业		100.00	14.00	50.97	4.58
黑色金属矿采选业					
有色金属矿采选业					
非金属矿采选业		98.64	25.27	1.89	15.15
开采专业及辅助性活动		100.00	7.20	18.83	0.29
其他采矿业					
农副食品加工业	16.11	98.99	13.43	59.22	3.36
食品制造业	9.09	101.31	20.64	42.61	2.77

10－3 续表 7

	亏损面(%)	产销率(%)	资 产贡献率(%)	负债率(%)	流动资产周转次数(次)
酒、饮料和精制茶制造业	11.11	96.88	17.98	41.08	2.43
烟草制品业		98.91	57.35	31.26	1.11
纺 织 业	10.71	98.93	8.28	44.20	2.09
纺织服装、服饰业	9.68	99.03	14.01	48.58	2.63
皮革、毛皮、羽毛及其制品和制鞋业	14.55	96.45	13.94	61.12	2.99
木材加工和木、竹、藤、棕、草制品业	19.57	98.70	8.15	37.36	2.31
家具制造业	6.55	95.90	14.42	47.55	3.33
造纸和纸制品业	13.58	93.79	14.41	58.25	2.85
印刷和记录媒介复制业	10.47	97.96	13.74	39.10	1.89
文教、工美、体育和娱乐用品制造业	6.25	102.94	15.54	72.79	2.63
石油、煤炭及其他燃料加工业	25.00	97.46	37.29	30.73	10.34
化学原料和化学制品制造业	19.57	95.69	10.55	47.99	2.00
医药制造业	9.34	94.47	14.96	48.29	0.86
化学纤维制造业	25.00	96.33	5.62	66.89	2.05
橡胶和塑料制品业	10.23	95.55	11.38	50.48	2.38
非金属矿物制品业	7.92	97.23	12.15	46.30	2.00
黑色金属冶炼和压延加工业	18.60	95.33	1.86	90.43	1.81
有色金属冶炼和压延加工业	25.00	97.59	6.07	78.10	1.45
金属制品业	7.84	96.09	9.83	52.19	2.15
通用设备制造业	8.45	97.62	10.93	53.64	1.58
专用设备制造业	8.44	97.21	9.41	50.35	1.22
汽车制造业	12.88	98.41	24.19	62.93	2.22
铁路、船舶、航空航天和其他运输设备制造业	15.87	97.19	3.16	62.39	0.78
电气机械和器材制造业	14.29	97.09	11.10	69.27	1.68
计算机、通信和其他电子设备制造业	8.64	94.22	12.50	56.69	1.69
仪器仪表制造业	8.16	98.86	10.95	56.05	0.99
其他制造业		64.44	29.02	32.73	0.77
废弃资源综合利用业		92.27	14.46	67.93	1.45
金属制品、机械和设备修理业		99.96	15.93	43.26	0.61
电力、热力生产和供应业	9.09	99.61	5.55	62.36	1.89
燃气生产和供应业	9.52	94.90	8.22	60.91	1.76
水的生产和供应业	14.29	99.17	4.94	52.60	0.44

10－4 独立核算国有控股企业主要经济指标(2017年)

Main Indicators of State Holding Majority Shares Industrial Enterprises with Independent Accounting System(2017)

单位:万元

	企业数(个)	#亏损企业	工业总产值
总　　计	**262**	**57**	**26355490**
在总计中:亏损企业	57	57	1159072
按隶属关系分			
中央企业	85	23	498086
地方企业	177	34	25857404
按轻重工业分			
轻 工 业	52	16	4396106
重 工 业	210	41	21959384
按企业规模分			
大型企业	33	4	19634050
中型企业	67	15	3767651
小型企业	152	36	2724088
微型企业	10	2	229701
按工业行业大类分			
石油和天然气开采业			
开采专业及辅助性活动	2		19202
农副食品加工业	4	1	177004
食品制造业	3		67480
酒、饮料和精制茶制造业	2	1	101567
烟草制品业	2		2266221
纺 织 业	1		11740
纺织服装、服饰业	5	2	43303
木材加工和木、竹、藤、棕、草制品业			
造纸和纸制品业	1	1	
印刷和记录媒介复制业	2	1	172733

注:年主营业务收入2000万元及以上企业。

10－4 续表1

单元:万元

	企业数(个)	#亏损企业	工业总产值
文教、工美、体育和娱乐用品制造业	1		336167
石油、煤炭及其他燃料加工业	1		4541626
化学原料和化学制品制造业	12	3	420420
医药制造业	11	1	475531
化学纤维制造业	1		151185
橡胶和塑料制品业	3	1	249444
非金属矿物制品业	27	6	944244
黑色金属冶炼和压延加工业	2	1	171505
有色金属冶炼和压延加工业	4	3	67434
金属制品业	12	3	449727
通用设备制造业	15	1	491331
专用设备制造业	15	4	153703
汽车制造业	26	7	8101847
铁路、船舶、航空航天和其他运输设备制造业	17	6	3410617
电气机械和器材制造业	21	11	437087
计算机、通信和其他电子设备制造业	31		1380913
仪器仪表制造业	5	1	262291
其他制造业			
废弃资源综合利用业	2		54176
金属制品、机械和设备修理业	2		238286
电力、热力生产和供应业	8	1	236241
燃气生产和供应业	13	1	565428
水的生产和供应业	11	1	357037

10－4 续表2

单位:万元

	资产合计	流动资产合计	负债合计	所有者权益合计
总　计	**36737107**	**17905154**	**21102982**	**15634124**
在总计中:亏损企业	4367406	1810497	4241804	125602
按隶属关系分				
中央企业	1301037	796235	870510	430527
地方企业	35436070	17108919	20232472	15203597
按轻重工业分				
轻 工 业	4948229	3351900	1956617	2991611
重 工 业	31788878	14553254	19146365	12642513
按企业规模分				
大型企业	22206359	11054168	11318023	10888334
中型企业	7804951	3902029	4636478	3168474
小型企业	6270216	2707698	4748141	1522075
微型企业	455581	241259	400340	55241
按工业行业大类分				
石油和天然气开采业				
开采专业及辅助性活动	45470	4197	23177	22293
农副食品加工业	123247	83507	115374	7874
食品制造业	57296	43103	24522	32774
酒、饮料和精制茶制造业	94144	45339	56306	37838
烟草制品业	2329188	1861912	728163	1601025
纺 织 业	37983	19404	2596	35387
纺织服装、服饰业	104565	57280	67380	37185
木材加工和木、竹、藤、棕、草制品业				
造纸和纸制品业	19953	3345	52117	－32164
印刷和记录媒介复制业	415822	244831	45787	370035

10－4 续表3

单元:万元

	资　产 合　计	流动资产 合　计	负　债 合　计	所有者权益 合　计
文教、工美、体育和娱乐用品制造业	194014	175113	146984	47030
石油、煤炭及其他燃料加工业	3300473	372843	974038	2326435
化学原料和化学制品制造业	440204	222918	244416	195789
医药制造业	691041	371337	248088	442954
化学纤维制造业	142450	68254	99687	42763
橡胶和塑料制品业	279996	141235	166054	113942
非金属矿物制品业	1442642	719821	787193	655449
黑色金属冶炼和压延加工业	932581	202972	1027107	－94526
有色金属冶炼和压延加工业	176634	65495	94469	82165
金属制品业	539056	271484	305709	233347
通用设备制造业	905626	649248	532948	372678
专用设备制造业	519760	208516	346961	172799
汽车制造业	5300157	3424357	3460230	1839927
铁路、船舶、航空航天和其他运输设备制造业	5968629	3962367	4025673	1942956
电气机械和器材制造业	759511	522883	1300985	－541474
计算机、通信和其他电子设备制造业	4888934	1935533	2315711	2573220
仪器仪表制造业	607463	400366	323908	283555
其他制造业				
废弃资源综合利用业	83342	49111	59798	23544
金属制品、机械和设备修理业	564798	357207	261170	303628
电力、热力生产和供应业	1066321	124122	706515	359805
燃气生产和供应业	1951460	389496	1275573	675887
水的生产和供应业	2754347	907558	1284343	1470004

10－4　续表4

单位:万元

	主营业务收入	利润总额	利税总额
总计	**25852881**	**1849323**	**5055184**
在总计中:亏损企业	1242590	－296592	－225008
按隶属关系分			
中央企业	560701	－6081	10423
地方企业	25292180	1855404	5044761
按轻重工业分			
轻工业	4253233	221813	1629322
重工业	21599648	1627510	3425862
按企业规模分			
大型企业	19027605	1570900	4508630
中型企业	3909079	144623	287570
小型企业	2692828	166539	272454
微型企业	223369	－32739	－13470
按工业行业大类分			
石油和天然气开采业			
开采专业及辅助性活动	19184	3615	5538
农副食品加工业	209274	318	－2211
食品制造业	69424	11238	15670
酒、饮料和精制茶制造业	125807	2935	11488
烟草制品业	2008067	22160	1332469
纺织业	10166	507	1748
纺织服装、服饰业	68905	－1771	1533
木材加工和木、竹、藤、棕、草制品业			
造纸和纸制品业	80	－3272	－3165
印刷和记录媒介复制业	182922	40402	62318

10－4　续表5

单元:万元

	主营业务收入	利润总额	利税总额
文教、工美、体育和娱乐用品制造业	357949	21373	31388
石油、煤炭及其他燃料加工业	4363183	323875	1240651
化学原料和化学制品制造业	391437	17297	25887
医药制造业	445841	115114	142914
化学纤维制造业	152129	5747	7639
橡胶和塑料制品业	374169	5297	9238
非金属矿物制品业	944119	46771	83995
黑色金属冶炼和压延加工业	191949	－98143	－79768
有色金属冶炼和压延加工业	73573	－4667	－3631
金属制品业	444789	177	14575
通用设备制造业	541352	28907	50760
专用设备制造业	161647	－4947	－1083
汽车制造业	8036334	816760	1394053
铁路、船舶、航空航天和其他运输设备制造业	3033025	20302	96900
电气机械和器材制造业	499301	37921	55387
计算机、通信和其他电子设备制造业	1406571	110668	140444
仪器仪表制造业	263495	28163	37279
其他制造业			
废弃资源综合利用业	48838	5751	10635
金属制品、机械和设备修理业	240435	88224	100973
电力、热力生产和供应业	235503	－2114	21738
燃气生产和供应业	586829	95876	116045
水的生产和供应业	366584	114839	133777

10－4 续表6

	亏损面（%）	产销率（%）	资　产贡献率（%）	负债率（%）	流动资产周转次数（次）
总　　计	**21.76**	**98.33**	**14.20**	**57.44**	**1.47**
在总计中：亏损企业	100.00	94.57	－3.65	97.12	0.76
按隶属关系分					
中央企业	30.00	106.73	1.36	66.91	0.73
地方企业	9.09	99.25	1.58	48.92	0.30
按轻重工业分					
轻 工 业	30.77	99.52	33.29	39.54	1.30
重 工 业	19.52	98.09	11.23	60.23	1.51
按企业规模分					
大型企业	12.12	98.20	20.52	50.97	1.74
中型企业	22.39	101.34	4.57	59.40	1.05
小型企业	23.68	95.17	4.94	75.73	1.02
微型企业	20.00	97.56	－1.52	87.87	0.98
按工业行业大类分					
石油和天然气开采业					
开采专业及辅助性活动		100.00	14.00	50.97	4.58
农副食品加工业	25.00	107.48	－1.37	93.61	2.51
食品制造业		101.61	28.35	42.80	1.62
酒、饮料和精制茶制造业	50.00	99.74	13.13	59.81	2.78
烟草制品业		98.91	57.35	31.26	1.11
纺 织 业		104.07	4.73	6.83	0.56
纺织服装、服饰业	40.00	123.89	1.47	64.44	1.26
木材加工和木、竹、藤、棕、草制品业					
造纸和纸制品业	100.00		－4.16	261.20	0.03
印刷和记录媒介复制业	50.00	98.89	14.36	11.01	0.77

10－4 续表7

	亏损面(%)	产销率(%)	资 产贡献率(%)	负债率(%)	流动资产周转次数(次)
文教、工美、体育和娱乐用品制造业		106.48	16.97	75.76	2.11
石油、煤炭及其他燃料加工业		97.54	38.36	29.51	11.70
化学原料和化学制品制造业	25.00	99.23	6.29	55.52	1.76
医药制造业	9.09	95.44	21.02	35.90	1.22
化学纤维制造业		98.82	6.90	69.98	2.24
橡胶和塑料制品业	33.33	97.35	4.76	59.31	2.77
非金属矿物制品业	22.22	93.19	6.61	54.57	1.33
黑色金属冶炼和压延加工业	50.00	105.54	－4.14	110.14	1.39
有色金属冶炼和压延加工业	75.00	107.03	－1.98	53.48	1.21
金属制品业	25.00	87.71	3.48	56.71	1.67
通用设备制造业	6.67	97.52	5.95	58.85	0.84
专用设备制造业	26.67	99.15	0.58	66.75	0.83
汽车制造业	26.92	98.62	26.19	65.29	2.37
铁路、船舶、航空航天和其他运输设备制造业	35.29	97.14	1.75	67.45	0.77
电气机械和器材制造业	52.38	110.37	7.82	171.29	0.98
计算机、通信和其他电子设备制造业		100.05	3.08	47.37	0.75
仪器仪表制造业	20.00	101.01	6.04	53.32	0.66
其他制造业					
废弃资源综合利用业		87.68	14.66	71.75	0.99
金属制品、机械和设备修理业		99.95	17.99	46.24	0.70
电力、热力生产和供应业	12.50	99.26	4.80	66.26	1.91
燃气生产和供应业	7.69	95.18	5.88	65.37	1.66
水的生产和供应业	9.09	99.58	5.16	46.63	0.44

10－5 独立核算集体工业企业主要经济指标(2017年)

(年主营业务收入2000万元及以上企业)

Main Indicators of Collective－owned Industrial Enterprises with Independent Accounting System(2017)

单元:万元

	企业数(个)	#亏损企业	工业总产值
总　计	**11**	**1**	**290467**
在总计中:亏损企业	1	1	11922
按轻重工业分			
轻工业	1		9062
重工业	10	1	281405
按企业规模分			
#中型企业	2		104013
小型企业	9	1	186454
按工业行业大类分			
印刷和记录媒介复制业	1		9062
化学原料和化学制品制造业			
非金属矿物制品业	1		10852
黑色金属冶炼和压延加工业			
金属制品业	1		67303
通用设备制造业	2		101636
专用设备制造业	1		26853
汽车制造业	2	1	29003
铁路、船舶、航空航天和其他运输设备制造业	1		11180
电气机械和器材制造业	1		26061
燃气生产和供应业	1		8517

10－5 续表1

单位:万元

	资产合计	流动资产合计	负债合计	所有者权益
总计	**79210**	**43989**	**37412**	**41798**
在总计中:亏损企业	6555	5507	6138	417
按轻重工业分				
轻工业	3262	2984	2569	693
重工业	75948	41005	34843	41105
按企业规模分				
#中型企业	19416	9902	5738	13678
小型企业	59794	34087	31674	28120
按工业行业大类分				
印刷和记录媒介复制业	3262	2984	2569	693
化学原料和化学制品制造业				
非金属矿物制品业	1499	625	227	1272
黑色金属冶炼和压延加工业				
金属制品业	5829	3925	2146	3683
通用设备制造业	13815	5979	2576	11239
专用设备制造业	3411	2646	1746	1666
汽车制造业	8910	6763	7069	1842
铁路、船舶、航空航天和其他运输设备制造业	10684	8707	5357	5327
电气机械和器材制造业	17202	2760	7947	9254
燃气生产和供应业	14598	9600	7775	6822

10－5　续表2

单位:万元

	主营业务收入	利润总额	利税总额
总　　计	**275314**	**14573**	**22859**
在总计中:亏损企业	12679	－192	－48
按轻重工业分			
轻 工 业	4257	41	149
重 工 业	271057	14532	22710
按企业规模分			
#中型企业	94575	5654	9589
小型企业	180739	8919	13270
按工业行业大类分			
印刷和记录媒介复制业	4256	41	149
化学原料和化学制品制造业			
非金属矿物制品业	10852	725	812
黑色金属冶炼和压延加工业			
金属制品业	65958	3864	6079
通用设备制造业	95439	5938	9581
专用设备制造业	25991	922	967
汽车制造业	29119	33	272
铁路、船舶、航空航天和其他运输设备制造业	8703	181	732
电气机械和器材制造业	24785	2015	3026
燃气生产和供应业	10211	854	1241

10－5 续表3

	亏损面(%)	产销率(%)	资产贡献率(%)	负债率(%)	流动资产周转次数(次)
总　　计	**9.09**	**98.21**	**29.55**	**47.23**	**6.26**
在总计中:亏损企业	100.00	106.35	-0.73	93.65	2.31
按轻重工业分					
轻 工 业		98.78	5.26	78.76	1.43
重 工 业	10.00	98.19	30.60	45.88	6.61
按企业规模分					
#中型企业		97.31	50.08	29.55	9.56
小型企业	11.11	98.71	22.89	52.97	5.30
按工业行业大类分					
印刷和记录媒介复制业		98.78	5.26	78.76	1.43
化学原料和化学制品制造业					
非金属矿物制品业		100.00	54.15	15.12	17.36
黑色金属冶炼和压延加工业					
金属制品业		98.82	105.15	36.82	16.80
通用设备制造业		99.21	70.00	18.65	15.96
专用设备制造业		99.39	28.35	51.17	9.82
汽车制造业	50.00	100.40	3.63	79.33	4.31
铁路、船舶、航空航天和其他运输设备制造业		78.23	7.37	50.14	1.00
电气机械和器材制造业		96.13	19.40	46.20	8.98
燃气生产和供应业		100.00	8.30	53.26	1.06

10－6 独立核算“三资”工业企业主要经济指标(2017年)

（年主营业务收入2000万元及以上企业）

Main Indicators of Overseas－funded Industrial Enterprises with Independent Accounting System(2017)

单位:万元

	企业数（个）	#亏损企业	工业总产值
总　　计	**313**	**55**	**47946339**
按登记注册类型分			
港、澳、台商投资企业	103	23	15254919
合资经营企业(港、澳、台资)	40	11	1589748
合作经营企业(港、澳、台资)	2		35407
港澳台商独资企业	55	10	13506600
港澳台投资股份有限公司	4	1	123164
外商投资企业	210	32	32691420
中外合资经营企业	109	16	15318935
中外合作经营企业	2		41726
外资企业	88	14	16825359
外商投资股份有限公司	6	1	332908
其他外商投资企业	5	1	172492
按轻重工业分			
轻 工 业	134	25	4986752
重 工 业	179	30	42959587
按企业规模分			
大型企业	22		33461877
中型企业	81	6	10081511
小型企业	208	49	4328009
微型企业	2		74942
按工业行业大类分			
#农副食品加工业	17	3	1366373
食品制造业	22	4	875431
酒、饮料和精制茶制造业	14	4	951175
纺 织 业			

10－6 续表1

单元:万元

	企业数(个)	#亏损企业	工业总产值
纺织服装、服饰业	3		21452
皮革、毛皮、羽毛及其制品和制鞋业	5	3	64801
木材加工和木、竹、藤、棕、草制品业	2	2	15752
家具制造业	2		10435
造纸和纸制品业	7		192072
印刷和记录媒介复制业	11	1	259433
文教、工美、体育和娱乐用品制造业	2		21088
石油、煤炭及其他燃料加工业	1		18601
化学原料和化学制品制造业	25	10	815046
医药制造业	24	4	458165
化学纤维制造业	1	1	13366
橡胶和塑料制品业	9	3	321141
非金属矿物制品业	14	1	723978
黑色金属冶炼和压延加工业	1	1	
有色金属冶炼和压延加工业	2	1	48246
金属制品业	13	3	465321
通用设备制造业	16	2	334696
专用设备制造业	18		513547
汽车制造业	33	1	11595389
铁路、船舶、航空航天和其他运输设备制造业	8	1	339570
电气机械和器材制造业	15	5	778255
计算机、通信和其他电子设备制造业	30	2	27000126
仪器仪表制造业	7		345263
其他制造业			
金属制品、机械和设备修理业			
电力、热力生产和供应业	3	1	41059
燃气生产和供应业	6	2	343657
水的生产和供应业	2		12901

10－6　续表2

单位：万元

	资产总计	流动资产合计	负债总计	所有者权益
总计	**30984239**	**20669392**	**17590250**	**13393989**
按登记注册类型分				
港、澳、台商投资企业	13117903	9658233	7996119	5121784
合资经营企业（港、澳、台资）	1228432	624508	623643	604789
合作经营企业（港、澳、台资）	38032	27080	11733	26299
港澳台商独资企业	11667981	8901441	7277434	4390547
港澳台投资股份有限公司	183458	105204	83308	100150
外商投资企业	17866336	11011159	9594131	8272205
中外合资经营企业	9607641	6062313	4967618	4640023
中外合作经营企业	17580	13968	5654	11927
外资企业	7544988	4518970	4360663	3184325
外商投资股份有限公司	454398	249298	138474	315924
其他外商投资企业	241729	166610	121723	120007
按轻重工业分				
轻工业	4129605	2109580	1699342	2430263
重工业	26854634	18559813	15890908	10963726
按企业规模分				
大型企业	19373777	13674317	12023007	7350771
中型企业	7856048	4927655	3797004	4059044
小型企业	3667085	2031240	1715675	1951410
微型企业	87329	36180	54565	32764
按工业行业大类分				
#农副食品加工业	417669	253404	154748	262922
食品制造业	692719	359015	327747	364972
酒、饮料和精制茶制造业	991622	390166	381262	610360
纺织业				

10－6 续表3

单元:万元

	资产总计	流动资产合计	负债总计	所有者权益
纺织服装、服饰业	12705	10007	5321	7385
皮革、毛皮、羽毛及其制品和制鞋业	41386	22535	25936	15450
木材加工和木、竹、藤、棕、草制品业	19142	15089	6835	12307
家具制造业	20268	13901	9338	10930
造纸和纸制品业	116494	62228	39174	77321
印刷和记录媒介复制业	275180	167628	119427	155752
文教、工美、体育和娱乐用品制造业	3167	2385	2056	1111
石油、煤炭及其他燃料加工业	16988	6459	7714	9274
化学原料和化学制品制造业	743560	400635	339238	404322
医药制造业	609274	301440	200766	408507
化学纤维制造业	19695	9783	9706	9989
橡胶和塑料制品业	387323	233380	230261	157063
非金属矿物制品业	1371154	514138	439335	931819
黑色金属冶炼和压延加工业	11494	4912	3479	8015
有色金属冶炼和压延加工业	31397	19708	8922	22475
金属制品业	371957	179114	93119	278838
通用设备制造业	309594	197846	184737	124857
专用设备制造业	719450	555555	338238	381213
汽车制造业	6004475	4007639	3426168	2578307
铁路、船舶、航空航天和其他运输设备制造业	290253	182578	113327	176927
电气机械和器材制造业	893420	568342	422366	471054
计算机、通信和其他电子设备制造业	15746255	11823062	10220932	5525323
仪器仪表制造业	239753	159322	101869	137883
其他制造业				
金属制品、机械和设备修理业				
电力、热力生产和供应业	96162	28113	59406	36756
燃气生产和供应业	497418	167415	304203	193215
水的生产和供应业	34265	13594	14622	19643

10－6 续表4

单位:万元

	主营业务收入	利税总额	本年应交增值税
总计	**45479069**	**6384319**	**746339**
按登记注册类型分			
港、澳、台商投资企业	14039796	573166	92362
合资经营企业(港、澳、台资)	1508092	208916	45252
合作经营企业(港、澳、台资)	56251	3243	2348
港澳台商独资企业	12346386	351333	42782
港澳台投资股份有限公司	129067	9675	1979
外商投资企业	31439273	5811152	653977
中外合资经营企业	14847198	3093714	547400
中外合作经营企业	40667	9018	2545
外资企业	16078603	2624492	92733
外商投资股份有限公司	296744	49037	6638
其他外商投资企业	176062	34891	4661
按轻重工业分			
轻工业	4821699	701510	144451
重工业	40657370	5682808	601888
按企业规模分			
大型企业	31312102	4719947	497348
中型企业	9947418	1245814	159338
小型企业	4145416	413797	89180
微型企业	74134	4761	473
按工业行业大类分			
#农副食品加工业	1270725	114488	9739
食品制造业	927831	187017	45558
酒、饮料和精制茶制造业	927724	153465	26715
纺织业			

10－6　续表 5

单元:万元

	主营业务收　入	利　税总　额	本年应交增值税
纺织服装、服饰业	21370	1123	838
皮革、毛皮、羽毛及其制品和制鞋业	68986	3826	3172
木材加工和木、竹、藤、棕、草制品业	16169	－152	489
家具制造业	11688	3852	916
造纸和纸制品业	155303	30546	4302
印刷和记录媒介复制业	263064	46082	13381
文教、工美、体育和娱乐用品制造业	19893	2510	1148
石油、煤炭及其他燃料加工业	18648	1591	969
化学原料和化学制品制造业	701203	72820	17611
医药制造业	382579	91821	18741
化学纤维制造业	9658	－1124	185
橡胶和塑料制品业	312347	34948	13500
非金属矿物制品业	693895	109325	25778
黑色金属冶炼和压延加工业	19629	890	986
有色金属冶炼和压延加工业	48127	－793	79
金属制品业	419644	58169	6096
通用设备制造业	347389	34507	9561
专用设备制造业	511998	95982	25634
汽车制造业	11397032	2538739	450292
铁路、船舶、航空航天和其他运输设备制造业	342842	19276	－1870
电气机械和器材制造业	797337	127969	5126
计算机、通信和其他电子设备制造业	25049772	2503914	45694
仪器仪表制造业	329694	71463	5218
其他制造业			
金属制品、机械和设备修理业			
电力、热力生产和供应业	57250	4872	2857
燃气生产和供应业	344373	75226	13368
水的生产和供应业	12901	1969	260

10－6　续表6

	亏损面（%）	产销率（%）	资产贡献率（%）	负债率（%）	流动资产周转次数（次）
总　　计	**17.57**	**95.61**	**21.21**	**56.77**	**2.22**
按登记注册类型分					
港、澳、台商投资企业	22.33	92.37	5.61	60.96	1.48
合资经营企业（港、澳、台资）	27.50	97.45	13.93	49.25	2.31
合作经营企业（港、澳、台资）		99.05	8.48	30.85	2.08
港澳台商独资企业	18.18	91.53	4.32	62.37	1.41
港澳台投资股份有限公司	25.00	115.02	6.10	45.41	1.25
外商投资企业	15.24	97.12	32.66	53.70	2.88
中外合资经营企业	14.68	98.52	32.23	51.70	2.49
中外合作经营企业		99.13	51.93	32.16	2.94
外资企业	15.91	95.86	35.01	57.80	3.57
外商投资股份有限公司	16.67	92.73	11.65	30.47	1.19
其他外商投资企业	20.00	103.52	14.93	50.35	1.08
按轻重工业分					
轻 工 业	18.66	98.41	17.61	41.15	2.33
重 工 业	16.76	95.29	21.76	59.17	2.21
按企业规模分					
大型企业		94.42	25.08	62.06	2.30
中型企业	7.41	99.16	16.22	48.33	2.06
小型企业	23.56	96.45	11.82	46.79	2.10
微型企业		98.92	6.80	62.48	2.05
按工业行业大类分					
#农副食品加工业	17.65	95.04	27.75	37.05	5.08
食品制造业	18.18	107.73	27.44	47.31	2.61
酒、饮料和精制茶制造业	28.57	98.61	16.38	38.45	2.50
纺 织 业					

10-6 续表7

	亏损面(%)	产销率(%)	资产贡献率(%)	负债率(%)	流动资产周转次数(次)
纺织服装、服饰业		99.28	9.87	41.88	2.14
皮革、毛皮、羽毛及其制品和制鞋业	60.00	98.32	9.66	62.67	3.07
木材加工和木、竹、藤、棕、草制品业	100.00	98.33	-0.70	35.71	1.07
家具制造业		112.00	18.96	46.07	0.84
造纸和纸制品业		87.42	26.92	33.63	2.67
印刷和记录媒介复制业	9.09	99.86	17.42	43.40	1.59
文教、工美、体育和娱乐用品制造业		96.67	81.18	64.92	8.34
石油、煤炭及其他燃料加工业		100.25	9.37	45.41	2.89
化学原料和化学制品制造业	40.00	92.70	10.16	45.62	1.86
医药制造业	16.67	94.23	15.38	32.95	1.27
化学纤维制造业	100.00	70.75	-4.90	49.28	0.99
橡胶和塑料制品业	33.33	99.11	9.91	59.45	1.35
非金属矿物制品业	7.14	99.89	8.71	32.04	1.35
黑色金属冶炼和压延加工业	100.00		8.24	30.27	4.01
有色金属冶炼和压延加工业	50.00	98.34	-2.52	28.42	2.45
金属制品业	23.08	96.59	16.27	25.03	2.38
通用设备制造业	12.50	101.00	11.55	59.67	1.79
专用设备制造业		98.56	14.03	47.01	0.93
汽车制造业	3.03	99.47	42.08	57.06	2.87
铁路、船舶、航空航天和其他运输设备制造业	12.50	100.70	6.67	39.04	1.88
电气机械和器材制造业	33.33	101.15	14.72	47.28	1.41
计算机、通信和其他电子设备制造业	6.67	93.01	16.86	64.91	2.13
仪器仪表制造业		95.80	30.17	42.49	2.09
其他制造业					
金属制品、机械和设备修理业					
电力、热力生产和供应业	33.33	100.00	5.03	61.78	2.06
燃气生产和供应业	33.33	100.00	15.28	61.16	2.36
水的生产和供应业		95.73	6.80	42.67	0.96

10－7 大中型工业企业主要经济指标

Main Indicators of Large－scale and Medium－scale Industrial Enterprises

单位:万元

合　计	2015年		2016年		2017年	
	合　计	占全市工业的比重(%)	合　计	占全市工业的比重(%)	合　计	占全市工业的比重(%)
企业单位数(个)	617	18.4	640	17.8	615	16.9
#亏损企业	86	16.6	75	17.0	47	11.6
工业总产值	73254021	65.2	82723931	67.3	88605425	67.6
流动资产合计	37004349	66.3	42583086	67.2	50001730	69.8
资产总计	74350495	69.6	77840190	68.4	83690842	69.1
负债总计	45044348	71.7	40114481	65.4	44161045	66.6
主营业务收入	63730277	63.6	80326845	67.7	84462736	67.6
#主营业务税金及附加	2577555	86.7	2791811	93.7	3029834	93.1
盈利企业的利润总额	4086285	63.5	7037660	74.6	7971825	75.9
亏损企业的亏损总额	1318322	75.4	617885	62.7	244700	43.3
盈亏相抵的利润总额	2767963	59.0	6419775	76.0	7727125	77.7
利税总额	7272586	68.3	12673054	79.5	13004292	78.8

注:“占全市工业的比重(%)”为大中型工业企业占年主营业务收入2000万元及以上的独立核算工业企业比重。

10－8　全部独立核算工业企业主要经济效益指标

（年主营业务收入2000万元及以上企业）

Main Indicators on Economic Benefit of Industrial Enterprises with Independent Accounting System

	单位	2016年	2017年		单位	2016年	2017年
总资产贡献率	%	**14.7**	**14.3**	**流动资产周转次数**	次	**1.9**	**1.8**
#国有控股经济	%	15.7	14.2	#国有控股经济	次	1.5	1.5
集体经济	%	41.3	29.6	集体经济	次	6.4	6.3
三资企业	%	21.8	21.2	三资企业	次	2.7	2.2
资本保值率	%	**115.3**	**104.4**	**成本费用利润率**	%	**7.7**	**8.7**
#国有控股经济	%	101.4	105.8	#国有控股经济	%	9.9	8.3
集体经济	%	102.8	54.0	集体经济	%	5.9	5.6
三资企业	%	139.5	94.5	三资企业	%	8.8	11.5
资产负债率	%	**53.9**	**54.8**	**产销率**	%	**96.0**	**96.6**
#国有控股经济	%	59.2	57.4	#国有控股经济	%	98.1	98.3
集体经济	%	43.5	47.2	集体经济	%	98.4	98.2
三资企业	%	48.6	56.8	三资企业	%	94.0	95.6

10－9　全市工业企业特色优势产业主要经济指标(2017年)

Main Indicators of Characteristic and Advantageous Industries(2017)

单位:万元

	工业总产值	资产合计	应收帐款
特色优势产业合计	**120112782**	**101918985**	**20872843**
占全市比重(%)	91.68	84.15	92.02
按工业行业分			
电子信息产品制造业	39188761	33351020	9230907
占全市比重(%)	29.91	27.53	40.71
占特色优势产业合计比重(%)	32.62	32.73	44.22
机械工业	18676428	22125307	4294052
占全市比重(%)	14.25	18.27	18.93
占特色优势产业合计比重(%)	15.55	21.71	20.57
汽车工业	21115530	14059433	4073788
占全市比重(%)	16.12	11.61	17.96
占特色优势产业合计比重(%)	17.58	13.79	19.52
石油化学工业	8499706	7079145	449962
占全市比重(%)	6.49	5.85	1.98
占特色优势产业合计比重(%)	7.08	6.95	2.16
食品、饮料及烟草工业	14036904	9562958	690032
占全市比重(%)	10.71	7.9	3.04
占特色优势产业合计比重(%)	11.69	9.38	3.31
冶金工业	3532457	3517466	349149
占全市比重(%)	2.7	2.9	1.54
占特色优势产业合计比重(%)	2.94	3.45	1.67
建材工业	6102184	5467081	1094235
占全市比重(%)	4.66	4.51	4.82
占特色优势产业合计比重(%)	5.08	5.36	5.24
轻工行业	8960812	6756575	690718
占全市比重(%)	6.84	5.58	3.04
占特色优势产业合计比重(%)	7.46	6.63	3.31

注:“占全市比重(%)”指特色优势产业占年主营业务收入2000万元及以上的企业比重。

10－9 续表1

单位:万元

	产成品	负债合计	主营业务收入	管理费用
特色优势产业合计	**4412617**	**56263536**	**114388329**	**4701674**
占全市比重(%)	86.51	84.82	91.59	85.75
按工业行业分				
电子信息产品制造业	1112748	19538454	37087727	1238131
占全市比重(%)	21.81	29.45	29.7	22.59
占特色优势产业合计比重(%)	25.23	34.73	32.43	26.35
机械工业	886547	12242842	17464845	1144649
占全市比重(%)	17.38	18.46	13.98	20.88
占特色优势产业合计比重(%)	20.09	21.76	15.27	24.35
汽车工业	806983	8838977	20318620	565333
占全市比重(%)	15.82	13.33	16.27	10.31
占特色优势产业合计比重(%)	18.29	15.71	17.76	12.02
石油化学工业	206595	2808893	8229260	319363
占全市比重(%)	4.05	4.23	6.59	5.82
占特色优势产业合计比重(%)	4.68	4.99	7.19	6.79
食品、饮料及烟草工业	584815	4202249	13387018	541248
占全市比重(%)	11.47	6.34	10.72	9.87
占特色优势产业合计比重(%)	13.25	7.47	11.7	11.51
冶金工业	165602	2933460	3438352	131844
占全市比重(%)	3.25	4.42	2.75	2.4
占特色优势产业合计比重(%)	3.75	5.21	3.01	2.8
建材工业	311296	2520694	5837862	255994
占全市比重(%)	6.10	3.8	4.67	4.67
占特色优势产业合计比重(%)	7.05	4.48	5.1	5.44
轻工行业	338031	3177967	8624645	505112
占全市比重(%)	6.63	4.79	6.91	9.21
占特色优势产业合计比重(%)	7.66	5.65	7.54	10.74

10－9 续表2

单位：万元

	利息支出	利润总额	利税总额	从业人员平均人数（人）
特色优势产业合计	**606599**	**8528459**	**14508271**	**818052**
占全市比重(％)	73.49	85.78	87.96	88.92
按工业行业分				
电子信息产品制造业	139963	3405121	3888549	241295
占全市比重(％)	16.96	34.25	23.58	26.23
占特色优势产业合计比重(％)	23.09	39.93	26.8	29.5
机械工业	140628	996533	1621932	163137
占全市比重(％)	17.04	10.02	9.83	17.73
占特色优势产业合计比重(％)	23.18	11.68	11.18	19.94
汽车工业	38787	1897442	3329920	89954
占全市比重(％)	4.7	19.08	20.19	9.78
占特色优势产业合计比重(％)	6.39	22.25	22.95	11
石油化学工业	47992	575763	1619112	28687
占全市比重(％)	5.81	5.79	9.82	3.12
占特色优势产业合计比重(％)	7.91	6.75	11.16	3.51
食品、饮料及烟草工业	56634	829065	2528368	88128
占全市比重(％)	6.86	8.34	15.33	9.58
占特色优势产业合计比重(％)	9.34	9.72	17.43	10.77
冶金工业	59659	34	87659	18914
占全市比重(％)	7.23	…	0.53	2.06
占特色优势产业合计比重(％)	9.83	…	0.6	2.31
建材工业	56137	361574	617337	46223
占全市比重(％)	6.8	3.64	3.74	5.02
占特色优势产业合计比重(％)	9.25	4.24	4.26	5.65
轻工行业	66799	462927	815394	141714
占全市比重(％)	8.09	4.66	4.94	15.4
占特色优势产业合计比重(％)	11.01	5.43	5.62	17.32

10－10 分月规模以上工业企业主要经济指标(2017年)

Main Indicators of Industrial Enterprises above Designated Size of Each Month(2017)

单位:亿元

	主营业务收入	利润总额	利税总额
1－2 月	1691.90	106.50	217.40
1－3 月	2663.24	160.65	315.64
1－4 月	3542.74	214.36	419.50
1－5 月	4572.55	276.79	534.57
1－6 月	5643.35	349.43	666.71
1－7 月	6590.29	408.79	773.10
1－8 月	7622.40	468.90	875.20
1－9 月	8826.90	551.22	1019.60
1－10 月	9957.07	636.94	1162.14
1－11 月	10927.30	723.20	1295.80
1－12 月	12228.92	814.99	1471.53

注:此表数据为快报数

主要统计指标解释

工业总产值 是指工业企业在一定时期内生产的已出售或可供出售的以货币表现的工业产品总量，它反映一定时间内工业生产的总规模和总水平。它包括：在本企业内不再进行加工，经检验、包装入库（规定不需包装的产品除外）的成品价值、对外加工费收入、自制半成品在产品期末期初差额价值。工业总产值采用"工厂法"计算，即以工业企业作为一个整体，按企业工业生产活动的最终成果来计算，企业内部不允许重复计算，不能把企业内部各个车间（分厂）生产的成果相加。但在企业之间、行业之间、地区之间存在着重复计算。

实收资本 是指企业实际收到投资者投入企业的可作为长期周转使用的经营资金。实收资本按投资主体可分为国家资本、法人资本、个人资本金、港澳台资本和外商资本、集体资本等。

总资产 指企业拥有或控制的全部资产。包括流动资产、长期投资、固定资产、无形及递延资产、其他长期资产、递延税项等即为企业资产负债表的资产总计项。

（1）流动资产指企业可以在一年内或者超过一年的一个生产周期内变现或耗用的资产合计。包括现金及各种存款、短期投资、应收及预付款项、存货等。

（2）固定资产指企业固定资产净值、固定资产清理、在建工程、待处理固定资产损失所占用的资金合计。

（3）无形资产指企业长期使用而没有实物形态的资产。包括专利权、非专利技术、商标权、著作权、土地使用权、商誉等。

总负债 指企业承担并需要偿还的全部债务。包括流动负债、递延税项等即为企业资产负债表的负债合计项。

（1）流动负债指企业在一年内或者超过一年的一个营业周期内需要偿还的债务合计其中包括短期借款、应付及预收款项、应付工资、应交税金和应交利润等。

（2）长期负债指企业在一年以上或者超过一年的一个生产周期以上需要偿还的债务合计其中包括长期借款、应付债务、长期应付款项等。

所有者权益合计 指企业投资人对企业净资产的所有权。企业净资产等于企业全部资产减去全部负债后的余额，包括实收资本、资本公积、盈余公积、未分配利润等。

利税总额 指企业利润总额、产品销售税金及附加和应交增值税之和。

资金利税率 指在一定时期内已实现的利润、税金总额与同期的资产（固定资产净值和流动资产）之比。计算公式为：

$$资产利税率(\%)=\frac{报告期累计实现利税总额}{固定资产净值平均余额+流动资产平均余额}\times100\%$$

工业成本费用利润率 指在一定时期内实现的利润与成本费用之比反映工业生产的成本及费用投入的经济效益同时也反映企业降低成本所取得的经济效益。计算公式为：

$$工业成本费用利润率(\%)=\frac{利润总额}{成本费用总额}\times100\%$$

工业成本费用总额包括营业成本、销售费用、管理费用、财务费用之和。

流动资产周转次数 指在一定时期内流动资产完成的周转次数，反映流动资产的周转速度。计算公式为：

$$流动资产周转次数=\frac{营业收入}{全部流动资产平均余额}\times100\%$$

产品销售率 指一定时期内销售产值与同期全部工业总产值之比反映工业产品已实现销售的程度。计算公式为：

$$工业产品销售率(\%)=\frac{工业销售产值}{现价工业总产值}\times100\%$$

资产负债率　指报告期流动负债和长期负债之和与同期的流动资产、长期资产、固定资产、无形及递延资产和其他长期资产之和之比是反映企业偿债能力的主要指标。计算公式为：

$$资产负债率(\%)=\frac{负债总额}{资产总额}\times 100\%$$

资本保值增值率　反映企业净资产的变动状况是企业发展能力的集中体现。计算公式为：

$$资本保值增值率(\%)=\frac{报告期期末所有者权益}{上年同期期末所有者权益}\times 100\%$$

总资产贡献率　反映企业全部资产的获利能力是企业经营业绩和管理水平的集中体现是评价和考核企业盈利能力的核心指标。计算公式为：

$$总资产贡献率(\%)=\frac{利润总额+税金总额+利息支出-利息收入}{平均资产总额}\times 100\%$$

其中:税金总额为产品销售税金及附加与应交增值税之和。

十一 运输、邮电

简 要 说 明

主要内容

本部分资料反映货物和旅客运输、邮电通信发展基础情况。

资料来源

铁路客、货运资料来源于成都铁路局分局和四川省地方铁路局。

民用航空资料来源于中国国际航空股份有限公司、四川航空公司、成都航空有限公司、双流国际机场。

水运和公路运输资料来源于成都市交通委员会。

邮政通信资料来源于成都市邮政局、中国电信成都市分公司、中国移动成都市分公司、中国联通四川分公司。

其他需要说明的问题

铁路运输按成都铁路局和四川省地方铁路局成都辖区部分发出量统计；民用航空运输按成都港发出量统计；水运、公路运输按辖区全社会口径统计。

11－1 历年货物运输量

Freight Traffic over the Years

单位:万吨

年份	总计	铁路	民用航空	水运	公路
1949	0.6				0.6
1950	1.6				1.6
1951	25.0				25.0
1952	76.0			8.4	67.6
1953	276.8	106.2		8.0	162.6
1954	242.6	83.9		9.8	148.9
1955	209.5	31.8		9.8	167.9
1956	513.9	200.4		24.3	289.2
1957	718.4	301.8		48.3	368.3
1958	690.9	184.5	0.1	49.6	456.7
1959	1370.7	586.7	0.2	50.9	732.9
1960	1178.4	269.1	0.3	61.3	847.7
1961	808.2	358.2	0.2	26.7	423.1
1962	915.9	472.8	0.1	23.5	419.5
1963	789.3	388.9	0.1	27.9	372.4
1964	992.2	507.2	0.1	29.6	455.3
1965	1248.9	682.2	0.2	44.2	522.3
1966	1422.5	758.7	0.2	44.6	619.0
1967	1113.4	552.4	0.2	55.0	505.8
1968	813.2	400.9	0.2	25.9	386.2
1969	1143.3	609.5	0.2	26.4	507.2
1970	1622.1	864.4	0.2	30.8	726.7
1971	1874.7	989.0	0.2	38.8	846.7
1972	1934.5	995.7	0.2	43.2	895.4
1973	1905.0	967.7	0.2	33.6	903.5
1974	1793.9	846.2	0.1	26.5	921.1
1975	2126.2	1060.6	0.2	30.8	1034.6
1976	1985.3	899.1	0.2	33.5	1052.5
1977	2494.9	1134.5	0.2	34.0	1326.2
1978	2873.6	1319.1	0.3	31.4	1522.8
1979	3723.7	1395.2	0.3	24.8	2303.4
1980	4295.0	1395.7	0.4	23.5	2875.4
1981	4546.2	1317.4	0.4	19.1	3209.3
1982	4813.0	1360.9	0.4	16.4	3435.3
1983	6013.4	1414.7	0.4	19.9	4578.4
1984	6732.3	1494.2	0.7	11.9	5225.5
1985	7467.8	1484.3	1.0	15.9	5966.6

11－1 续表

单位:万吨

年份	总计	铁路	民用航空	水运	公路
1986	7810.6	1536.0	1.0	31.8	6241.8
1987	8437.4	1574.8	1.5	34.1	6827.0
1988	9308.4	1622.0	1.5	45.0	7639.9
1989	10006.0	1669.0	2.0	45.0	8290.0
1990	10139.0	1594.0	2.0	43.0	8500.0
1991	10719.0	1608.0	2.0	43.0	9066.0
1992	10505.2	1715.0	2.2	44.0	8744.0
1993	11073.8	1801.0	2.8	45.0	9225.0
1994	11191.5	1764.0	3.5	46.0	9378.0
1995	11659.3	1714.0	4.3	48.0	9893.0
1996	13073.9	1861.0	4.9	75.0	11133.0
1997	14341.9	1753.0	5.9	32.0	12551.0
1998	18598.4	3906.0	5.4	210.0	14477.0
1999	19632.5	3913.0	6.5	20.0	15693.0
2000	21489.2	4081.7	8.5	20.0	17379.0
2001	23718.5	4402.0	9.5	103.0	19204.0
2002	15309.5	4565.0	10.5	54.0	10680.0
2003	17117.9	4977.0	12.2	84.7	12044.0
2004	25686.0	13050.0	15.3	82.7	12538.0
2005	26696.0	13309.0	18.0	54.0	13315.0
2006	28143.0	14007.0	20.0	42.0	14074.0
2007	30025.4	14693.9	22.3	14.5	15294.7
2008	35456.1	14099.0	17.1		21340.0
2009	39540.2	14119.9	18.5		25401.8
2010	44086.8	15385.8	22.0		28679.0
2011	34368.2	773.2	24.9		33570.1
2012	39569.1	764.8	27.4		38776.9
2013	30318.6	764.4	26.7		29527.5
2014	28051.2	931.6	27.3		27092.3
2015	27758.9	1036.6	67.3		26655.0
2016	26351.2	933.4	59.8	195.0	25163.0
2017	27120.9	796.4	61.5	17.8	26245.2

注:①从2002年起交通部门的口径作了调整,公路客、货运输量不含人力车、出租车和私家车数据,下同;②2005年成铁分局撤销,2004年以后数据为西南三省合并后的铁路局数据;2011年起为成都地区铁路与地铁数据之和;③从2016年3月起,航空货运量由机场出港量改为八家航空公司上报货运量;从2017年7月起,机场数据仅有吞吐量、未单独核算进港和出港,航空客运量由机场出港量改为四家基地航空公司上报客运量;④因统计口径调整,铁路客运量、客运周转量数据均作了相应调整。(下同)

11－2 历年货物周转量

Freight Ton－Kilometers over the Years

单位:万吨公里

年　份	总　计	铁　路	民用航空	水　运	公　路
1949	26				26
1950	259				259
1951	1249			144	1105
1952	2164			489	1675
1953	62652	59366		357	2929
1954	52948	46900		570	5478
1955	24491	17776		536	6179
1956	122732	112024		889	9819
1957	180608	168706		988	10914
1958	112023	103136	181	1304	7402
1959	243218	227965	336	1742	13175
1960	168470	150427	466	2452	15125
1961	209017	200234	430	1481	6872
1962	279720	264295	191	970	14264
1963	227139	217395	193	683	8868
1964	293117	283525	202	758	8632
1965	396158	381350	279	932	13597
1966	445525	424113	402	786	20224
1967	328912	308792	430	777	18913
1968	237527	224103	325	592	12507
1969	358461	340711	372	598	16780
1970	530710	505686	391	689	23944
1971	579008	551386	338	546	26738
1972	580811	553059	449	581	26722
1973	560459	532104	330	619	27406
1974	491860	462396	387	483	28594
1975	632240	597437	544	379	33880
1976	534872	501721	691	486	31974
1977	693385	652497	750	449	39689
1978	812941	765995	793	496	45657
1979	818572	736246	910	294	81122
1980	866799	782111	897	259	83532
1981	775434	678534	978	223	95699
1982	811892	704655	1049	195	105993
1983	897339	751125	1004	123	145087
1984	1059673	891346	1864	59	166404
1985	1164952	973843	2844	55	188210

11－2　续表

单位:万吨公里

年　份	总　计	铁　路	民用航空	水　运	公　路
1986	1269569	1063715	4669	111	201074
1987	1436309	1185030	5797	119	245363
1988	1556123	1245801	4538	157	305627
1989	1562690	1247164	5480	158	309888
1990	1478332	1183150	6459	149	288574
1991	1579549	1240720	6049	150	332630
1992	1616289	1256236	7545	153	352355
1993	1690540	1317584	10561	160	362235
1994	1815262	1394032	13518	162	407550
1995	1824422	1377400	16147	170	430705
1996	1918702	1459543	18747	231	440181
1997	1993532	1474000	19698	64	499770
1998	3398369	2793895	18816	140	585518
1999	3405441	2740700	17700	50	646991
2000	3626456	2893000	21172	41	712243
2001	4140255	3336200	20200	103	783752
2002	4264690	3835800	25100	60	403730
2003	4459619	3992220	22200	164	445035
2004	11619900	11118000	27400	100	474400
2005	11869780	11327800	32900	80	509000
2006	12050427	11440000	42900	27	567500
2007	13259008	12553000	52000	8	654000
2008	13944063	12869900	62171		1011992
2009	15272385	13731100	69718		1471567
2010	16577062	14749700	77975		1749387
2011	2883673	752136	80585		2050952
2012	3251812	784374	99974		2367464
2013	2876368	798509	102904		1974955
2014	3220855	785917	112689		2322249
2015	3237896	714550	116854		2406492
2016	3342354	695132	126888	1377	2518957
2017	3560225	752883	137117	130	2670095

11－3 历年旅客运输量

Passenger Traffic over the Years

单位:万人

年　份	总　计	铁　路	民用航空	水　运	公　路
1949	7.9				7.9
1950	9.9				9.9
1951	14.9				14.9
1952	29.2				29.2
1953	95.9	45.3			50.6
1954	107.1	41.1			66.0
1955	145.0	64.9			80.1
1956	231.6	113.4	0.2		118.0
1957	300.0	149.3	0.3		150.4
1958	254.7	158.8	0.8		95.1
1959	366.4	200.4	1.0		165.0
1960	414.9	276.6	1.3		137.0
1961	505.7	414.4	1.5		89.8
1962	777.3	455.3	1.1		320.9
1963	548.3	274.0	1.0		273.3
1964	604.1	218.1	1.7		384.3
1965	1001.5	578.7	2.3		420.5
1966	1244.9	723.5	1.9		519.5
1967	1510.2	1020.6	2.3		487.3
1968	1530.2	1133.9	2.3		394.0
1969	1919.7	1400.0	2.2		517.5
1970	1960.7	1432.8	2.2	4.8	520.9
1971	2009.3	1367.4	2.6	5.0	634.3
1972	2405.6	1560.6	3.3	7.4	834.3
1973	2489.5	1700.4	3.4	7.4	778.3
1974	2255.8	1493.3	4.1	9.3	749.1
1975	2155.7	1415.5	5.8	8.9	725.5
1976	2114.0	1413.9	7.3	9.7	683.1
1977	2281.0	1495.8	8.5	5.3	771.4
1978	2634.6	1541.4	11.3	3.9	1078.0
1979	3224.8	1740.7	14.2	3.5	1466.4
1980	4586.4	1894.3	14.6	1.2	2676.3

11-3 续表

单位:万人

年份	总计	铁路	民用航空	水运	公路
1981	5122.2	1785.9	16.3	2.0	3318.0
1982	5793.8	1830.7	16.0	1.4	3945.7
1983	6682.5	1916.2	11.8	5.0	4749.5
1984	8149.5	2112.6	22.5	12.0	6002.4
1985	9384.2	2141.6	31.4	10.2	7201.0
1986	9861.7	2119.0	43.3	12.3	7687.1
1987	11088.8	2303.0	55.2	34.2	8696.4
1988	11512.4	2476.0	52.8	42.5	8941.1
1989	12484.0	2208.0	61.0	44.0	10171.0
1990	12894.0	1729.0	71.0	46.0	11048.0
1991	14003.0	1838.0	96.0	49.0	12020.0
1992	14728.0	1968.0	110.0	50.0	12600.0
1993	13942.0	2028.0	139.0	51.0	11724.0
1994	14769.0	1998.0	169.0	57.0	12545.0
1995	19931.0	1703.0	200.0	60.0	17968.0
1996	24668.0	1408.0	205.0	55.0	23000.0
1997	29092.0	1473.0	207.0	151.0	27261.0
1998	36248.1	2126.0	213.1	157.0	33752.0
1999	40140.4	2423.0	242.4	10.0	37465.0
2000	46459.0	2685.8	269.2	23.0	43481.0
2001	52432.7	2925.0	304.7	103.0	49100.0
2002	28884.6	2896.0	379.3	142.3	25467.0
2003	28234.4	2601.0	410.0	158.4	25065.0
2004	35511.0	7323.0	581.0	161.0	27446.0
2005	38086.0	7931.0	693.0	123.0	29339.0
2006	39742.2	8837.0	808.0	120.0	29977.2
2007	43313.9	10125.4	911.5	99.5	32177.5
2008	79016.3	10948.2	844.1	82.0	67142.0
2009	94083.7	11060.8	1121.8	72.0	81829.1
2010	99811.3	12488.0	1287.9	37.4	85998.0
2011	99070.0	9299.9	1446.6	41.0	88282.5
2012	106873.8	14270.6	1577.0	46.2	90980.0
2013	45091.3	28169.3	1656.7	45.1	15220.2
2014	49891.6	32787.9	1876.9	47.4	15179.4
2015	55581.8	38312.2	2103.9	56.7	15109.0
2016	79359.9	61587.2	4609.3	90.6	13072.8
2017	99360.8	84267.6	4976.0	64.3	10052.9

注:从2015年6月起,铁路客运量、客运周转量口径从原来的售票日期改为乘车日期。

11－4 历年旅客周转量

Passenger－Kilometers over the Years

单位：万人公里

年　份	总　计	铁　路	民用航空	水　运	公　路
1949	14220				14220
1950	15689				15689
1951	16346				16346
1952	23990				23990
1953	38444	6116			32328
1954	42608	5549			37059
1955	55573	8762			46811
1956	22561	15309	166		7086
1957	29895	20156	305		9434
1958	27294	21438	913		4943
1959	39479	27054	1119		11306
1960	47142	37341	1470		8331
1961	63589	55944	1952		5693
1962	79986	61466	1150		17370
1963	51745	36990	1142		13613
1964	53540	29444	1895		22201
1965	108661	78125	2478		28058
1966	131822	97673	2116		32033
1967	167960	137781	2547		27632
1968	176058	153076	2504		20478
1969	224763	189000	2476		33287
1970	227179	193424	2150	89	31516
1971	217262	184604	3136	94	29428
1972	252518	210681	8705	151	32981
1973	273320	229551	8624	169	34976
1974	247593	201598	11466	213	34316
1975	239669	191087	15516	198	32868
1976	240981	190871	17724	199	32187
1977	255573	201930	19822	75	33746
1978	271649	206262	23826	55	41506
1979	316515	236050	30612	46	49807
1980	384271	267253	32251	25	84742

11-4 续表

单位:万人公里

年 份	总 计	铁 路	民用航空	水 运	公 路
1981	383510	245020	34060	42	104388
1982	431061	269390	36262	29	125380
1983	477603	291645	31226	40	154692
1984	590417	335040	58460	52	196865
1985	738637	409835	92383	50	236369
1986	794146	443206	101884	31	249025
1987	949921	526262	134960	86	288613
1988	1021681	579028	126224	106	316323
1989	1041080	529545	141300	110	370125
1990	984166	436419	173439	116	374192
1991	1180397	472902	288575	123	418797
1992	1318135	506818	379124	135	432058
1993	1485535	544638	545355	126	395416
1994	1688276	569102	683796	140	435238
1995	1874098	530012	835187	147	508752
1996	1981118	460279	885593	134	635112
1997	1946330	433000	755486	254	757590
1998	2465078	793188	743575	248	928067
1999	2703787	848100	822200	23	1033464
2000	2889525	858900	882448	49	1148128
2001	3156153	898900	963900	232	1293121
2002	2918837	884000	1144900	373	889564
2003	2686781	831139	1041500	486	813656
2004	5343000	2909200	1428300	600	1004900
2005	6049029	3239300	1728100	329	1081300
2006	6771492	3549600	2074600	292	1147000
2007	7531209	3821000	2481000	209	1229000
2008	8104261	4245700	2450544	220	1407797
2009	10359608	4363400	3141004	234	2854970
2010	11190620	4895000	3657167	158	2638295
2011	7697050	344946	4416623	194	2935287
2012	8275398	386352	4769544	262	3119240
2013	7124232	496635	5434074	309	1193214
2014	8095989	585335	6279259	311	1231084
2015	9212324	663954	7169891	295	1378184
2016	9897124	787697	7838338	454	1270635
2017	10568986	1058190	8562566	321	947909

注:从2015年6月起,铁路客运量、客运周转量口径从原来的售票日期改为乘车日期。

11－5　航空及公路运输情况

Basic Statistics of Civil Aviation and Highways Transportation

	单　位	2013 年	2014 年	2015 年	2016 年	2017 年
航空运输						
民用航空线路条数	条	216	207	252	270	315
飞机架数	架	166	196	218	242	271
旅客吞吐量	万人	3344. 6	3771. 2	4224. 5	4603. 9	4980. 17
货邮吞吐量	万吨	50. 18	54. 77	55. 67	61. 16	64. 29
公路运输						
公路通车里程	公里	22515	22789	22972	26037	26294
#高级次高级	公里	20010	20320	20542	23805	24811
全社会各种机动车辆	**万辆**	**338. 61**	**385. 69**	**428. 61**	**466. 74**	**494. 18**
#载货汽车	万辆	19. 35	20. 51	21. 12	22. 97	24. 86
载客汽车	万辆	239. 32	290. 91	343. 73	388. 23	425. 1
摩 托 车	万辆	76. 91	71. 24	60. 32	51. 13	59. 09
#私人汽车	万辆	227. 14	277. 70	328. 50	369. 87	398. 24
电动自行车	**万辆**	**129. 77**	**130. 87**	**440. 19**	**442. 63**	**450. 67**

11－6 历年邮电业务基本情况

Basic Conditions of Postal and Telecommunications Services

年　份	邮电业务总　量（万元）	函　件（万件）	移动电话用　户（万户）	市内电话用　户（户）
1952	381	351		1906
1957	1233	1480		3027
1962	2963	2312		5668
1965	1827	1999		6626
1970	1723	1833		6738
1975	2412	2004		8301
1978	2768	2140		9396
1979	2948	2371		9997
1980	3066	2655		11140
1981	3537	2794		12261
1982	3818	2876		13473
1983	4743	3307		14844
1984	5136	4173		17273
1985	6057	4681		19584
1986	6791	6353		21955
1987	8384	7450		27940
1988	10340	8358		34056
1989	13152	7873		42642
1990	15520	7538		50562
1991	20137	7415		67287
1992	31160	8483		105098
1993	48535	10070		144867
1994	72166	11430		246681
1995	110949	11939		353470
1996	161132	11480		477250
1997	196888	9256		663758
1998	292225	9970		813411
1999	464628	8983	76.65	1054019
2000	716428	9481	99.10	1481152
2001	731300	9565	230.10	1684436
2002	756000	11400	306.30	2216899
2003	808000	12428	441.94	2959814
2004	866000	8467	658.10	3837826
2005	933000	6877	789.90	4283974
2006	1023000	5548	988.80	4390186
2007	2381000	5325	1163.40	4189268
2008	2794200	4851	1274.12	4000644
2009	3726274	5585	1449.00	4373587
2010	4412654	7980	1732.00	3959092
2011	1708161	6131	2022.99	3881200
2012	2131480	5562	2187.22	3752046
2013	2510695	4932	2274.84	4119500
2014	3791200	4362	2203.00	4383627
2015	4771600	3235	2221.09	4869977
2016	4981959	2267	2406.71	5437303
2017	4517083	2132	2672.83	5899788

注:①从 2011 年起,电信相关资料均按国家新政策进行统计;②从 2016 年起,电信业务总量按 15 年不变价计算。

主要统计指标解释

货物(旅客)运输量 指在一定时期内,各种运输工具实际运送的货物(旅客)数量。是反映运输业为国民经济和人民生活服务的数量指标,也是制定和检查运输生产计划,研究运输发展规模和速度的重要指标。货运量按吨计算,客运量按人计算。货物不论运输距离长短,货物类别,均按实际重量统计;旅客不论行程远近或票价多少,均按一人一次作为客运量统计。半价票、小孩票也按一人统计。

货物(旅客)周转量 指在一定时期内,由各种运输工具运送的货物(旅客)数量与其相应运输距离的乘积之总和,是反映运输业生产总成果的重要指标,也是编制和检查运输生产计划,计算运输效率、劳动生产率以及核算运输单位成本的主要基础资料。通常以吨公里和人公里为计算单位。计算货物周转量通常按发出站与到达站之间的最短距离,也就是计费距离计算。

邮电业务总量 指以货币表现的邮电部门用于传递信息和提供其他邮电服务的总数量。它综合反映了一定时期邮电工作的总成果,是研究邮电业务量构成和发展趋势的重要指标。根据邮电管理体制不同,分为中央国营业务总量和地方国营业务总量。它用各种邮电分类业务量,如函件件数、电报份数、长话张数、市内电话和农村电话的年均户数、订销报刊累计份数等,分别乘以相应的平均单价(不变价),加总后再加上出租电路和设备的收入、代用户维护电话交换机和线路等设备的收入、其他业务收入求得。

市内电话 指接入县城(包括个别城镇)及县以上城市的市内电话网上,并按市内电话进行经营管理的电话。按计费办法分为包月制和计次制两种。

(1)住宅电话指话机装在居民住宅里的电话。它包括私人付费、公费和免费三部分。

(2)私人付费电话指住宅居民自费安装并自己缴纳通话费的电话。

移动电话用户 指在邮电部门登记,通过移动电话交换机进入移动电话网、占有移动电话号码的电话用户。用户数量以实际办理登记手续进入邮电部门移动电话网的户数进行计算,一部或一台移动电话统计为一户。

十二 国内贸易、外经、旅游

简 要 说 明

主要内容

本部分资料反映国内市场和外资、旅游发展及进出口情况。

国内贸易：包括全市范围内历年社会消费品零售总额及构成；各种经济类型企业商品销售总额；餐饮业营业总额；大中型批发零售贸易企业商品购、销、存情况；城乡个体私营工商企业情况；商品交易市场情况等。

旅游：包括成都地区涉外宾馆、饭店接待人数及创汇情况。

资料来源

国内贸易资料来自于成都市统计局。

城乡个体、私营工商企业及商品交易市场资料来源于成都市工商行政管理局。

外资资料来源于成都市投资促进委员会。

旅游资料来源于成都市旅游局。

进出口资料来源于成都海关。

社会消费品零售总额（亿元）

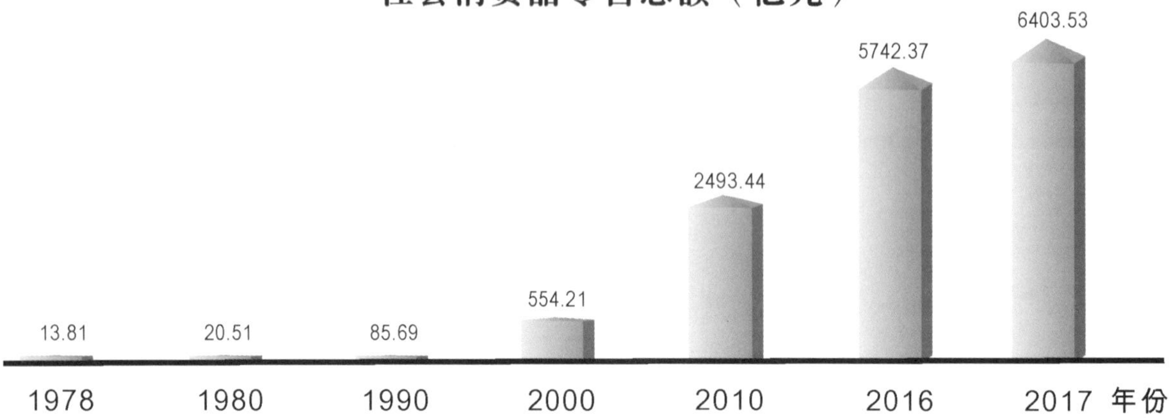

海关进出口总额(亿美元)

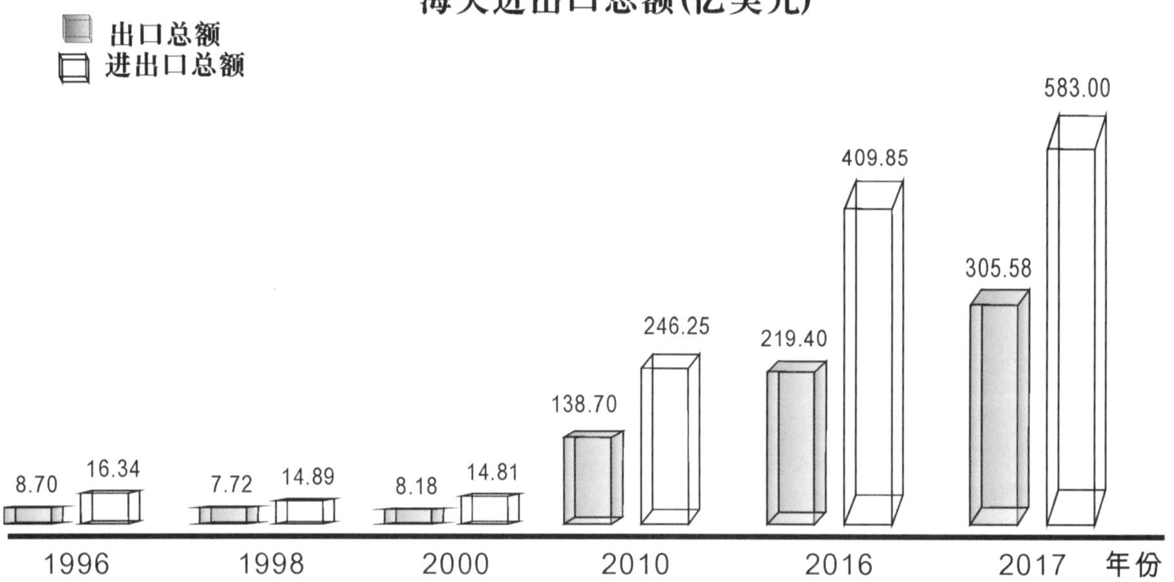

旅游总收入(亿元)

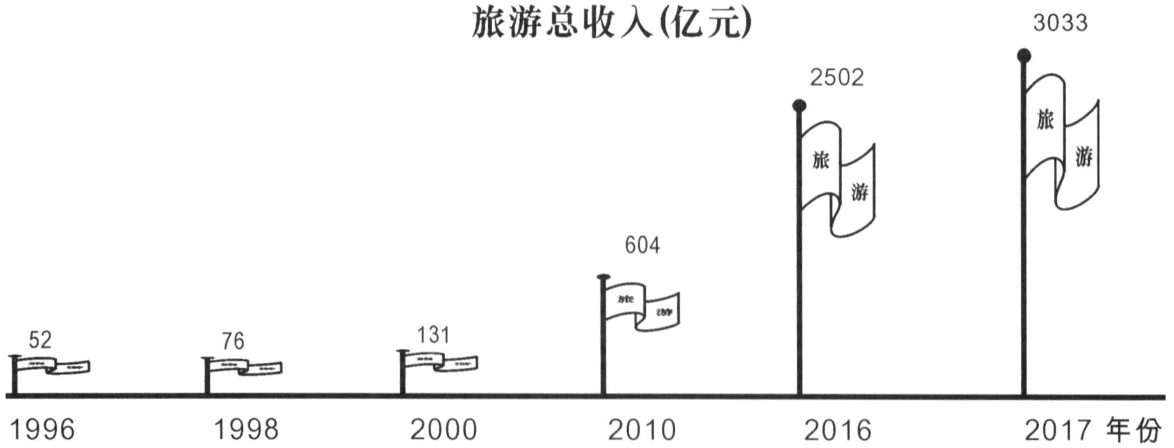

12－1 历年社会消费品零售总额及发展速度

Total Retail Sale of Consumer Goods and Development Rates of Consumer Goods Over The Years

年 份	社会消费品零售总额（万元）	社会消费品零售总额发展速度（%）	年 份	社会消费品零售总额（万元）	社会消费品零售总额发展速度（%）
1954	36113	104. 5	1986	465422	116. 0
1955	37545	103. 9	1987	556536	119. 6
1956	46902	124. 9	1988	754398	135. 6
1957	52521	111. 9	1989	800147	106. 1
1958	57508	109. 4	1990	856919	107. 1
1959	70510	122. 6	1991	1022264	119. 3
1960	74193	105. 2	1992	1188406	116. 3
1961	64280	86. 6	1993	1601707	134. 8
1962	66705	103. 7	1994	2204903	137. 7
1963	62154	93. 1	1995	2859688	129. 7
1964	67159	108. 0	1996	3470809	121. 4
1965	72601	108. 1	1997	4099934	118. 1
1966	78777	108. 5	1998	4511917	110. 0
1967	85721	108. 8	1999	5000817	110. 8
1968	70838	82. 6	2000	5542123	110. 8
1969	81556	115. 1	2001	6275187	113. 2
1970	86349	105. 8	2002	7095076	113. 1
1971	92003	106. 5	2003	7759984	109. 4
1972	101458	110. 2	2004	8807581	113. 5
1973	106568	105. 0	2005	10058833	114. 2
1974	110287	103. 4	2006	11552571	114. 9
1975	117196	106. 2	2007	13572003	117. 5
1976	112498	95. 9	2008	16218543	119. 5
1977	121196	107. 7	2009	20939438	116. 7
1978	138147	113. 9	2010	24934379	118. 8
1979	167159	121. 0	2011	30197889	118. 4
1980	205140	122. 7	2012	35087160	116. 0
1981	234329	114. 2	2013	39911842	113. 1
1982	242251	103. 3	2014	46925855	112. 1
1983	265505	109. 5	2015	52017311	110. 9
1984	318393	119. 9	2016	57423661	110. 4
1985	401200	126. 0	2017	64035285	111. 5

注：①1995 年社会消费品零售总额含居民购房；②发展速度以上年为基期；③2003 年及以后社会消费品零售总额不含制造业和农业生产者零售；④2009 年－2014 年数据为经普调整后数据。

12－2 历年社会消费品零售总额分类情况

Basic Statistics of Total Retail Sale of Consumer Goods by Sorts

单位:万元

年 份	社会消费品零售总额	在总额中:			在总额中:	
		批发零售贸易业	餐饮业	其 他	市	县及县以下
1978	138147	142345	9327	1194	75005	83137
1979	167159	167621	11335	1916	90293	99287
1980	205140	192121	13104	4620	108391	117249
1981	234329	202051	14236	6095	127805	123122
1982	242251	214024	14654	7630	131438	127728
1983	265505	229606	15749	10332	140054	141218
1984	318393	269233	17837	14487	162051	172419
1985	401200	312890	23625	20239	199554	208732
1986	465422	379872	29614	7719	232919	239671
1987	556536	444796	42119	12427	326201	235803
1988	754398	584342	60225	21321	466684	289939
1989	800147	626841	66214	34140	520203	290967
1990	856919	647934	70563	49527	565717	293299
1991	1022264	781647	82306	50283	690714	338004
1992	1188406	886478	93188	77238	799573	388833
1993	1601707	1075156	151252	224621	1081611	520096
1994	2204903	1360081	216486	380112	1633802	571101
1995	2859688	1618234	261646	694854	2159480	700208
1996	3470809	2054537	364366	721592	2308553	1162256
1997	4099934	2333547	546797	879904	2678785	1421149
1998	4511917	2538598	671567	998566	2919555	1592362
1999	5000817	2832153	831075	1055669	3216789	1784028
2000	5542123	3265303	1022633	976214	3554447	1987676
2001	6275187	3703392	1212790	1066014	4005583	2269604
2002	7095076	4361093	1373968	1060480	4594867	2500209
2003	7759984	6110052	1543727	106205	5092824	2667160
2004	8807581	7185349	1572232	50000	5814778	2992803
2005	10058833	8195353	1810205	53275	6808943	3249890
2006	11552571	9398393	2094432	59746	7850168	3702403
2007	13572003	11019515	2502920	49568	9428483	4143520
2008	16218543	13126812	3033174	58557	11531154	4687389
2009	20939438	18092256	2730842	116340	16230760	4708678
2010	24934379	21632383	3026076	275920	24622246	312133
2011	30197889	26182292	3654543	361054	29817367	380522
2012	35087160	30334497	4328630	424033	34641702	445458
2013	39911842	34841398	4609928	460516	38722871	1188971
2014	46925855	41209463	5196110	520282	45087575	1838280
2015	52017311	45709944	5656347	651020	49952156	2065155
2016	57423661	50359806	7063855	－	55133445	2290216
2017	64035285	56095448	7939837	－	61483727	2551558

注:①2004 年－2009 年餐饮业数据包括住宿业,其他行业为除批发零售业、住宿餐饮业以外的行业。2010 年其他行业为住宿业。②从 2010 年起,市、县及县以下数据为城镇、乡村口径。③1992 年之前的地域分组资料为社会商品零售总额的分组。④2009－2014 年分行业数据为经普调整后数据⑤2016 年起"批发零售贸易业"调整为"商品零售"数据;"住宿餐饮业"调整为"餐饮收入"数据且无"其他"类。

12-3 限额以上批发零售贸易业商品销售、库存总额

Total Sales and Inventory of Enterprises above Designated Size in Wholesale and Retail Sale Trade

单位:万元

	2013 年	2014 年	2015 年	2016 年	2017 年
商品销售总额	**65686593**	**72701113**	**66856268**	**73647281**	**82669812**
批 发 额	41756882	45193103	39051857	43243331	52432877
对居民和社会集团消费品零售额	23929711	27508010	27804411	30403950	30236935
年末库存总额	**4521657**	**4913041**	**4985037**	**4556988**	**4937632**

12-4 商品交易市场情况

Main Indicators of Commodities Markets

	2013 年	2014 年	2015 年	2016 年	2017 年
商品交易市场数(个)	**713**	**741**	**791**	**821**	**885**
一、消费品市场	674	703	740	728	790
(一)综合市场	154	154	237	498	553
(二)农副产品市场	437	466	385	124	126
(三)工业消费品市场	41	41	33	21	21
(四)其 他	12	42	85	85	90
二、生产资料市场	39	38	81	93	95
(一)生产资料综合市场	5	5	39	39	41
(二)工业生产资料市场	29	28	32	32	32
(三)农业生产资料市场	3	3	6	13	13
(四)其 他	2	2	4	9	9

12－5 限额以上批发零售贸易业分类销售及库存总额(2017年)

Total Value of Sales and Inventory of Enterprises above Designated Size in Wholesale and Retail Sale Trade(2017)

	法人企业 (个)	产业活动和个体户单位数 (个)	从业人数 (人)
批发零售贸易企业	**1576**	**531**	**217547**
一、批发贸易业	**837**	**51**	**62628**
(一)按登记注册类型分			
内资企业	819	2	60396
国有企业	11	1	3154
集体企业	2		163
股份合作企业	1		79
联营企业			
有限责任公司	346	1	28483
股份有限公司	17		3180
私营企业	441		25326
其他企业	1		11
港、澳、台商投资企业	7		440
外商投资企业	11		1247
个体经营		49	545
(二)按国民经济行业分			
农、林、牧产品批发	15	1	702
食品、饮料及烟草制品批发	103	22	9950
纺织、服装及家庭用品批发	76	3	6679
文化、体育用品及器材批发	27		2002
医药及医疗器材批发	205		18467
矿产品、建材及化工产品批发	248	23	11077
机械设备、五金产品及电子产品批发	149	2	13045
贸易经纪与代理	2		115
其他批发	12		591
二、零售贸易业	**739**	**480**	**154919**
(一)按登记注册类型分			
内资企业	679	5	121820
国有企业	4		112
集体企业	7		168

12－5　续表1

	法人企业（个）	产业活动和个体户单位数（个）	从业人数（人）
股份合作企业	8	1	211
联营企业	1		18
有限责任公司	319	1	62448
股份有限公司	20		23931
私营企业	317	2	34893
其他企业	3	1	39
港、澳、台商投资企业	30		11919
外商投资企业	30	1	17629
个体经营		474	3551
（二）按国民经济行业分			
综合零售	82	55	57492
食品、饮料及烟草制品专门零售	35	7	5924
纺织、服装及日用品专门零售	54	13	14871
文化、体育用品及器材专门零售	32	3	10096
医药及医疗器材专门零售	43	9	9206
汽车、摩托车、燃料及零配件专门零售	390	7	35450
家用电器及电子产品专门零售	48	33	7091
五金、家具及室内装修材料专门零售	18	352	4085
货摊、无店铺及其他零售	37	1	10704
（三）按经营方式分			
独立门店	550	479	61490
连锁商店总店	59		49899
连锁商店分店	29		20390
其　　他	101	1	23140
（四）按业态分			
#百　货　店	35	2	15460
#超市及大型超市	52	37	31553
#专　业　店	247	38	34251
#专　卖　店	321	37	43517
#网上商店	32		10758

12－5 续表2

单位:万元

	商品销售总额	批发	零售
批发零售贸易企业	**82669811.8**	**52432877.0**	**30236934.8**
一、批发贸易业	**51429925.4**	**50098038.2**	**1331887.2**
(一)按登记注册类型分			
内资企业	47566354.1	46248912.1	1317442.0
国有企业	3480587.9	3461574.7	19013.2
集体企业	755251.0	755251.0	
股份合作企业	12716.6	12716.6	
联营企业			
有限责任公司	29636922.5	28787602.5	849320.0
股份有限公司	1865339.0	1739382.9	125956.1
私营企业	11811169.3	11489457.1	321712.2
其他企业	4367.8	2927.3	1440.5
港、澳、台商投资企业	2562405.4	2557795.4	4610.0
外商投资企业	922780.4	920432.4	2348.0
个体经营	378385.5	370898.3	7487.2
(二)按国民经济行业分			
农、林、牧产品批发	614264.6	612758.3	1506.3
食品、饮料及烟草制品批发	5289832.6	5162585.6	127247.0
纺织、服装及家庭用品批发	1704142.8	1649867.1	54275.7
文化、体育用品及器材批发	1144713.8	1098703.4	46010.4
医药及医疗器材批发	7868096.2	7759166.3	108929.9
矿产品、建材及化工产品批发	28097435.1	27399592.3	697842.8
机械设备、五金产品及电子产品批发	6290216.4	5994141.4	296075.0
贸易经纪与代理	43407.1	43407.1	
其他批发	377816.8	377816.7	0.1
二、零售贸易业	**31239886.4**	**2334838.8**	**28905047.6**
(一)按登记注册类型分			
内资企业	25933314.8	2238934.1	23694380.7
国有企业	25159.5	2408.3	22751.2
集体企业	30296.2	745.0	29551.2

12-5 续表3

单位:万元

	商品销售总额	批发	零售
股份合作企业	29453.6	2691.5	26762.1
联营企业	8850.2	2378.9	6471.3
有限责任公司	15358047.0	954433.8	14403613.2
股份有限公司	4369198.2	929437.5	3439760.7
私营企业	6107562.2	346839.1	5760723.1
其他企业	4747.9		4747.9
港、澳、台商投资企业	1842516.3	17113.4	1825402.9
外商投资企业	2820995.9	46133.3	2774862.6
个体经营	643059.4	32658.0	610401.4
(二)按国民经济行业分			
综合零售	4865122.7	9428.7	4855694.0
食品、饮料及烟草制品专门零售	668088.5	144029.7	524058.8
纺织、服装及日用品专门零售	992258.4	156937.5	835320.9
文化、体育用品及器材专门零售	801768.7	75647.7	726121.0
医药及医疗器材专门零售	443759.5	26751.6	417007.9
汽车、摩托车、燃料及零配件专门零售	16419262.6	1704237.1	14715025.5
家用电器及电子产品专门零售	1394927.2	130619.9	1264307.3
五金、家具及室内装修材料专门零售	922355.8	48223.0	874132.8
货摊、无店铺及其他零售业	4732343.0	38963.6	4693379.4
(三)按经营方式分			
独立商店	16678198.0	1197771.4	15480426.6
连锁商店总店	4549803.5	233513.7	4316289.8
连锁商店分店	1415802.7	49721.8	1366080.9
其　　他	8596082.2	853831.9	7742250.3
(四)按业态分			
#百 货 店	2218733.5	154.5	2218579.0
#超市及大型超市	2212832.9	21293.4	2191539.5
#专 业 店	9492045.0	1671011.7	7821033.3
#专 卖 店	10883374.4	479670.4	10403704.0
#网上商店	4821765.9	37369.3	4784396.6

12－6 分月社会消费品零售总额(2017年)

Monthly Retail Sales Of Consumer Goods(2017)

单位:万元

	全　市	市　区
总　计	**64035285**	**61561470**
一季度	**15445644**	**14770686**
二季度	**15672730**	**15045640**
4　月	4952063	4750260
5　月	5340112	5111888
6　月	5380555	5183492
三季度	**15357911**	**14810797**
7　月	5177734	4981127
8　月	4982744	4807297
9　月	5197433	5022373
四季度	**17559000**	**16934347**
10　月	5930014	5708767
11　月	5647365	5492700
12　月	5981621	5732880

12－7 城乡个体工商业、私营企业基本情况(2017年)

Basic Conditions of Individual Enterprises and Private Enterprises in Urban and Rural Areas(2017)

	个体工商业		私营企业	
	户 数 (户)	#城镇 (户)	户 数 (户)	投资者 人 数 (人)
总 计	**1226710**	**951850**	**625904**	**1219714**
按行业分				
#农林牧渔业	15583	5215	12062	21912
采矿业	40	4	129	249
制造业	22640	9087	23845	54345
电力、热力、燃气及水的生产和供应业	29	13	822	2590
建筑业	1699	1187	59277	111011
交通运输、仓储和邮政业	808648	633190	11610	22422
信息传输、软件和信息技术服务业	20228	11937	63087	127935
批发和零售业	137358	104750	213736	366101
住宿和餐饮业	5842	4959	6772	12234
金融业	74	57	1669	3536
房地产业	4576	3872	17079	33296
租赁和商务服务业	85707	80422	131646	288755
科学研究和技术服务	3297	2538	56769	125774
水利、环境和公共设施管理业	89	71	2124	4461
居民服务、修理和其它服务业	110787	86286	13608	24092
教 育	2005	1717	857	1689
卫生和社会工作	4625	4010	2398	4268
文化、体育和娱乐业	3471	2529	8340	14879
其 它	12	6	74	165
按企业类型分				
独资企业			34672	34315
合伙企业			5278	32860
有限责任公司			582574	1141982
股份有限公司			3380	10557

12－8 外商投资情况(2017年)

Foreign Investment(2017)

	项目个数（个）	合同外资金额（万美元）	实际利用外资金额（万美元）
总　计	**472**	**468792**	**1004100**
按利用外资方式分			
外资企业	138	246267	408166
中外合资企业		1267	46992
中外合作企业	333	212048	512291
外商投资股份制	1	9210	36651
按国民经济行业分			
#农　业	8	4189	1200
制 造 业	46	160084	305700
服 务 业	418	304519	697200
按国别、地区分			
#香　港	110	236839	596717
台　湾	77	2336	16996
新 加 坡	28	61957	60509
日　本	9	28756	2928
韩　国	58	1388	6091
英　国	10	1167	37966
加 拿 大	10	465	930
美　国	39	10800	57717

12－9 旅游基本情况

Basic Conditions of Tourism

	2015年		2016年		2017年	
	绝对数	构成(%)	绝对数	构成(%)	绝对数	构成(%)
旅游总收入(亿元)	**2040**		**2502**		**3033**	
国内旅游收入(亿元)	**1987**		**2426**		**2946**	
国内旅游人数(万人次)	**18904**		**19757**		**20704**	
涉外旅游人数(人)	**2305427**	**100**	**2723102**	**100**	**3013364**	**100**
外国人	1727825	75.0	2050845	75.3	2258882	75.0
#日　本	144617	8.4	177937	8.7	190361	6.3
菲律宾	17235	1.0	15680	0.8	16749	0.6
新加坡	106316	6.2	125548	6.1	139331	4.6
泰　国	53408	3.1	64736	3.2	73045	2.4
印度尼西亚	19959	1.2	23747	1.2	25838	0.9
美　国	268973	15.6	316478	15.4	363773	12.1
加拿大	67506	3.9	79711	3.9	92134	3.1
英　国	165434	9.6	194268	9.5	220113	7.3
法　国	66996	3.9	79321	3.9	220113	7.3
德　国	91379	5.3	107259	5.2	127171	4.2
意大利	23779	1.4	26924	1.3	31709	1.1
俄罗斯联邦	15328	0.9	18435	0.9	21430	0.7
港澳台同胞	577602	25.1	672257	24.7	754482	25.0
旅游创汇收入(万美元)	**87264**		**124193**		**130656**	

12 – 10 成都与国外结成的友好城市

Friendly Municipalities Joined be Chengdu and Overseas Countries

国　　别	城　　市	缔结日期
法　　国	蒙彼利埃市	1981 年
斯洛文尼亚	卢布尔雅那市	1981 年
奥 地 利	林 茨 市	1983 年
日　　本	甲 府 市	1984 年
美　　国	菲尼克斯市	1987 年
加 拿 大	温尼伯市	1988 年
比 利 时	马 林 市	1993 年
意 大 利	巴勒莫市	1999 年
韩　　国	金 泉 市	2000 年
印度尼西亚	棉 兰 市	2002 年
瑞　　典	达拉那省	2004 年
德　　国	波 恩 市	2009 年
英　　国	谢菲尔德市	2010 年
俄 罗 斯	伏尔加格勒市	2011 年
比 利 时	弗拉芒·布拉邦省	2011 年
美　　国	檀香山市	2011 年
澳大利亚	珀 斯 市	2012 年
荷　　兰	马斯特里赫特市	2012 年
以 色 列	海 法 市	2013 年
丹　　麦	霍森斯市	2013 年
印　　度	班加罗尔市	2013 年
泰　　国	清 迈 市	2013 年
爱 尔 兰	芬 戈 郡	2014 年
巴基斯坦	拉 合 尔	2014 年
新 西 兰	哈密尔顿	2015 年
波　　兰	罗 兹 市	2015 年
墨 西 哥	萨博潘市	2015 年
韩　　国	大 邱 市	2015 年
摩 洛 哥	非斯市	2016 年
巴　　西	累西腓市	2016 年
尼 泊 尔	加德满都市	2016 年
老　　挝	琅勃拉邦省	2017 年

12－11 “黄金周”旅游接待情况

Main Tourism Indicators in Golden Weeks

	单　位	2017 年春节	2017 年国庆节
旅游住宿设施			
累计接待人天数	万人天	661.3	1733.3
平均停留天数	天	2.3	3.9
出 租 率			
#饭店宾馆	%	52.5	69.3
#旅馆招待所	%		
旅行社			
累计接团数	个	6845	9752
累计接待人数	万人次	16.6	22.2
景区(点)			
统计的景区(点)	个	75	74
累计接待人数	万人次	704.8	807.0
一日游游客所占比重	%	71.6	70.0
门票收入	万元	9433.2	9981.6
交通客运			
累计抵达班车次	班、车次	23060	27849
#铁　路	班、车次		
民　航	班、车次		
公　路	班、车次	18461	21791
累计抵达旅客量	万人次	194.2	318.1
#铁　路	万人次		
民　航	万人次		
公　路	万人次	40.5	53.5
接待综合情况			
接待人数	万人次	1557.3	1463.4
旅游收入	万元	1100999.2	2057455.7
人均天花费			
#过夜旅游者	元/人天	935.7	922.3
一日游游客	元/人天	379.8	448.8

12－12 进出口总值及构成(1993—2017 年)

Total value and Composition of Import and Export through customs(1993—2017)

	进出口总值（万美元）	进口	出口	构成	进口	出口
1993	24088	17595	6493	100	73. 0	27. 0
1994	137190	53236	83954	100	38. 8	61. 2
1995	151079	41592	109487	100	27. 5	72. 5
1996	163422	76469	86953	100	46. 8	53. 2
1997	123237	36357	86880	100	29. 5	70. 5
1998	148885	71640	77245	100	48. 1	51. 9
1999	161301	87147	74154	100	54. 0	46. 0
2000	148111	66290	81821	100	44. 8	55. 2
2001	189510	100160	89350	100	52. 9	47. 1
2002	207691	85790	121901	100	41. 3	58. 7
2003	251719	116254	135465	100	46. 2	53. 8
2004	336543	149707	186836	100	44. 5	55. 5
2005	453624	185701	267923	100	40. 9	59. 1
2006	695299	281183	414116	100	40. 4	59. 6
2007	951580	380331	571249	100	40. 0	60. 0
2008	1533586	627486	906100	100	40. 9	59. 1
2009	1786253	736417	1049836	100	41. 2	58. 8
2010	2462469	1075504	1386965	100	43. 7	56. 3
2011	3790633	1495037	2295596	100	39. 4	60. 6
2012	4755707	1718731	3036976	100	36. 1	63. 9
2013	5058047	1869817	3188230	100	37. 0	63. 0
2014	5579694	2198697	3380997	100	39. 4	60. 6
2015	3927488	1549415	2378073	100	39. 5	60. 5
2016	4098515	1904559	2193956	100	46. 5	53. 5
2017	5830043	2774209	3055834	100	47. 6	52. 4

12－13　海关进出口商品总值

total value of import and export commodities through customs

指　　标	2016 年			2017 年		
	进出口总额	进　口	出　口	进出口总额	进　口	出　口
总　　值(万美元)	**4098515**	**1904559**	**2193956**	**5830043**	**2774209**	**3055834**
按贸易方式分						
一般贸易	948905	360824	588081	1203310	676603	526707
其他捐赠物资	3	1	2	10	10	
来料加工贸易	921804	729757	192047	1828471	1179398	649073
进料加工贸易	1684229	614883	1069346	1915107	681721	1233386
对外承包工程出口货物	27617		27617	49581		49581
租赁贸易	1638	1426	212	157	157	
外商投资企业作为投资进口的设备	2067	2067	7643	3615	3615	
出料加工贸易	7785	4269	3516	7643	3989	3654
保税监管场所进出境货物	47752	28876	18876	98472	55576	42896
海关特殊监管区域物流货物	414481	123885	290596	656675	109811	546864
海关特殊监管区域进口设备	35063	35063		59430	59430	
免 税 品	34	34		38	38	
其他贸易	7137	3475	3662	7534	3861	3673
按运输方式分						
水路运输	956588	250193	706395	1272817	517225	755592
铁路运输	60996	4746	56250	250617	11926	238691
公路运输	122671	36062	86609	191775	81313	110462
航空运输	2958126	1613459	1344667	4114637	2163570	1951067
邮件运输	77	44	33	45	32	13
其　　他	58	56	2	152	143	9
按企业性质分						
国有企业	299551	153123	146428	531286	355864	175422
民营企业	912628	301416	611212	910112	302076	608036
外商投资企业	2885627	1449643	1435984	4386943	2114685	2272258
中外合资	145937	87572	58365	213029	137073	75956
中外合作	1526	1356	170	1079	1023	56
外商独资	2738164	1360715	1377449	4172835	1976589	2196246
其他企业(含临时企业)	709	376	333	1701	1583	118

12－14　主要国别(地区)海关进出口商品总值

total value of import and export commodities through customs in main countries or territories

国别(地区)	2016 年			2017 年		
	进出口总额	进　口	出　口	进出口总额	进　口	出　口
总　　值(万美元)	**4098515**	**1904559**	**2193956**	**5830043**	**2774209**	**3055834**
亚　　洲	**1806720**	**925063**	**881657**	**2916050**	**1410659**	**1505391**
#香　　港	235584	4559	231025	196913	2868	194045
印　　度	40392	1780	38612	83192	1845	81347
印度尼西亚	22017	3439	18578	24023	3927	20096
日　　本	299900	183934	115966	464788	310006	154782
马来西亚	179815	100965	78850	404666	146859	257807
巴基斯坦	11274	500	10774	11487	482	11005
菲 律 宾	38310	23115	15195	41400	24562	16838
卡 塔 尔	1138	258	880	772	277	495
沙特阿拉伯	7045	394	6651	6717	744	5973
新 加 坡	59327	14385	44942	74102	18966	55136
韩　　国	201474	157745	43729	361711	299889	61822
泰　　国	112464	36924	75540	125635	40473	85162
土 耳 其	13062	3466	9596	17236	3817	13419
阿 联 酋	33551	1573	31978	38377	1442	36935
越　　南	155194	67161	88033	500429	73755	426674
台 湾 省	141320	117278	24042	255939	227500	28439
非　　洲	**63249**	**7810**	**55439**	**81337**	**11899**	**69438**
#埃　　及	6784	3	6781	23260	114	23146
南　　非	14893	6559	8334	19599	9907	9692
埃塞俄比亚	7335	77	7258	3859	23	3836
欧　　洲	**703380**	**281277**	**422103**	**1098662**	**474339**	**624323**
#比 利 时	7111	1772	5339	6120	1381	4739
英　　国	75894	6038	69856	84394	14882	69512
德　　国	139547	56533	83014	158850	56911	101939
法　　国	43618	28902	14716	44607	26132	18475
意 大 利	44656	9569	35087	50213	11222	38991
荷　　兰	139572	6124	133448	263842	4655	259187
西 班 牙	13434	3135	10299	17357	5312	12045
芬　　兰	2325	1299	1026	1640	1158	482
瑞　　典	14124	9903	4221	13954	11261	2693
瑞　　士	4194	3236	958	4997	3430	1567
俄罗斯联邦	29556	477	29079	51079	2620	48459
拉丁美洲	**54210**	**9253**	**44957**	**74116**	**21172**	**52944**
#阿 根 廷	3654	1025	2629	3178	762	2416
巴　　西	11210	1718	9492	14609	2268	12341
智　　利	5328	1459	3869	4237	1166	3071
墨 西 哥	17136	3698	13438	28428	7000	21428
北 美 洲	**1315916**	**569964**	**745952**	**1526681**	**782972**	**743709**
#加 拿 大	16500	2739	13761	17859	5185	12674
美　　国	1299416	567225	732191	1508822	777787	731035
大 洋 洲	**72320**	**28471**	**43849**	**117899**	**57871**	**60028**
#澳大利亚	53321	12536	40785	101205	44117	57088
新 西 兰	17788	15935	1853	15868	13754	2114

主要统计指标解释

社会消费品零售总额 社会消费品零售总额：指批发和零售业、住宿和餐饮业以及其他行业直接售给城乡居民和社会集团的消费品零售额。其中，对居民的消费品零售额，是指售予城乡居民用于生活消费的商品金额；对社会集团的消费品零售额，是指售给机关、社会团体、部队、学校、企事业单位、居委会或村委会等，公款购买的用作非生产、非经营使用与公共消费的商品金额。社会消费品零售总额包括：售给城乡居民作为生活消费用的商品和修建房屋用的建筑材料的金额，以及售给来华的外国人、华侨、港澳台同胞的消费品金额；售给社会集团用作非生产、非经营使用与公共消费的商品金额。

不包括：——城市居民间或居民委托信托商店卖出的商品；

——售给农业、工业、建筑业等行业用于生产的商品。

对外借款 是我国利用外资的主要部分。包括我国通过外国政府贷款，国际金融组织贷款，外国银行商业贷款，出口信贷以及对外发行债券，股票等方式，从境外筹措的资金。

外商直接投资 是指外国企业和经济组织或个人（包括华侨、港澳台胞以及我国在境外注册的企业）按我国有关政策、法规，用现汇、实物、技术等在我国境内开办外商独资企业、与我国境内的企业或经济组织共同举办中外合资经营企业、合作经营企业或合作开发资源的投资（包括外商投资收益的再投资）以及经政府有关部门批准的项目投资总额内，企业从境外借入的资金。

入境游客 指报告期内来中国（大陆）观光、度假、探亲访友、就医疗养、购物、参加会议和从事经济、文化、体育、宗教等活动的外国人、港澳台同胞等海外游客（即旅游入境人数）。统计时，海外游客按每人入境一次统计1人次。

国际旅游（外汇）收入 入境游客在中国（大陆）境内旅行、游览过程中用于交通、参观游览、住宿、餐饮、购物、娱乐等全部花费。

进出口总额 海关进出口总额指实际进出我国国境的货物总金额。包括对外贸易实际进出口货物，来料加工装配进出口货物，国家间、联合国及国际组织无偿援助物资和赠送品，华侨、港澳台同胞和外籍华人捐赠品，租赁期满归承租人所有的租赁货物，进料加工进出口货物，边境地方贸易及边境地区小额贸易进出口货物（边民互市贸易除外），中外合资经营企业、中外合作经营企业、外商独资经营企业进出口货物和公用物品，到、离岸价格在规定限额以上的进出口货样和广告品（无商业价值、无使用价值和免费提供出口的除外），从保税仓库提取在中国境内销售的进口货物，以及其他进出口货物。我国规定出口货物按离岸价格统计，进口货物按到岸价格统计。

利用外资 指我国各级政府、部门、企业和其他经济组织通过对外借款，吸收外商直接投资以及用其他方式筹措的境外现汇、设备、技术等。

十三 科技、教育和文化

简 要 说 明

主要内容

本部分资料包括科学技术活动、科技人员、教育、文化、艺术事业等基本情况。

资料来源

科技资料分别来源于成都市科技局、成都市统计局和成都市高新技术产业开发区管委会。

教育资料分别来源于成都市教育局和成都市人力资源和社会保障局。

文化、广播、电视资料分别来源于成都市文广新局。

其他需要说明的问题

本部分资料除科技外，其余部分资料均为全社会统计口径。

普通高等学校数（所）

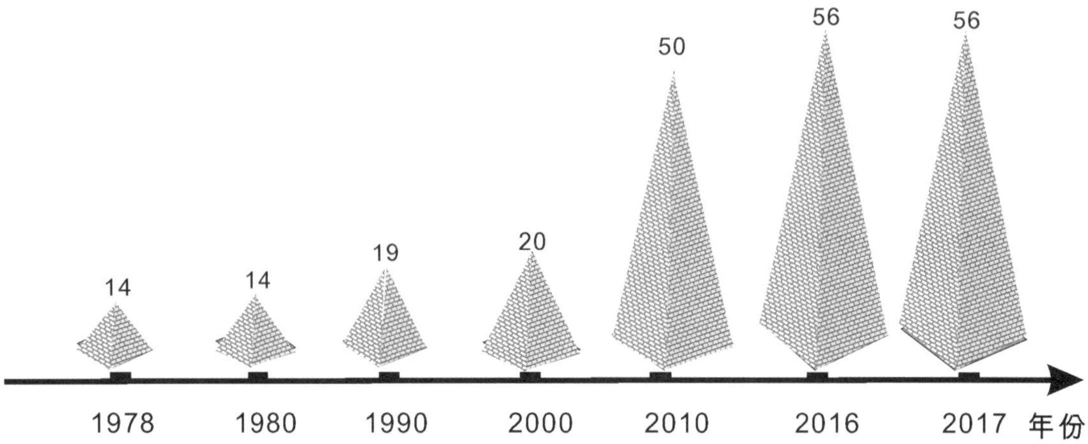

普通高等学校在校生人数（万人）

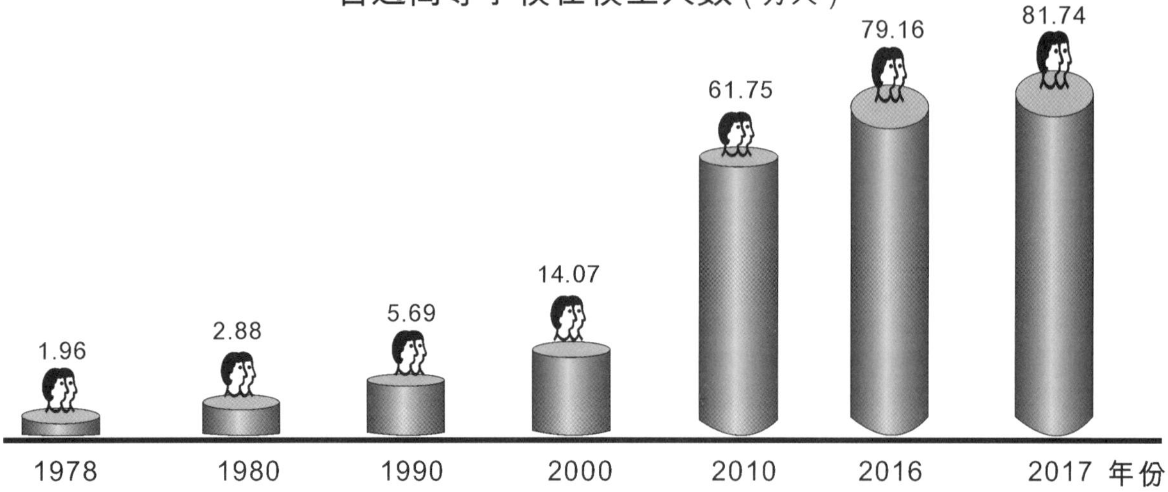

普通高等学校专任教师数（万人）

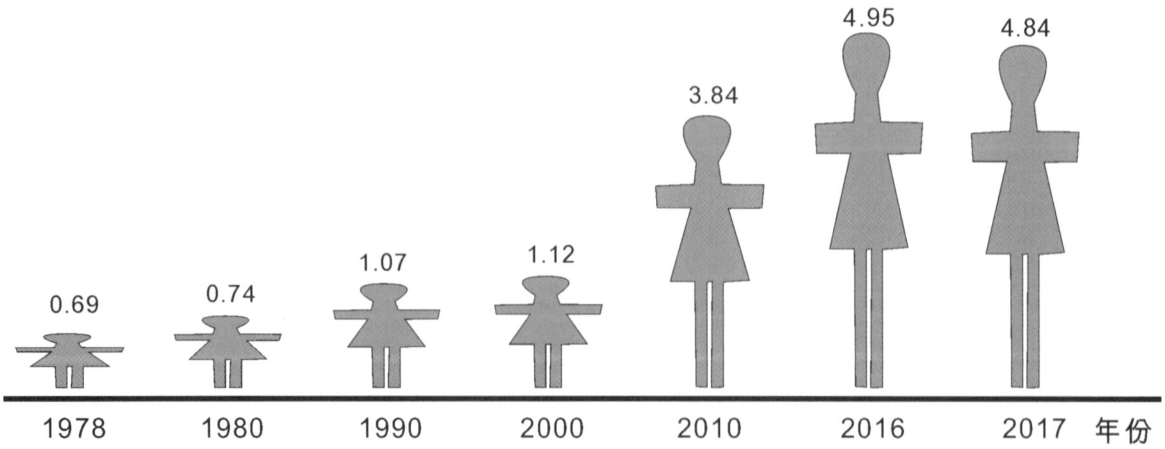

13－1 科研机构与技术服务业事业单位、人员、经费及活动情况(2017年)

Scientific Research Agencies and Technical Service Institutions, Personnel, Expenditures and Activities(2017)

	单 位	合 计	自然科学领域	农业科学领域	医学科学领域	工程科学与技术领域	社会、人文科学领域
单位数	个	100	16	16	10	36	22
#地市属	个	17	1	5	2	6	3
从业人员	人	17630	3604	2029	2938	7564	1495
#从事科技活动人员	人	9653	1798	1340	1397	3918	1200
#大学本科及以上学历	人	8098	1527	1087	1217	3223	1044
科技活动收入	万元	429332	113384	47769	40216	175726	52237
#政府资金	万元	331239	104045	40282	36181	116806	33925
经费内部支出总额(不含基建)	万元	726235	152887	75885	112933	330885	53645
#科技活动支出	万元	398177	109271	54909	36189	155517	42291
基本建设投资实际完成额	万元	41522	5441	3612	8084	24011	374
年末固定资产原价	万元	629551	106385	56682	79454	352369	34661
课题情况:课题数	个	3678	1394	815	399	711	359
内部经费支出	万元	190299	92844	20471	8939	63336	4709
课题人员折合全时工作量	人年	7070	1648	1107	1016	2444	855
发表科技论文	篇	3879	839	568	683	868	921
#国外发表	篇	719	322	64	62	254	17
出版科技著作	种	174	17	21	21	17	98
专利申请受理数	件	695	101	170	83	340	1
专利授权数	件	507	73	62	44	328	
#发明专利	件	316	54	28	22	212	

13-2 国家级高新技术产业企业主要经济指标(2017年)

Main Economic Indicators of State-Level High-Tech Enterprises(2017)

	单位	合计	区内企业	区外企业
企业数	个	2405	1201	1204
总产值	亿元	2448.33	922.19	1526.14
总收入	亿元	4075.71	1465.87	2609.84
#技术收入	亿元	1284.46	402.11	882.36
产品销售收入	亿元	2570.35	1016.48	1553.87
#高新技术产品收入	亿元	2073.22	903.86	1169.36
出口创汇总额	亿元	312.01	135.81	176.20
净利润	亿元	281.79	150.65	131.14
实际上缴税费总额	亿元	217.39	86.71	130.69
年末资产总计	亿元	7468.06	3267.32	4200.74
#流动资产	亿元	4890.94	2113.42	2777.52
固定资产合计	亿元	1028.89	350.20	678.69
无形资产	亿元	187.95	77.42	110.53
年末负债合计	亿元	4052.41	1742.20	2310.21
年末所有者权益	亿元	3415.66	1525.12	1890.54
全部科技项目经费内部支出	亿元	214.03	102.15	111.89
科技活动经费内部支出(非政府)	亿元	233.36	107.27	126.10
科技活动经费内部支出(来自政府)	亿元	23.76	14.31	9.44
年末从业人员	人	489126	180074	309052

注:区内、区外企业指高新技术产业开发区集中区范围内、外的企业。

13－3　技术市场交易情况(2017年)

Statistics on Transactions in Technological Market(2017)

项　　目	合同数(个)	金额(亿元)
输出技术合计	**11334**	**362.74**
技术开发	7386	133.69
技术转让	334	15.31
技术咨询	340	14.80
技术服务	3274	198.95
吸纳技术合计	**8149**	**247.08**
技术开发	4609	63.82
技术转让	240	24.88
技术咨询	253	4.19
技术服务	3047	154.19

13－4　教育事业基本情况

Basic Statistics on Education

	单　位	1978 年	1980 年	1990 年	2000 年	2010 年	2016 年	2017 年
学校数								
普通高等学校	所	14	14	19	20	50	56	56
中等职业技术学校	所	40	44	50	51	95	86	88
普通中学	所	791	625	580	548	487	602	601
小　　学	所	4669	4860	3580	2467	504	556	569
在校生数								
普通高等学校	人	19632	28790	56874	140661	617482	791593	817432
中等职业技术学校	人	14967	17306	27972	64969	214674	239981	219074
普通中学	人	574039	438221	347004	482494	635099	586202	584375
小　　学	人	1202491	1234444	670718	771582	682423	904161	941774
毕业生数								
普通高等学校	人	4411	4216	16777	23624	156646	189837	206954
中等职业技术学校	人	3470	4293	8401	20148	63318	83513	77182
普通中学	人	224994	169679	87343	106203	201516	209402	193928
小　　学	人	227553	193944	139585	147700	133462	127269	132026
招生数								
普通高等学校	人	7973	6603	16087	55131	190078	236535	245756
中等职业技术学校	人	6676	5153	9703	17697	81338	78665	70786
普通中学	人	254708	171351	115835	182487	213144	195747	66342
小　　学	人	279079	230882	91258	129966	108810	160390	167815
专任教师数								
普通高等学校	人	6940	7366	10699	11246	38404	49488	48449
中等职业技术学校	人	2206	2622	3262	3175	7498	9776	9556
普通中学	人	27423	25636	24947	30655	42429	50178	51111
小　　学	人	41040	42617	40492	37618	38250	46742	51118
每一教师负担学生数								
普通高等学校	人	2.8	3.9	5.3	12.5	16.1	16.0	16.9
中等职业技术学校	人	6.8	6.6	8.6	20.5	28.6	24.5	22.9
普通中学	人	20.9	17.1	13.9	15.7	15.0	11.7	11.4
小　　学	人	29.3	29.0	16.6	20.5	17.8	19.3	18.4

13－5 各类学校基本情况(2017 年)

Basic Statistics on Various Schools(2017)

	学校数（所）	毕业生（人）	招生数（人）	在校生（人）	专任教师（人）
普通高等学校	**56**	**206954**	**245756**	**817432**	**48449**
#研　究　生	25	22392	31270	87669	
中等技术学校	**88**	**77182**	**70786**	**219074**	**9556**
#职业中学	27	21689	22062	65222	21793
普通中学	**601**	**193928**	**198637**	**584375**	**51111**
高　　中	143	70531	66342	203769	18402
初　　中	458	123397	132295	380606	32709
小　　学	**569**	**132026**	**167815**	**941774**	**51118**
特殊教育学校	**22**	**1069**	**925**	**6207**	**548**

注:1. 普通中学高中学校数中含完全中学。2. 普通中学初中校数中含 9 年制学校 156 所。3. 研究生数包含科研院校的研究生人数。4. 研究生专任教师数无法从普通高等学校专任教师数中拆分。

13－6 普通中学基本情况(2017年)

Basic Statistics on Regular Secondary Schools(2017)

	学校数（所）	毕业生（人）	招生数（人）	在校生（人）	专任教师（人）
总　计	**601**	**193928**	**198637**	**584375**	**51111**
城　市	255	113153	112221	335045	28783
县　镇	244	66200	70046	202961	17275
农　村	102	14575	16370	46369	4053
高　中	**143**	**70531**	**66342**	**203769**	**18402**
城　市	90	43055	38246	120854	11292
县　镇	45	24121	24512	71683	6119
农　村	8	3355	3584	11232	991
初　中	**458**	**123397**	**132295**	**380606**	**32709**
城　市	165	70098	73975	214191	17491
县　镇	199	42079	45534	131278	12156
农　村	94	11220	12786	35137	3062

13－7 小学基本情况(2017年)

Basic Statistics on Primary Schools(2017)

	学校数（所）	毕业生（人）	招生数（人）	在校生（人）	专任教师（人）
总　计	**569**	**132026**	**167815**	**941774**	**51118**
城　市	312	78393	105659	569254	30242
县　镇	166	39864	48685	281786	15328
农　村	91	13769	13471	13471	5548

13－8　成人高等学校教育基本情况
Basic Statistics on Education in Institutions of Higher Learning for Adults

	单　位	2014 年	2015 年	2016 年	2017 年
成人高等院校					
学 校 数	所	69	68	68	68
毕业生数	人	82185	85809	93983	89948
在校生数	人	245259	240982	216812	191264
招 生 数	人	105977	89876	74081	71607

注:2011 年以后成人高校数据包含普通高等学校中的成人教育数据。

13－9　幼儿园基本情况
Basic Statistics on Kindergartens

	单　位	2014 年	2015 年	2016 年	2017 年
幼儿园数	所	1945	2003	2228	2366
幼儿园班数	班	13178	14152	16174	17477
在园幼儿数	人	423871	455587	514451	543564
教职员工数	人	50162	55019	61093	72864
#教　　师	人	24439	27099	30349	36466
保 育 员	人	11071	11979	13122	16251

注:2013 年起保育员包含民办幼儿园的数据。

13－10 艺术表演团体及场所演出情况

Basic Statistics on Performance of Art Troupes and Sites

	单 位	2014年	2015年	2016年	2017年
艺术表演团体	个	**6**	**6**	**6**	**6**
国内演出场次	千场	0.60	0.96	1.13	0.75
国内观众人次	万人次	23.50	71.00	62.45	33.90
出访演出场次	场	10	23	11	2
艺术表演场所	个	**9**	**9**	**10**	**10**
座 席 数	千个	3.60	2.99	3.35	4.32
演映出场数	千场	0.20	0.26	0.38	0.41
#艺术场数	千场	0.02	0.015	0.36	0.38
观众人次	万人次	8.10	6.90	12.10	13.33
#艺术场数	万人次	1.20	1.20	11.00	11.70

13－11 群众文化事业(2017年)

Main Indicators on Mass Culture(2017)

	单 位	总 计	文化馆	文化站
机 构 数	个	394	22	372
人 员 数	人	1820	477	1343
举办展览	个	1841	244	1597
举办训练班	次	29774	20028	9746
组织文艺活动	次	18133	2652	15481
藏 书	万册	254.57		254.57
总 收 入	万元	35203.4	14919.1	20284.3
总 支 出	万元	33664.4	14931.1	18733.3

13－12 公共图书馆基本情况
Basic Statistics on Public Libraries

	单 位	2014 年	2015 年	2016 年	2017 年
图书馆数	个	21	21	22	22
阅览室座席数	个	9607	9413	10259	10611
总藏量	万册(件)	1952	1577	1708. 7	1997. 52
图书流通人数	万人次	606	641	750. 32	789. 94
公共房屋建筑面积	万平方米	11. 25	12. 32	13. 52	13. 97
#书　　库	万平方米	2. 45	2. 49	2. 84	2. 56
阅 览 室	万平方米	3. 70	4. 36	4. 88	5. 39
经费支出	万元	9494. 0	12126. 9	12684. 7	14379. 3
#购书费	万元	1354. 0	1720. 5	1090. 3	3033. 9

13－13 博物馆基本情况
Basic Statistics on Museums

	单 位	2014 年	2015 年	2016 年	2017 年
博物馆数	个	33	33	33	33
综 合 馆	个	11	9	9	10
专 业 馆	个	22	24	24	23
文物藏品	件	565750	452577	455199	485269
#一 级 品	件	1606	857	857	819
展　　览	个	85	74	82	88
参观人数	万人次	1220	1230	1403	1174
公用房屋建筑面积	万平方米	29. 5	27. 6	30. 3	27. 8

13－14 广播、电视事业基本情况(2017年)

Basic Statistics on Broadcasting and Television(2017)

	单 位	广播事业	# 市 级	# 县 级	电视事业	# 市 级	# 县 级
基本情况							
广播电视台	座	14	1	13	14	1	13
发 射 台	座	87	1	29	87	1	29
节目套数	套	28	5	14	32	8	14
全年节目播音时间	小时	177156	36581	72991	205301	58823	64103
人口覆盖率	%	100	99.79	63.53	100	96.59	61.32
全年节目制作情况	**小时**	**117510**	**35905**	**17899**	**65610**	**20395**	**6072**
新闻咨询节目	小时	28467	12454	2858	16405	5415	2514
综艺益智	小时	32987	4471	3427	11448	2270	513
专题服务节目	小时	37440	14924	5525	18016	9738	1489
广告节目	小时	9650	1389	3167	5579	3	1391

主要统计指标解释

普通高等学校　指按照国家规定的设置标准和审批程序批准举办，通过国家统一招生考试，招收高中毕业生为主要培养对象，实施高等教育的全日制大学、独立设置的学院和高等专科学校、短期职业大学。

成人高等学校　指按照国家有关规定审批，招收通过全国成人高教统一招生考试的具有高中毕业或同等学历的在职从业人员利用脱产、半脱产、业余或函授等多种形式对其实施高等学历教育培养高等教育专科或本科毕业水平的专门人才，修业年限、课程设置和总学时数均按高等学历教育要求付诸实施的学校。包括广播电视大学、职工高等学校、农民高等学校、管理干部学院、教育学院、独立设置的函授学院等。

小学学龄儿童入学率　指调查范围内已入小学学习的学龄儿童占学龄儿童总数（包括弱智儿童在内，但不包括盲聋哑儿童）的比重。计算公式：

$$\text{小学学龄儿童入学率}=\frac{\text{已入学的小学学龄儿童数}}{\text{校内外小学学龄儿童总数}}\times 100\%$$

独立研究与开发机构　指有明确的任务和研究方向，有一定学术水平的业务骨干和一定数量的研究人员，具有研究、开发、开展学术工作的基本条件，主要进行科学研究与技术开发活动，并且在行政上有独立的组织形式，财务上独立核算盈亏，有权与其他单位签订合同，在银行有单独户头的单位。包括国务院各部门、中国科学院、中国社会科学院和各省、自治区、直辖市以及地（市）以上〔含地（市）〕各部门所属的国有独立的科学研究与技术开发机构。

独立研究与开发机构职工　指在科学研究与技术开发机构工作，并由其支付工资的各种人员。包括长期职工和临时职工，不包括编制以外的离休、退休人员和停薪留职人员，但包括招聘人员。

研究与发展经费支出　指报告期内用于研究与实验发展课题活动（基础研究、应用研究、实验发展）的全部实际支出。包括用于研究与发展课题活动的直接支出，还包括间接用于研究与发展活动的一切支出（院、所管理费、维持院、所正常运转的必需费用和与研究发展有关的基本建设支出）。

科学家和工程师　指具有大学本科及以上学历的和不具备上述学历但有高、中级职称的人员。

专业技术人员　指已取得科学技术职称，或大学、中专的理、工、农、医科系毕业，以及国民经济各部门从工作实践中提拔，从事理、工、农、医等自学科学技术的研究、教学、生产的专业人员和在机关、企业、事业中从事科学技术业务管理工作的专业人员。

工程技术人员　指在国民经济各行业从事工程技术工作的自然科学技术专业人员，包括：高级工程师、工程师、助理工程师、技术员和未评定职称的技术人员。

农业技术人员　指在国民经济各行业从事农业技术工作的自然科学技术专业人员，包括：高级农艺师、农艺师、助理农艺师、技术员和未评定职称的技术人员。

卫生技术人员　指在国民经济各行业从事卫生医务工作的自然科学技术专业人员，包括：正副主任医师、主治医师、医师、医（护）士和未评定职称的技术人员。

科学研究人员　指在国民经济各行业从事科学技术活动的自然科学技术专业人员，包括：正副研究员、助理研究员、研究实习员、技术员和未评定职称的技术人员。

自然科学教学人员　指在国民经济各行业从事自然科学技术方面教学活动的专业人员，包括：正副教授、讲师、助教、教师和在中学从事自然科学技术方面教学活动的人员。

文化事业机构　指从事专业文化工作和为专业文化工作服务的独立建制的单独核算的单位。不包括这些单位另外举办独立核算的其他机构和各部门的业余文化组织。

十四 体育、卫生、福利及其他

简 要 说 明

主要内容

本部分反映体育、卫生、社会福利及其他事业发展情况。

体育：包括体育竞赛、体育竞技和全民健身的群众体育，以及相关的体育信息。

卫生：包括各类医疗卫生机构、床位、工作人员及病床使用率等指标。

民政：包括社会福利院、儿童福利院、精神病人福利院、社会办敬老院等各级福利院个数、床位及收养人数；优抚、救济情况。

其他事业：包括全市范围内司法、社会治安情况等。

资料来源

体育资料来源于成都市体育局。

卫生资料来源于成都市卫生和计划生育委员会。

社会福利资料来源于成都市民政局。

司法、社会治安等资料分别来源于成都市司法局、成都市公安局。

其他需要说明的问题

体育资料为全市统计口径。

卫生资料为全社会统计口径。

福利机构相应指标为市及市以下统计口径。

卫生机构数（个）

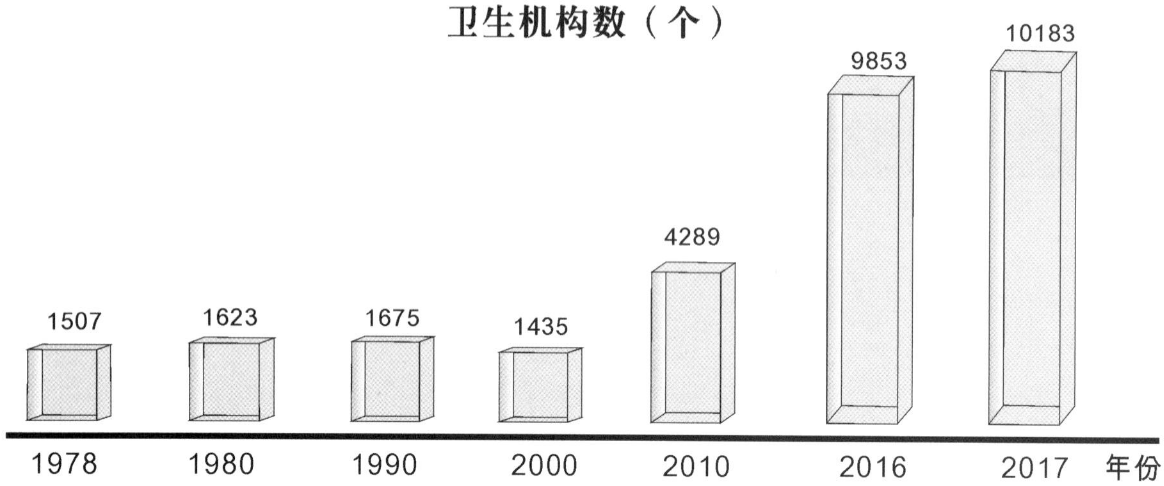

卫生机构床位数（万张）

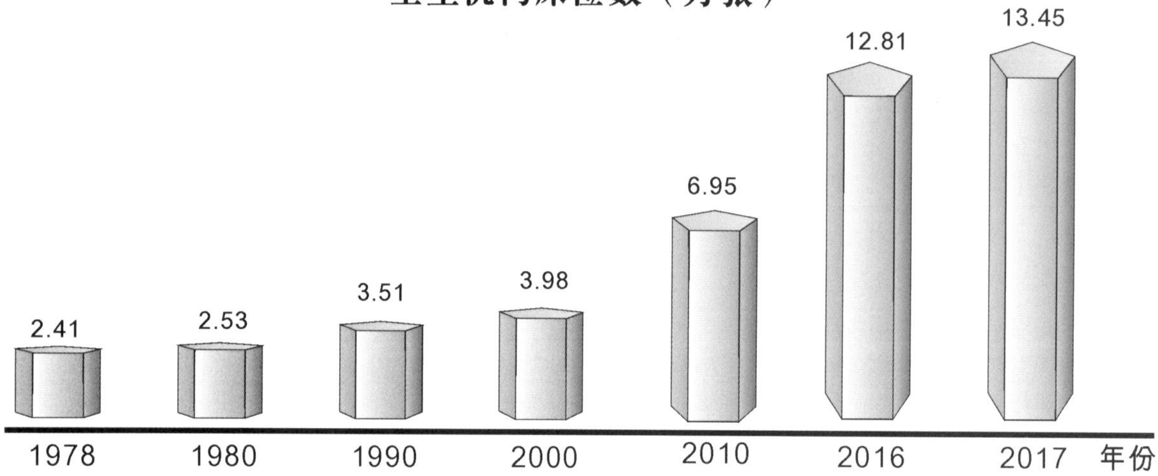

卫生技术人员（万人）

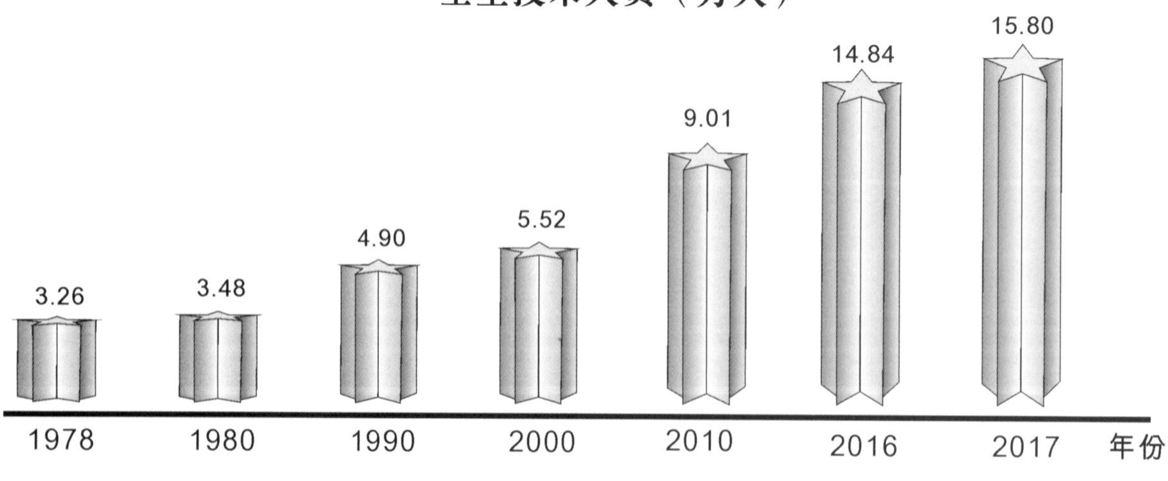

14－1 体育活动情况

Activities of Sports

	单 位	2014 年	2015 年	2016 年	2017 年
体育场地数	个	18536	18988	19823	21038
等级运动员发展人数	人	349	293	213	361
#二级运动员	人	349	293	213	361
等级裁判员发展人数	人	312	232	–	–
优秀运动队运动员	人	135	134	130	133
专职教练员	人	162	173	180	213
体育后备人才数	人	8756	9263	7635	6403
各部门举办全民健身活动次数	次	2636	2747	2801	3000
全民健身路径	条	6061	6296	6413	7178

14－2 医疗卫生事业基本情况

Basic Statistics of Health Care

	单 位	2014 年	2015 年	2016 年	2017 年
总 计					
机 构 数	个	8190	8481	9853	10183
#医院、卫生院	个	746	768	866	888
床 位 数	万张	10.80	11.47	12.81	13.45
#医院	万张	8.76	9.45	10.54	11.05
#社区卫生服务中心(站)	万张	0.36	0.36	0.38	0.40
#乡镇卫生院	万张	1.37	1.34	1.60	1.70
工作人员	万人	16.43	17.32	19.02	20.07
#卫生技术人员	万人	12.78	13.51	14.84	15.80
#执业(助理)医师	万人	4.82	5.02	5.47	5.82
注册护士	万人	5.51	5.96	6.67	7.24
药剂人员	万人	0.73	0.71	0.79	0.81
总计中:政府办医院					
机 构 数	个	98	98	108	107
床 位 数	万张	5.12	5.30	6.04	6.25
工作人员数	万人	6.91	7.08	7.98	8.19
#卫生技术人员	万人	5.53	5.72	6.44	6.66
#执业(助理)医师	万人	1.87	1.95	2.21	2.30
平均每万人口拥有					
医院、卫生院床位数	张	84.50	73.60	76.26	79.43
卫生技术人员	人	106.60	92.20	93.23	98.48
#执业(助理)医师	人	40.20	34.30	34.40	36.25

注:本表中"总计中:政府办医院"的机构数2000年为政府及非政府部门举办的县及县以上医院,2014年及以后各年度为由政府部门举办的所有医院。从2011年起将村卫生室纳入统计范围。2015年起"平均每万人口拥有"数据按常住人口计算。

14－3 农村村级卫生组织情况(2017 年)

Health Organization at Village Level(2017)

	总 计	按设置/主办单位分					按行医方式分		
		村 办	乡卫生院设点	联合办	私人办	其他	西医为主	中医为主	中西医结 合
机构数(个)	3903	2320	242	166	1119	56	2295	240	1368
执业(助理)医师(人)	1175	675	133	35	305	27	711	80	384
注册护士数(人)	193	115	26	9	34	9	124	15	54
乡村医生和卫生员(人)	4298	2588	219	251	1199	41	2333	258	1707
乡村医生数	4179	2547	200	235	1158	39	2271	254	1654
卫 生 员	119	41	19	16	41	2	62	4	53

14－4 医院诊疗情况(2017年)

Number of Hospital Patients(2017)

	诊疗人次(人次)	#门急诊	健康检查人数(人)	入院人数(人)	病床使用率(%)	出院者平均住院日(天)
医院总计	**68862961**	**67180914**	**4326810**	**3313613**	**89.35**	**10.80**
综合医院	44154146	43041339	3128118	2317323	89.05	9.50
中医医院	9378091	9099303	515103	413004	94.75	11.15
中西医结合医院	2956491	2943775	141844	118831	108.90	12.68
专科医院	12374233	12096497	541745	464455	83.60	16.47
口腔医院	1187189	1171080	50	5639	46.17	8.79
眼科医院	459872	458284	210853	33354	51.55	3.65
耳鼻喉医院	46664	45809		7446	52.74	5.83
肿瘤医院	402341	401315	23156	62473	107.88	12.38
心血管病医院	10908	3191		438	28.67	13.23
妇产(科)医院	1063066	976384	9332	20998	42.82	5.48
儿童医院	351097	351097	4190	8451	89.34	7.32
精神病医院	574562	571418	145	36094	98.46	104.12
传染病医院	679834	679834	49732	21582	111.85	15.43
皮肤病医院	46874	46151	116	3363	37.39	8.29
职业病医院	162118	162118	60951	10417	106.53	12.95
骨科医院	250550	246928		31562	71.48	11.00
康复医院	72350	69895	528	9980	35.15	9.63
整形外科医院	34573	34536		39	0.60	1.95
美容医院	615256	566009	1258	3131	17.01	3.88
其他专科医院	6416979	6312448	181434	209488	79.04	8.63

14－5　卫生部门综合医院有关经营情况(2017 年)

Operation of Hospitals Runs by The Health Department(2017)

	机构数(个)	医师人均担负年诊疗人次(人次)	医师人均担负年住院床日(人次)	平均每诊疗人次医疗费(元)				平均每一出院者住院医疗费(元)			
				合计	#药品费	#检查费	#治疗费	合计	#床位费	#药费	#治疗费
综合医院合　计	**46**	**3121**	**902**	**314**	**135**	**77**	**33**	**12010**	**377**	**2940**	**1703**
部　　属	1	2643	697	681	327	170	49	22078	743	4445	1952
省　　属	5	3369	986	415	195	100	44	17369	482	4973	2826
省辖市属	7	2763	876	245	103	59	38	13316	333	3254	2167
县辖市属	26	3373	942	184	61	45	22	7057	261	1763	1090
县　　属	7	3606	1073	162	56	42	20	5657	219	1454	1022

14－6　全市居民前十位死亡原因、死亡率(2017 年)

Cause of Death and Death Rate of 10 Major Diseases(2017)

序位及死因	死亡序位	死亡率(/10 万)	死亡构成(%)
十种死亡原因合计			
肿　　瘤	1	187.50	29.35
循环系统疾病	2	184.94	28.95
呼吸系统疾病	3	155.78	24.39
损伤和中毒	4	35.12	5.50
消化系统疾病	5	20.87	3.27
内分泌、营养和代谢疾病	6	20.68	3.24
神经系统疾病	7	8.11	1.27
传染病和寄生虫病	8	7.66	1.20
泌尿生殖系统疾病	9	6.99	1.09
起源于围生期的情况	10	2.58	0.40

14－7 社会福利机构情况

Basic Statistics on Social Welfare Institutions

	单 位	2014 年	2015 年	2016 年	2017 年
社会福利院					
单 位 数	个	20	57	16	14
床 位 数	张	5243	12489	4840	4520
年末收养人数	人	2522	7054	2419	2357
儿童福利院					
单 位 数	个	2	3	2	2
床 位 数	张	779	814	779	779
年末收养人数	人	720	661	657	573
精神病人福利院					
单 位 数	个	1	1	1	1
床 位 数	张	800	800	800	800
年末收养人数	人	720	720	720	706
社区养老机构和设施					
单 位 数	个	187	763	1240	1687
床 位 数	张	37800	21580	23662	28827
年末收养人数	人	20645	9586	10484	12216

14－8 优抚、救济情况

Persons Receiving Subsidies or Relief Funds

	2014 年	2015 年	2016 年	2017 年
优抚革命伤残人员（人）	8361	8512	9386	9496
抚恤人数（人）	9717	1328	1453	1395
#烈属抚恤	424	391	426	380
复退军人得到定期定量补助人数（人）	69213	70434	82462	93442

14－9　律师、公证、调解工作基本情况

Basic Statistics on Lawyers, Notarization and Mediation

<table>
<tr><th></th><th>单　位</th><th>2014 年</th><th>2015 年</th><th>2016 年</th><th>2017 年</th></tr>
<tr><td>律师工作</td><td></td><td></td><td></td><td></td><td></td></tr>
<tr><td>律师事务所</td><td>个</td><td>516</td><td>550</td><td>620</td><td>659</td></tr>
<tr><td>律师人员</td><td>人</td><td>8343</td><td>9086</td><td>10214</td><td>11641</td></tr>
<tr><td>#专职律师</td><td>人</td><td>8040</td><td>8733</td><td>9848</td><td>11024</td></tr>
<tr><td>民事诉讼代理</td><td>件</td><td>35558</td><td>39932</td><td>44335</td><td>57042</td></tr>
<tr><td>刑事诉讼辩护及代理</td><td>件</td><td>8880</td><td>9130</td><td>10205</td><td>8372</td></tr>
<tr><td>行政诉讼代理</td><td>件</td><td>994</td><td>1544</td><td>1725</td><td>4150</td></tr>
<tr><td>非诉讼法律事务</td><td>件</td><td>19410</td><td>22992</td><td>25816</td><td>22276</td></tr>
<tr><td>解答法律咨询</td><td>件</td><td>103695</td><td>110420</td><td>122120</td><td rowspan="2">141594</td></tr>
<tr><td>代写法律事务文书</td><td>件</td><td>14201</td><td>15660</td><td>17323</td></tr>
<tr><td>公证工作</td><td></td><td></td><td></td><td></td><td></td></tr>
<tr><td>公证机构</td><td>个</td><td>22</td><td>22</td><td>23</td><td>23</td></tr>
<tr><td>公 证 员</td><td>人</td><td>191</td><td>191</td><td>204</td><td>226</td></tr>
<tr><td>公证员助理</td><td>人</td><td>198</td><td>374</td><td>383</td><td>376</td></tr>
<tr><td>办理国内公证</td><td>件</td><td>427062</td><td>399787</td><td>202585</td><td>455810</td></tr>
<tr><td>办理涉外公证</td><td>件</td><td>55322</td><td>46254</td><td>23278</td><td>49830</td></tr>
<tr><td>办理涉港澳台公证</td><td>件</td><td>977</td><td>827</td><td>932</td><td>1027</td></tr>
<tr><td>公证费总收入</td><td>万元</td><td>16570</td><td>14741</td><td>8300</td><td>17083</td></tr>
</table>

注：按司法部的统一要求，从 2017 年开始，“解答法律咨询”和“代写法律事务文书”两项指标数据合并统计。

14－10 国内公证文书分类情况(2017年)

Domestic Notarial Documents by Type(2017)

单位:件

类　　别	数　量	类　　别	数　量
受　　理	**463727**	现场监督	831
出　　证	**455810**	保全证据	8220
合同(协议)	89427	财 产 权	8
#买卖合同	2506	收养关系	7
赠与合同	429	婚姻状况	37
委托合同	27	亲属关系	1409
担保合同	2026	其他有法律意义事实	152
财产分割协议	532	#出　　生	48
财产约定协议	1084	死　　亡	17
继　承	24688	签名(印鉴)	12361
单方法律行为	233512	文本相符	2138
#委　　托	197722	赋予执行效力	62237
声　　明	32391	抵押登记	9
赠　　与	292	其　　他	17375
遗　　嘱	2326	**终　　止**	**9**
保证(担保)	246	**未　　结**	**7909**
承诺(要约)	306	**撤　　销**	**1**

14－11　涉外及涉港澳台公证文书分类(2017年)

Foreign－related Notarial Documents Type(2017)

单位:件

类　　别	数　量	类　　别	数　量
涉外公证业务	**49830**	**涉港澳台公证业务**	**1027**
委　　托	1839	委　　托	21
声　　明	483	声　　明	19
收养关系	6	收养关系	
婚姻状况	273	婚姻状况	23
亲属关系	4407	亲属关系	217
出　　生	4685	出　　生	48
死　　亡	37	死　　亡	14
生存、居住	23	生存、居住	
学历(学位)	946	学历(学位)	13
经　　历	8	经　　历	
有无犯罪记录	4597	有无犯罪记录	16
其他有法律意义事实	275	其他有法律意义事实	5
证书(执照)	18567	证书(执照)	225
签名(印鉴)	1192	签名(印鉴)	143
文本相符	5770	文本相符	163
其　　他	5823	其　　他	64

14－12　基层法律服务情况

Law Service for Grassroots Units

	单　位	2016年	2017年		单　位	2016年	2017年
一、机构人员情况				代理诉讼事务	件	3782	4963
已建基层法律事务所	个	103	120	代理非诉讼事务	件	2291	1667
基层法律工作者	人	504	547	调解纠纷	件	13982	1590
二、全年工作情况				解答法律咨询	人次	60338	16672
担任法律顾问	家	995	457	办理法律援助事务	件	556	576

14－13　劳动仲裁受理及处理案件情况(2017 年)

Labor Disputes Accepted and Handled by labor Dispute Arbitration Committees(2017)

	单　位	合　　计	#国有企业	#城镇集体企业	#外商及港澳台投资企业	#私营企业
上期末结案件数	件	876	32		143	326
案件受理情况						
案 件 数	件	16816	678	45	549	10872
劳动者申述案件数	件	16430	665	44	506	10670
劳动者当事人人数	件	19744	766	56	659	13117
案件处理情况						
结案案件数	件	16719	505	45	676	10693
处理方式						
仲裁调解	件	5656	248	15	70	3392
仲裁裁决	件	8914	219	28	509	5752
其他方式	件	2149	38	2	97	1549
处理结果						
用人单位胜诉	件	2176	78	6	52	1433
劳动者胜诉	件	4167	110	6	56	2728
双方部分胜诉	件	7915	256	24	421	4881
本期末结案数	**件**	**973**	**205**		**16**	**505**

14－14　社会治安及交通、火灾情况

Basic Statistics of law－and－order Situation，Traffic Accidents and Fires

	单　位	2013 年	2014 年	2015 年	2016 年	2017 年
治安案件						
受理数	起	63239	70716	169058	212234	241469
查处数	起	42717	42805	138378	125480	158008
交通事故						
交通事故发生数	起	2325	2384	2132	1851	1752
死伤人数	人	2851	3008	2639	2213	2037
#死亡人数	人	653	652	616	672	647
直接经济损失	万元	559.6	585.5	772.9	673.4	569.4
火灾事故						
火灾事故发生数	起	7114	7721	8160	6629	6285
死伤人数	人	26	24	28	41	14
#死亡人数	人	10	11	26	28	10
直接财产损失	万元	1889.1	3873.8	3537.3	1814.2	3032.8

主要统计指标解释

等级运动员人数　指经考核正式批准授予等级运动员称号的人数。运动员等级分为国际级运动健将、运动健将、一级运动员、二级运动员、三级运动员、少年级运动员。

等级裁判员人数　指经考核正式批准授予等级裁判员称号的人数。裁判员等级分为国际裁判、国家级裁判、一级裁判、二级裁判、三级裁判。

体育场　指有400米跑道(中心含足球场),有固定跑道6条以上,并有固定看台的室外田径场地。以看台容纳观众人数分:甲级25000人以上,乙级15000－25000人,丙级5000－15000人,丁级5000人以下。体育馆指有固定看台,可供篮球、排球、羽毛球、乒乓球、体操等项目训练比赛活动用的室内运动场地。以看台容纳观众人数分:甲级6000人以上,乙级4000－6000人,丙级2000－4000人,丁级2000人以下。

医院　指名称为医院,设有固定床位能收容病人住院并能为病人提供医疗、护理服务的医疗机构。包括县及县以上医院、农村乡卫生院、其他医院三部分。按所属性质分为卫生部门、工业及其他部门,集体经济单位三类。其中县及县以上医院按业务性质分为综合医院和专科医院。

卫生技术人员　指卫生事业机构支付工资的全部固定职工和合同制职工中现任职务为卫生技术工作的专业人员。包括中医师、西医师、中西医结合高级医师、护师、中药师、西药师、检验师、其他技师、中医士、西医士、护士、助产士、中药剂士、西药剂士、检验士、其他技士、其他中医、护理员、中药剂员、西药剂员、检验员,其他初级卫生技术人员。

社会福利事业单位　指集中收养社会孤老、残、幼的机构。包括由民政部门管理的社会福利院、儿童福利院、精神病人福利院和城镇集体办的福利院,以及农村集体举办的敬老院。

律师　指受聘参加法律顾问处工作,担任法律顾问、刑(民)事代理人、刑事辩护人,办理非诉讼事件、解答法律询问,代写法律事务文书等主要从事律师业务的专职法律工作者和兼职律师。

十五　区（市）县

简 要 说 明

主要内容

本部分资料反映成都市各区（市）县经济、社会发展的基本情况，主要包括：土地、人口、地区生产总值、农业、工业、交通运输邮电、固定资产投资、社会消费品零售总额、财政金融、税收情况等主要社会经济情况。

资料来源

全市资料来源于成都市统计局和市级有关主管部门。

区（市）县资料，主要来源于各区（市）县统计局，部分资料来源于市级相关主管部门。

其他需要说明的问题

本部分各项指标均按辖区口径计算。

财政指标按分级核算口径计算，金融指标按金融业务统计口径计算。

本部分分区县指标均未列成都高新区和成都天府新区，且部分指标未列锦江、青羊、金牛、武侯、成华五区，故分项数据之和不等于全市数据合计。

2017年全市主要指标构成（%）

土地面积

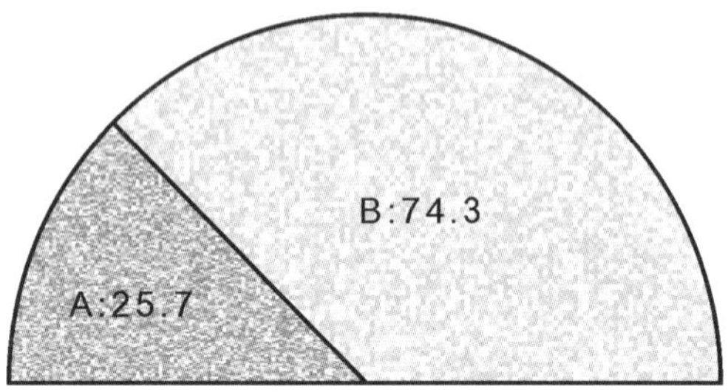

年末户籍总人口

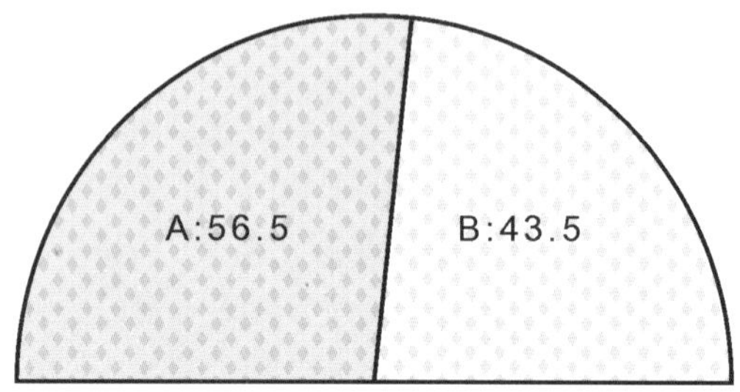

地区生产总值

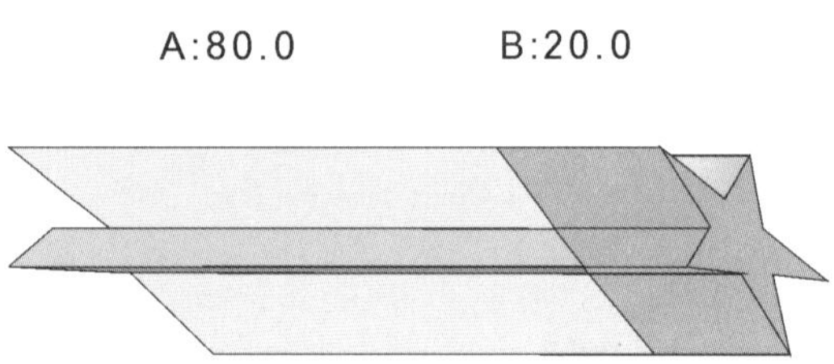

全社会固定资产投资

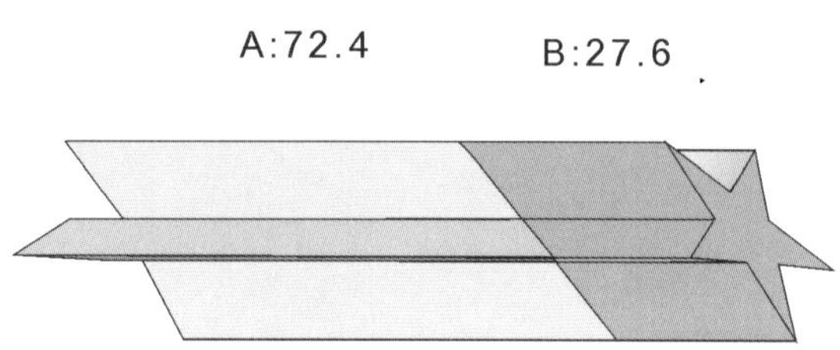

社会消费品零售总额

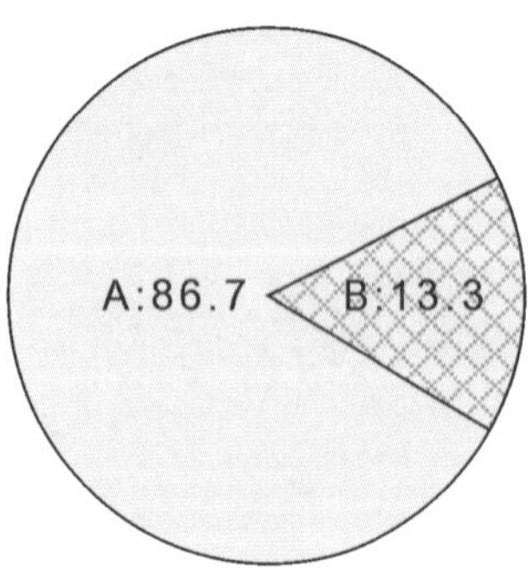

规模以上工业总产值

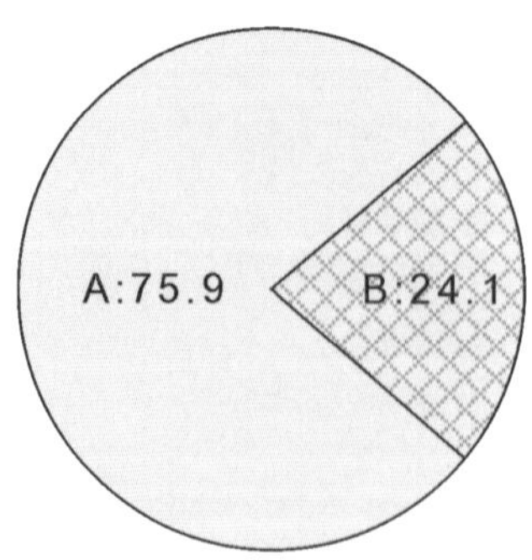

A：市区合计　　B：县（市）合计

15－1 区(市)县土地面积、户籍总户数和总人口数(2017年)

Land Area, Registered Households and Population in Districts, Cities at County Level and Counties(End of 2017)

	土地面积 (平方公里)	耕地面积 (公顷)	年末户籍总户数 (户)	年末户籍总人口 (人)	平均每户人口 (人)
全　市	**14335**	**525652**	**5506482**	**14353265**	**2.61**
#锦江区	61	861	220171	566398	2.57
青羊区	66	431	254356	690650	2.72
金牛区	108	814	305305	761409	2.49
武侯区	122	448	478829	1218132	2.54
成华区	108	1308	306862	760507	2.48
龙泉驿区	556	7928	263074	684808	2.60
青白江区	379	19016	188782	420966	2.23
新都区	496	25669	306048	771534	2.52
温江区	276	13459	184964	455119	2.46
双流区	1068	40851	433266	1185161	2.74
郫都区	437	20552	230752	600907	2.60
金堂县	1156	56774	345157	903048	2.62
大邑县	1284	29761	181853	511487	2.81
蒲江县	580	23740	119969	267781	2.23
新津县	329	15286	145360	317154	2.18
简阳市	2214	107795	511523	1493943	2.92
都江堰市	1208	26704	248310	622606	2.51
彭州市	1421	50804	298618	803014	2.69
邛崃市	1377	44375	230659	655025	2.84
崇州市	1089	39078	252624	663616	2.63

注:①本表中土地面积及耕地面积数据来源于市国土局2017年度土地变更调查上报国家数据,武侯区数据包含成都高新南区数据,双流区数据包含成都天府新区、中和、西航港数据,郫都区数据包含高新西区数据,简阳市数据包含高新东区12乡镇数据。②本表户籍人口数据中,武侯区含高新南、西区数据,双流区含成都天府新区数据,简阳市数据包含高新东区12乡镇数据。

15－2 历年区(市)县

Total Registered Population in Districts, Cities at County Level

年份	全市	锦江区	青羊区	金牛区	武侯区	成华区	龙泉驿区	青白江区	新都区
1949	50132						2102	1704	2920
1952	51196						2169	1801	3093
1957	59419						2047	2009	3415
1962	55134						2022	2158	3144
1965	60938						2268	2387	3495
1970	69521						2716	2850	4093
1975	78197						3186	3302	4597
1978	80606						3363	3449	4733
1979	81581						3369	3470	4753
1980	82254						3403	3488	4786
1981	83341						3455	3517	4850
1982	84325						3497	3545	4904
1983	84885						3508	3558	4934
1984	85400						3511	3563	4954
1985	86268						3535	3585	4988
1986	87473						3577	3627	5050
1987	88730						3625	3668	5125
1988	89857						3695	3665	5248
1989	90859						3697	3722	5290
1990	91950	3953	4438	4336	3486	4389	3729	3749	5323
1991	92773	3958	4474	4404	3563	4461	3779	3779	5388
1992	93686	3983	4498	4518	3664	4527	3837	3800	5460
1993	94730	4014	4561	4620	3786	4616	3915	3822	5541
1994	96039	4041	4608	4717	3917	4726	4291	3848	5642
1995	97160	4032	4665	4827	4057	4823	4505	3877	5716
1996	98074	3939	4581	5016	4689	4993	4586	3909	5782
1997	98919	3927	4578	5136	4893	5068	4655	3934	5829
1998	99700	3928	4595	5245	5028	5117	4731	3953	5874
1999	100356	3886	4593	5414	5156	5222	4792	3966	5893
2000	101335	3810	4568	5650	5338	5338	4848	4002	5959
2001	101990	3898	4587	5810	5483	5443	4920	4011	5976
2002	102848	3933	4669	6001	5742	5546	4996	4016	5989
2003	104431	3902	4650	6361	6217	5810	5108	4024	6048
2004	105969	3926	4780	6649	6540	5944	5251	4040	6130
2005	108203	3972	4996	6812	7330	6094	5380	3943	6387
2006	110340	3995	5124	6953	7955	6157	5646	4000	6501
2007	111228	3974	5231	6987	8147	6154	5724	4028	6587
2008	112496	4023	5374	6991	8358	6192	5805	4068	6671
2009	113963	4114	5540	7117	8622	6321	5880	4086	6755
2010	114907	4234	5679	7178	9435	6433	5923	4106	6829
2011	116328	4386	5860	7227	9594	6605	5988	4139	6905
2012	117335	4539	6011	7318	9831	6750	6038	4134	6965
2013	118799	4706	6188	7408	10086	6881	6149	4149	7023
2014	121074	4929	6405	7538	10502	7078	6320	4167	7186
2015	122805	5116	6561	7560	10860	7228	6434	4177	7336
2016	139893	5375	6722	7607	11252	7382	6598	4196	7483
2017	143533	5664	6907	7614	12181	7605	6848	4210	7715

注:本表中,武侯区含高新南、西区数据,双流区含成都天府新区数据,简阳市数据包含高新东区 12 乡镇数据。

年末户籍人口数

and Counties over the Years(Year － end)

单位:百人

温江区	双流区	郫　县	金堂县	大邑县	蒲江县	新津县	简阳市	都江堰市	彭州市	邛崃市	崇州市
1454	6727	2553	4431	3008	1233	1566		3044	4089	3795	4061
1550	5938	2642	4768	3096	1316	1703		3173	4378	4003	4220
1678	5716	2815	5212	3467	1496	1874		3509	4968	4528	4475
1485	4498	2461	4966	2809	1346	1618		3177	4664	3771	4032
1656	5043	2737	5412	3163	1521	1800		3650	5172	4089	4318
1990	5800	3245	6287	3718	1848	2111		4234	6024	4832	5055
2256	7308	3704	7163	4289	2177	2432		4666	6603	5592	5537
2331	7443	3803	7424	4366	2238	2488		4761	6753	5752	5634
2350	7552	3840	7470	4375	2248	2500		4798	6781	5764	5662
2370	7617	3869	7487	4391	2259	2524		4817	6817	5781	5705
2398	7751	3916	7540	4437	2287	2556		4868	6884	5827	5752
2441	7837	3943	7593	4480	2308	2576		4919	6950	5852	5796
2458	7863	3955	7609	4494	2313	2584		4949	6968	5879	5823
2467	7899	3959	7605	4497	2323	2591		4989	6977	5895	5847
2499	7952	3992	7652	4515	2354	2612		5044	7026	5914	5888
2498	8071	3995	7711	4562	2389	2639		5109	7120	5962	5942
2520	8190	4034	7790	4616	2412	2668		5191	7218	6019	6003
2555	8301	4070	7868	4652	2430	2691		5271	7271	6067	6067
2591	8451	4110	7951	4694	2437	2711		5326	7322	6110	6141
2650	8494	4212	8053	4737	2454	2728		5429	7381	6188	6221
2685	8554	4245	8108	4762	2463	2743		5492	7427	6223	6264
2755	8618	4271	8142	4794	2472	2766		5545	7469	6273	6294
2848	8693	4312	8173	4813	2478	2784		5602	7517	6298	6335
2897	8730	4355	8189	4837	2492	2797		5682	7559	6330	6381
2933	8790	4412	8226	4861	2522	2819		5728	7592	6362	6413
2977	8401	4475	8263	4883	2533	2838		5773	7607	6382	6448
3008	8457	4557	8295	4910	2537	2851		5804	7619	6402	6458
3039	8518	4627	8331	4924	2545	2865		5849	7652	6410	6468
3052	8543	4662	8373	4931	2550	2882		5874	7691	6409	6467
3056	8616	4709	8446	4961	2563	2895		5944	7740	6398	6462
3066	8667	4758	8438	4961	2563	2900		5946	7726	6386	6451
3087	8698	4804	8448	4966	2564	2907		5955	7722	6361	6444
3137	8846	4833	8448	4968	2559	2920		5971	7782	6354	6493
3194	9064	4883	8455	4990	2566	2938		5984	7774	6353	6508
3293	9269	4696	8536	5061	2575	2966		6025	7788	6447	6633
3384	9281	4843	8619	5137	2610	2993		6104	7837	6514	6687
3439	9389	4947	8650	5149	2605	3019		6090	7947	6506	6656
3535	9485	5017	8764	5167	2620	3048		6118	7996	6561	6702
3649	9661	5045	8833	5175	2630	3063		6096	8034	6600	6741
3699	9200	5086	8845	5180	2630	3078		6096	8002	6582	6692
3776	9421	5135	8890	5186	2637	3087		6118	8053	6605	6718
3833	9600	5187	8904	5120	2635	3080		6138	8035	6561	6658
3904	9781	5262	8918	5127	2649	3100		6157	8062	6568	6680
4039	10097	5425	8938	5122	2664	3117		6193	8085	6572	6699
4153	10388	5586	8920	5118	2678	3130		6205	8081	6587	6686
4299	10721	5752	8998	5137	2683	3153	14991	6228	8050	6566	6703
4551	11852	6009	9030	5115	2678	3172	14939	6226	8030	6550	6636

15－3 区(市)县户籍人口自然变动情况(2017年)

Statistics on Natural Changes of Registered Population in Districts, Cities at County Level and Counties(2017)

	出生人口(人)	死亡人口(人)	出生率(‰)	死亡率(‰)	自然增长率(‰)
全　市	**196772**	**187430**	**13.89**	**13.23**	**0.66**
#锦江区	8353	8107	15.13	14.69	0.45
青羊区	9411	10521	13.81	15.44	－1.63
金牛区	8477	13114	11.14	17.23	－6.09
武侯区	19846	12522	16.94	10.69	6.25
成华区	10102	9101	13.48	12.15	1.34
龙泉驿区	11921	6963	17.73	10.36	7.37
青白江区	4772	4274	11.35	10.17	1.18
新都区	11406	8095	15.01	10.65	4.36
温江区	7804	4660	17.64	10.53	7.11
双流区	20779	11703	18.41	10.37	8.04
郫都区	9913	6165	16.86	10.48	6.37
金堂县	11759	10447	13.05	11.59	1.46
大邑县	5739	7255	11.20	14.15	－2.96
蒲江县	3300	3554	12.31	13.26	－0.95
新津县	3853	2563	12.18	8.11	4.08
简阳市	19149	29945	12.80	20.01	－7.21
都江堰市	7011	8263	11.26	13.27	－2.01
彭州市	8805	8967	10.95	11.15	－0.20
邛崃市	7165	8177	10.93	12.47	－1.54
崇州市	7207	13034	10.81	19.54	－8.74

注:本表中,武侯区含高新南、西区数据,双流区含成都天府新区数据,简阳市数据包含高新东区12乡镇数据。

15－4 区(市)县户籍人口机械变动情况(2017年)

Moving Changes of Registered Population in Districts, Cities at County Level and Counties(2017)

	迁入人口(人)	迁出人口(人)	迁入率(‰)	迁出率(‰)	机械变动增长率(‰)
全　市	**474072**	**119446**	**33.45**	**8.43**	**25.02**
#锦江区	28330	5779	51.33	10.47	40.86
青羊区	30692	9845	45.04	14.45	30.59
金牛区	24316	7156	31.95	9.40	22.55
武侯区	95282	22057	81.32	18.83	62.50
成华区	33112	6315	44.19	8.43	35.76
龙泉驿区	27116	7041	40.33	10.47	29.86
青白江区	4087	3244	9.72	7.72	2.01
新都区	24640	4672	32.43	6.15	26.28
温江区	27705	5617	62.61	12.69	49.92
双流区	112589	8610	99.76	7.63	92.13
郫都区	28783	6784	48.95	11.54	37.41
金堂县	6718	4739	7.45	5.26	2.20
大邑县	2283	3025	4.45	5.90	－1.45
蒲江县	1271	1527	4.74	5.70	－0.96
新津县	2469	1875	7.81	5.93	1.88
简阳市	12118	6453	8.10	4.31	3.79
都江堰市	5151	4062	8.27	6.52	1.75
彭州市	2649	4443	3.29	5.53	－2.23
邛崃市	2512	3103	3.83	4.73	－0.90
崇州市	2249	3099	3.37	4.65	－1.27

注:本表中,武侯区含高新南、西区数据,双流区含成都天府新区数据,简阳市数据包含高新东区12乡镇数据。

15－5 区(市)县婚姻、计划生育情况(2017年)

Matrimony and Family Planning in Districts, Cities at County Level and Counties(2017)

	结婚登记人数 (人)	离婚登记人数 (人)	符合政策生育率 (%)	一孩率 (%)
全　市	**262222**	**164342**	**99.54**	**56.01**
#锦江区	10716	7962	99.88	60.79
青羊区	14806	8478	99.89	61.16
金牛区	13668	9348	99.58	62.37
武侯区	30364	9458	99.64	59.85
成华区	13314	10828	99.49	60.37
龙泉驿区	14368	8508	99.71	53.88
青白江区	7468	5472	99.59	55.76
新都区	12890	8472	99.65	54.28
温江区	7906	5462	99.73	52.42
双流区	26052	16478	99.57	49.80
郫都区	10030	6858	99.88	53.04
金堂县	15552	8106	98.98	53.25
大邑县	8326	5422	99.77	55.87
蒲江县	4448	2210	99.81	55.73
新津县	5736	3554	99.51	53.60
简阳市	21242	10694	98.96	55.70
都江堰市	10118	6724	99.26	54.08
彭州市	12616	8152	99.74	56.09
邛崃市	11902	6732	99.43	56.75
崇州市	10700	6398	99.65	56.62

注:本表中武侯区数据包含成都高新区数据,双流区数据包含成都天府新区数据。

15－5 续表

	已婚育龄妇女人数 (人)	已婚育龄妇女中一孩妇女人数 (人)	综合避孕率 (%)
全　　市	**2726248**	**1951681**	**79.68**
#锦 江 区	79720	58547	78.98
青 羊 区	111598	85646	80.52
金 牛 区	118176	85281	84.65
武 侯 区	267229	178459	77.98
成 华 区	106944	78548	75.16
龙泉驿区	142318	104808	75.98
青白江区	87007	65697	83.76
新 都 区	189376	135501	84.30
温 江 区	89288	67488	84.90
双 流 区	216669	157697	78.37
郫 都 区	116885	90984	75.11
金 堂 县	180262	108663	80.14
大 邑 县	109486	84795	84.76
蒲 江 县	56251	44483	80.40
新 津 县	65273	50161	78.05
简 阳 市	234098	125024	81.75
都江堰市	127521	99289	84.93
彭 州 市	159478	122156	70.01
邛 崃 市	134521	100497	78.07
崇 州 市	134148	107957	80.37

注:本表中武侯区数据包含成都高新区数据,双流区数据包含成都天府新区数据。

15－6　区(市)县地区生产总值(2017年)

Gross Domestic Product in Districts, Cities at County Level and Counties(2017)

单位:万元

	地区生产总值	第一产业	第二产业	#工　业	第三产业
全　市	**138893940**	**5008695**	**59981888**	**52171849**	**73903357**
#锦江区	9318367	6507	1035154	649601	8276706
青羊区	10569089	419	1743724	981068	8824946
金牛区	10610481	853	2211966	1204981	8397662
武侯区	9723583	70	1961955	1422013	7761558
成华区	8483354	852	1540831	1313306	6941671
龙泉驿区	12008762	279754	9268428	8959937	2460580
青白江区	4215221	150961	2994585	2856264	1069675
新都区	7226659	278771	4299471	4032919	2648417
温江区	4879666	187897	2460799	2358019	2230970
双流区	7437894	152443	4319849	4112380	2965602
郫都区	5250315	235069	3056012	2824996	1959234
金堂县	3749932	464107	1765791	1183162	1520034
大邑县	2306715	352877	1009743	866712	944095
蒲江县	1359525	194273	701873	632050	463379
新津县	3014416	176343	1789114	1685980	1048959
简阳市	4136870	622220	2257339	2084824	1257311
都江堰市	3485014	271677	1275805	803894	1937532
彭州市	4125759	512114	2382841	2307991	1230804
邛崃市	2643903	376877	1262370	1110611	1004656
崇州市	3003972	361943	1487520	1167050	1154509

15－7 区(市)县地区生产总值发展速度(2017年)

Development Rates of Gross Domestic Product in Districts, Cities at County Level and Counties(2017)

单位:%

	地区生产总值	第一产业	第二产业	#工业	第三产业
全市	**108.1**	**103.9**	**107.5**	**108.4**	**108.9**
#锦江区	108.0	100.5	104.0	107.0	108.5
青羊区	107.7	113.1	105.1	105.5	108.2
金牛区	107.7	99.5	106.5	103.6	108.0
武侯区	108.0	107.5	107.4	103.4	108.2
成华区	108.1	90.8	103.9	108.0	109.0
龙泉驿区	109.0	103.4	108.5	108.8	111.6
青白江区	108.9	103.9	107.5	108.3	114.0
新都区	108.9	103.8	107.6	108.6	111.5
温江区	109.1	103.5	108.7	108.9	110.1
双流区	108.8	103.7	108.4	108.8	109.6
郫都区	108.0	103.6	108.6	109.1	107.5
金堂县	110.9	105.0	112.2	113.9	111.3
大邑县	108.4	104.4	109.9	111.1	108.3
蒲江县	110.4	104.7	112.3	113.0	110.0
新津县	110.5	104.6	110.6	112.5	111.5
简阳市	108.0	104.0	107.4	107.8	111.3
都江堰市	108.7	105.1	106.9	109.0	110.5
彭州市	108.9	104.9	109.2	109.8	110.3
邛崃市	110.7	104.5	112.6	114.6	110.9
崇州市	110.5	105.2	112.3	115.6	109.9

注:发展速度以上年度为基期,按可比价格计算。

15－8　区(市)县农林牧渔业总产值

Gross Output Value of Farming, Forestry, Animal Husbandry and Fishery in Districts, Cities at County Level and Counties

单位:万元

	1978 年	1980 年	1990 年	2000 年	2010 年	2016 年	2017 年
全　市	**157073**	**171518**	**601911**	**1977360**	**4701886**	**8412540**	**8788670**
#龙泉驿区	8551	8402	31264	156929	442929	522835	539464
青白江区	6540	7591	21574	67411	165317	258054	268447
新 都 区	11133	12687	44402	129089	287293	457753	479140
温 江 区	7369	7765	21371	74367	209485	291461	304717
双 流 区	17079	19464	54809	200855	528510	265324	273080
郫 都 区	11108	10958	36945	127977	286232	398465	416513
金 堂 县	13567	14985	56926	179171	468581	768104	812637
大 邑 县	7492	9645	35912	112632	329418	586614	613107
蒲 江 县	5380	6322	22200	74275	221831	319073	332748
新 津 县	4924	5745	19173	80910	203064	316188	327871
简 阳 市						1321871	1073771
都江堰市	10492	11948	40924	131933	252159	449899	473346
彭 州 市	14812	17203	61611	195610	463405	824311	869419
邛 崃 市	10485	13377	52290	171294	403475	653380	684262
崇 州 市	14852	16075	54908	158879	393963	583079	622036

15－9 区(市)县农林牧渔业总产值(2017年)

Gross Output Value of Farming, Forestry, Animal Husbandry and Fishery in Districts, Cities at County Level and Counties(2017)

单位:万元

	总　计	其　中:				
		农　业	林　业	牧　业	渔　业	农林牧渔服务业
全　市	**8788670**	**4901751**	**189417**	**3156710**	**297255**	**243537**
#锦江区	10807	10807				
青羊区	608	608				
金牛区	1254	1254				
武侯区	104	104				
成华区	1484	1484				
龙泉驿区	539464	369587	66652	27639	31697	43889
青白江区	268447	169108	1604	74859	5140	17736
新都区	479140	281658	1613	164736	6959	24174
温江区	304717	287280	363	8283	3689	5102
双流区	273080	176624	1428	80580	8583	5865
郫都区	416513	377052	791	19612	2777	16281
金堂县	812637	513788	8076	235009	18277	37487
大邑县	613107	216413	13126	348621	22891	12056
蒲江县	332748	168156	602	149219	8957	5814
新津县	327871	129473	2570	169958	19097	6773
简阳市	1073771	419213	27135	568721	41459	17243
都江堰市	473346	164584	40743	216052	24836	27131
彭州市	869419	536443	8997	309504	8580	5895
邛崃市	684262	256486	32643	367455	11240	16438
崇州市	622036	272672	10778	300323	15907	22356

15－10　区(市)县农林牧渔业总产值构成(2017年)

Gross Output Value of Farming, Forestry, Animal Husbandry and Fishery in Districts, Cities at County Level and Counties and Its Composition(2017)

单位:%

	总　计	其　中:				
		农　业	林　业	牧　业	渔　业	农林牧渔服务业
全　市	**100.0**	**55.8**	**2.1**	**35.9**	**3.4**	**2.8**
#锦 江 区	100.0	100.0				
青 羊 区	100.0	100.0				
金 牛 区	100.0	100.0				
武 侯 区	100.0	100.0				
成 华 区	100.0	100.0				
龙泉驿区	100.0	68.5	12.4	5.1	5.9	8.1
青白江区	100.0	63.0	0.6	27.9	1.9	6.6
新 都 区	100.0	58.8	0.3	34.4	1.5	5.0
温 江 区	100.0	94.3	0.1	2.7	1.2	1.7
双 流 区	100.0	64.7	0.5	29.5	3.1	2.2
郫 都 区	100.0	90.5	0.2	4.7	0.7	3.9
金 堂 县	100.0	63.2	1.0	28.9	2.3	4.6
大 邑 县	100.0	35.3	2.1	56.9	3.7	2.0
蒲 江 县	100.0	50.5	0.2	44.8	2.7	1.8
新 津 县	100.0	39.5	0.8	51.8	5.8	2.1
简 阳 市	100.0	39.0	2.5	53.0	3.9	1.6
都江堰市	100.0	34.8	8.6	45.6	5.3	5.7
彭 州 市	100.0	61.7	1.0	35.6	1.0	0.7
邛 崃 市	100.0	37.5	4.8	53.7	1.6	2.4
崇 州 市	100.0	43.8	1.7	48.3	2.6	3.6

15－11 区(市)县年末生猪存栏数

Number of Living Hogs in Districts, Cities at County Level and Counties

单位:头

	1978 年	1980 年	1990 年	2000 年	2010 年	2016 年	2017 年
全　市	**4590063**	**5421991**	**5329303**	**4331741**	**5246321**	**4579957**	**3906802**
#锦 江 区				26742	1760		
青 羊 区				32740	704		
金 牛 区	269677	283544	277319	61134	4023		
武 侯 区				20923	1250		
成 华 区				56027	11183		
龙泉驿区	227517	241606	268666	172649	129369	47725	4799
青白江区	235256	267619	248464	202242	171770	87667	73454
新 都 区	355193	400301	322210	234262	227812	108088	99028
温 江 区	167215	214417	249651	200312	129670	10436	7472
双 流 区	542336	593404	533261	323112	433775	129259	67749
郫 都 区	261455	344499	344841	261861	147096	44853	9720
金 堂 县	502264	575928	552860	584138	587166	483374	458315
大 邑 县	274919	323895	322571	313159	596314	442259	348523
蒲 江 县	149605	190968	207639	148680	430819	473591	412863
新 津 县	157642	181843	202910	172552	201232	163471	153463
简 阳 市						722875	548779
都江堰市	284847	379640	332703	253086	283269	241352	240213
彭 州 市	434814	518500	486550	373744	447449	296856	200679
邛 崃 市	354797	436806	493786	550662	831801	701845	636708
崇 州 市	372526	469021	485872	310862	597660	487764	462176

15－12 历年区(市)县

Total Grain Yield in Districts, Cities at

年 份	全 市	龙泉驿区	青白江区	新都区	温江区	双流区	郫都区	金堂县
1949	1273658	57550	59710	88810	60890	155510	96710	95544
1957	1870274	78905	71760	140335	76055	193463	143020	133102
1962	1372761	48095	60370	111510	59295	117443	113790	113043
1965	1917783	82975	77990	145530	86535	189340	145745	147963
1970	2339406	107370	100345	173055	98385	240780	169290	192538
1975	2539669	132180	113290	205800	112030	286099	180380	211019
1978	2948539	156920	126085	214775	125870	332503	208028	245199
1979	3104080	159605	131755	222950	126965	335998	216370	260504
1980	3051394	156495	130740	217670	130160	344047	212992	282109
1981	3010770	149550	117340	214290	133645	330815	217861	216615
1982	3526560	171495	144160	259995	143555	399362	250940	315752
1983	3712175	180210	153415	262570	147915	412318	258840	351130
1984	3593555	186975	151900	260585	151175	389172	237195	345765
1985	3447355	176890	151670	241675	138715	372821	233170	339120
1986	3577317	170335	149669	250441	150124	387088	254201	315512
1987	3538924	171232	142942	252429	150438	372897	250029	327089
1988	3295664	155911	137991	230236	143431	338568	234655	317010
1989	3567994	176466	148740	252453	151220	386346	243844	346236
1990	3817016	187058	153745	273361	158486	416971	269136	349793
1991	3922619	189782	161912	275714	164900	437011	279412	337694
1992	3990512	196678	165086	276635	166593	437509	274367	362942
1993	3975301	170404	161258	281046	166691	435888	285296	356033
1994	3972979	170500	160438	281676	167179	429424	294634	359200
1995	3989688	172587	163254	283686	168309	432569	292139	365046
1996	4006090	172782	166824	285593	169260	428096	292192	367342
1997	4020984	172240	160677	271665	168885	422736	296379	371452
1998	4038582	171150	162409	282547	164785	422402	296462	371929
1999	3970178	165061	163377	272092	161227	413132	280063	377661
2000	3637072	125018	155671	263925	137437	371383	242205	332631
2001	3107297	102928	132257	203563	108864	295681	190756	252783
2002	2990804	74601	137962	221015	94565	294670	179377	267163
2003	2651189	52482	132909	190036	64655	258602	153472	255478
2004	2760346	50572	146918	198342	67614	286070	152593	297327
2005	2599076	52520	145605	190395	63384	280497	150596	289811
2006	2651040	51623	139262	204927	58219	286652	158822	246687
2007	2701146	51907	145962	205708	59155	289231	165640	293701
2008	2745143	54231	149814	209829	59692	294963	171180	318878
2009	2788817	54003	150351	210659	60369	300301	175134	321660
2010	2747776	51405	148899	209442	56729	273271	163353	326138
2011	2654293	49956	134886	211155	52568	259005	116498	338748
2012	2499921	35628	117353	212410	15237	232671	94883	306946
2013	2431075	33292	115205	212799	12969	222737	81816	309601
2014	2370496	30909	110422	206960	10524	216236	68142	323194
2015	2301516	29573	111269	196814	8299	193848	62083	326178
2016	2904358	27059	111793	194352	8467	85058	57504	319731
2017	2730947	19830	113707	191332	8504	72419	55626	295617

粮食总产量

County Level and Counties over the Years

单位:吨

大邑县	蒲江县	新津县	简阳市	都江堰市	彭州市	邛崃市	崇州市
75875	45605	33236	174031	101460	124925	84518	123315
128010	67785	65255	238217	134295	196350	158475	175080
84485	38920	50760	169162	86890	157220	116005	141805
120985	70416	69520	251624	126710	195426	168310	184650
149085	91463	80790	349233	148285	247711	189582	217030
148625	88997	90615	365123	152380	264658	188039	216935
199850	111516	106445	428200	184225	285237	235438	257410
214815	122845	109540	443400	193885	310418	263125	274605
205680	118195	110580	539300	178835	301665	255510	253870
215440	118410	110780	475900	194610	300280	264850	265050
235555	129885	119585	580500	229930	346225	304285	307650
250610	138665	127180	632500	232225	361250	330420	332155
246620	121865	120160	623545	227700	340340	285205	350950
233360	118675	121125	623197	211835	305105	299070	339110
247259	127790	126652	656974	227581	328326	330838	350705
241526	132989	127762	678819	225417	309278	332162	345083
218718	133310	108674	615223	210891	292780	304775	318577
235544	139559	123681	687085	222647	324015	327406	332982
275918	143934	129562	702326	255716	349609	337250	357397
287890	146927	138606	721701	264161	364937	348013	367756
284728	151119	142771	725221	260557	387642	358200	369807
281348	151772	147093	572417	254986	397966	370004	369954
261279	152325	147088	633400	262847	406035	363781	379303
262324	154798	147235	711947	266579	408556	365198	379393
270120	156592	148136	713219	266596	412617	370222	379571
279322	159730	151981	714018	266650	417795	379689	385032
281596	160116	151657	714581	266630	420124	385655	385121
285908	155956	147584	759912	265568	420388	378772	383309
276013	138363	139069	735233	239895	404117	360011	369538
255617	124296	122791	563767	222914	363450	333414	339302
255130	125761	118590	685844	198826	326228	313898	333583
238507	121433	115859	576724	174009	267105	294200	296323
235869	127243	120000	660116	169614	279401	295008	302323
205720	113161	114633	699915	151166	263728	261480	293604
211730	118752	119695	556924	168494	285796	269937	314051
212449	121236	122503	575640	159407	265181	277761	320143
214798	122264	123734	585855	159044	253719	282574	323139
216043	123010	124891	584869	167487	271095	283030	324925
211287	121973	123565	595402	168943	276703	274831	327712
202984	120230	113361	609523	168246	280669	273835	323534
203320	116470	108828	616626	169220	285514	275349	321085
202674	100635	105095	653029	167326	285686	277879	300467
195163	99890	105041	657129	158064	287694	275858	281042
191874	85615	103938	661291	152075	288255	277371	273389
196280	53179	103323	667293	146904	286028	276648	273085
186928	50690	102692	453384	128280	284481	279405	273950

15 - 13 区(市)县农林牧渔业主要产品产量

Yield of Major Farm Crops in Districts, Cities at County Level and Counties

单位:吨

	稻谷产量		小麦产量		油菜籽产量	
	2016 年	2017 年	2016 年	2017 年	2016 年	2017 年
全　市	**1591071**	**1509320**	**395706**	**325463**	**298745**	**313589**
#锦 江 区						30
青 羊 区	47	43				39
金 牛 区	134	69			117	72
武 侯 区						
成 华 区	307	166				
龙泉驿区	6252	4529	66	31	3948	3575
青白江区	55747	56015	17483	16940	11461	11749
新 都 区	145226	143594	38260	36865	20910	17331
温 江 区	7858	8025	133	27	1398	608
双 流 区	39472	51633	10158	9124	8175	8644
郫 都 区	47008	46517	5523	3713	10032	8506
金 堂 县	100316	93990	54625	35581	30753	39652
大 邑 县	128760	117152	32420	35673	12078	10263
蒲 江 县	14753	14332			15673	14679
新 津 县	74435	74634	15454	14625	9819	9618
简 阳 市	189964	122380	116472	32585	58014	69978
都江堰市	111029	100873	22266	14492	21824	23873
彭 州 市	212570	213368	13325	11435	16369	16579
邛 崃 市	186709	177360	22943	35923	37470	24996
崇 州 市	200489	201552	46071	45538	24719	25366

15－13 续表1

单位:吨

	蔬菜产量		水果产量		禽蛋产量	
	2016年	2017年	2016年	2017年	2016年	2017年
全 市	**6373555**	**6357943**	**1504345**	**1579492**	**199606**	**187828**
#锦江区	468	585	3	6		
青羊区	862	1225				
金牛区	3722	3799				
武侯区	390	403				
成华区	6657	4067	88	139		
龙泉驿区	255605	204067	232131	218020	4124	1142
青白江区	183553	212796	29278	33234	6682	6319
新都区	304122	300914	26789	26989	12467	12112
温江区	57791	52369	88	144	4180	1543
双流区	215490	219997	22142	21336	1904	1605
郫都区	736297	683010	8726	9595	2206	1155
金堂县	1057035	1051481	248644	254027	23876	23984
大邑县	270915	271208	37085	43373	23541	21730
蒲江县	200511	193269	329545	347941	3466	3438
新津县	225384	232500	41660	45386	12410	12118
简阳市	493591	453185	146569	135361	32047	25154
都江堰市	222783	245910	40174	50617	9391	9072
彭州市	1309771	1306871	32095	26502	14834	13282
邛崃市	323420	318886	90325	101506	11758	11733
崇州市	309180	329134	26762	27657	34451	36566

15－13 续表2

	水产品（吨）		出栏生猪头数（头）		出栏羊只数（只）	
	2016 年	2017 年	2016 年	2017 年	2016 年	2017 年
全　　市	**146230**	**161200**	**8115283**	**7639433**	**1314335**	**1285408**
#锦 江 区						
青 羊 区						
金 牛 区	350	80				
武 侯 区						
成 华 区	360	280				
龙泉驿区	10060	10450	134832	67662	9403	6858
青白江区	4110	4930	194496	183934	15513	14756
新 都 区	2320	2570	192303	182223	690	655
温 江 区	1158	1170	88421	32710		
双 流 区	21600	22460	194977	196770	22222	8539
郫 都 区	1210	1450	94840	66473		563
金 堂 县	12266	14560	658990	636659	224794	232160
大 邑 县	9750	10780	742623	669852	41733	38802
蒲 江 县	7400	7700	651417	645186	6481	6160
新 津 县	11456	12290	342512	335239	9510	9499
简 阳 市	32000	37190	1178592	935880	907090	695668
都江堰市	1270	1510	466898	497317	9987	10104
彭 州 市	4650	4830	570060	539757	7305	8961
邛 崃 市	14070	16330	1468094	1380811	24515	21250
崇 州 市	11700	12620	848770	850723	20500	22179

15－13 续表 3

单位:吨

	肉类总产量		#猪肉		牛奶	
	2016 年	2017 年	2016 年	2017 年	2016 年	2017 年
全　市	**783508**	**736362**	**571397**	**538669**	**104492**	**86327**
#锦江区						
青羊区						
金牛区						
武侯区						
成华区						
龙泉驿区	11549	5463	9245	4300	1025	181
青白江区	15191	14394	12183	11558	8506	8714
新都区	21153	20253	13605	12896	11160	10752
温江区	6761	2579	5471	2108		27
双流区	19184	16962	13653	13791	6224	1220
郫都区	8559	5838	6743	4751	6732	3142
金堂县	72094	71115	47039	45452	13728	10120
大邑县	73222	65725	53478	48236	391	232
蒲江县	56473	55946	46648	46209	4	5
新津县	41695	41277	21239	20788	1653	1655
简阳市	116860	94409	84277	67027	8320	5452
都江堰市	47722	49841	33619	35879	1782	1836
彭州市	59841	56476	40593	38364	8925	8682
邛崃市	124778	114134	103682	97513	27839	25783
崇州市	78772	79748	59715	60146	7237	6735

15－14 历年区(市)县

Per Capita Disposable Income of Rural Residents in Districts,

年　份	全　市	龙泉驿区	青白江区	新都区	温江区	双流区	郫都区	金堂县
1949	32	30	23	24	45	40	42	21
1957	54	62	35	56	80	72	77	34
1962	44	43	47	53	66	58	62	35
1965	67	71	57	87	103	65	101	50
1970	82	80	74	124	125	72	120	63
1975	90	93	80	132	132	80	135	61
1978	140	155	129	156	176	130	168	138
1979	175	179	142	202	204	141	188	144
1980	223	221	187	259	262	192	238	151
1981	276	194	133	303	304	227	281	156
1982	310	260	195	374	323	265	325	197
1983	334	298	213	375	373	305	359	236
1984	366	308	280	459	392	343	405	278
1985	413	359	357	492	433	378	457	310
1986	458	470	420	549	490	435	493	343
1987	526	528	467	625	553	507	552	390
1988	632	570	526	684	624	596	584	443
1989	693	790	598	746	702	650	667	502
1990	773	692	649	876	791	690	707	552
1991	832	831	755	987	880	745	821	609
1992	903	944	820	1067	969	850	868	660
1993	1029	1046	906	1167	1128	1029	1036	777
1994	1303	1378	1160	1498	1560	1375	1415	1081
1995	1649	1703	1463	1769	1891	1771	1844	1424
1996	2051	2047	1815	2202	2318	2226	2190	1808
1997	2427	2499	2196	2417	2556	2578	2555	2187
1998	2631	2699	2418	2623	2763	2808	2771	2390
1999	2783	2881	2570	2793	2936	2979	2942	2543
2000	2926	3041	2713	2943	3092	3141	3098	2686
2001	3178	3268	2944	3114	3298	3308	3270	2804
2002	3377	3493	3141	3345	3527	3517	3480	2951
2003	3655	3755	3351	3661	3838	3831	3782	3123
2004	4072	4207	3787	4141	4345	4293	4210	3482
2005	4485	4679	4175	4605	4864	4767	4700	3834
2006	4905	5124	4552	5033	5351	5227	5156	4143
2007	5642	5934	5231	5803	6245	6079	5996	4690
2008	6481	7255	6236	7086	7611	7129	7320	5410
2009	7129	7901	6767	7699	8264	7718	7944	5800
2010	8205	9248	7871	8985	10007	9030	9271	6699
2011	9895	11079	9369	10800	12028	10818	11107	8215
2012	11501	12554	10612	12256	13628	12262	12595	9409
2013	12985	14098	12045	13800	15345	13758	14132	10670
2014	14478	15649	13551	15345	17125	15299	15701	12078
2015	17690	21640	17812	19349	21508	20610	20400	14765
2016	18605	23501	19380	21071	23401	22609	22134	16212
2017	20298	25593	21085	22926	25437	24772	24060	17720

农村居民人均可支配收入

Cities at County Level and Counties over the Years

单位:元

大邑县	蒲江县	新津县	简阳市	都江堰市	彭州市	邛崃市	崇州市
38	22	23		33	37	29	32
66	32	48		67	70	52	52
63	36	39		45	48	36	41
80	59	54		66	65	60	64
110	79	68		73	83	68	75
111	83	70		75	85	60	67
136	135	151		121	131	122	131
187	195	206		172	181	135	154
198	202	225		197	229	208	224
247	257	291		262	271	237	272
340	341	327		278	309	253	321
377	351	329		315	350	264	354
384	359	346		347	366	345	422
442	417	435		399	404	429	438
464	459	470		456	466	477	500
501	505	553		503	543	522	609
611	559	595		622	671	644	688
711	626	630		666	696	684	719
754	651	635		692	742	711	819
803	788	773		777	831	754	846
891	859	865		835	915	832	884
1066	950	968		1020	1026	941	1044
1327	1220	1330		1330	1347	1227	1326
1654	1544	1710		1758	1763	1580	1682
2034	1909	2087		2219	2195	1944	2100
2343	2188	2420		2434	2487	2209	2447
2572	2443	2635		2636	2710	2420	2652
2737	2596	2787		2788	2841	2572	2803
2887	2739	2933		2933	2984	2715	2946
3060	2898	3072		3193	3062	2886	3075
3252	3093	3248		3389	3257	3070	3269
3438	3300	3558		3609	3485	3251	3502
3872	3708	4013		4038	3847	3622	3899
4282	4130	4462		4466	4262	4022	4266
4649	4472	4862		4852	4635	4359	4616
5314	5094	5523		5536	5275	4969	5222
6095	5856	6417		5400	5228	5689	5970
6538	6298	6962		5832	5602	6110	6412
7544	7330	8020		7086	6672	7071	7464
9095	8855	9669		9671	8647	8598	9084
10406	10135	11064		10417	9793	9833	10406
11759	11453	12524		11792	11066	11101	11780
13229	12839	14102		13266	12438	12444	13241
16511	16547	16856	12323	16506	16319	15536	16269
18096	18119	18492	13531	18140	17935	17027	17896
19743	19768	20194	14884	19846	19549	18611	19543

15－15　区(市)县农村居民人均收支情况(2017年)

Per Capita Income and Annual Expenditure of Rural Residents in Districts, Cities at County Level and Counties(2017)

单位:元

	农村居民人均可支配收入		人均生活消费支出	
	绝对数	比上年±%	绝对数	比上年±%
全　市	**20298**	**9.1**	**14616**	**8.8**
#龙泉驿区	25593	8.9	18472	10.8
青白江区	21085	8.8	15046	10.3
新都区	22926	8.8	15850	7.2
温江区	25437	8.7	18274	9.5
双流区	24772	8.9	17093	7.5
郫都区	24060	8.7	17031	8.3
金堂县	17720	9.3	12492	8.9
大邑县	19743	9.1	14635	9.3
蒲江县	19768	9.1	13171	6.3
新津县	20194	9.2	15133	9.4
简阳市	14884	10.0	11366	9.3
都江堰市	19846	9.4	14947	10.8
彭州市	19549	9.0	14816	7.3
邛崃市	18611	9.3	13864	11.4
崇州市	19543	9.2	12845	7.2

15－16　成都产粮大县粮食产量情况(2017年)

Annual Grain Output of the Main Grain－producing County in Chengdu(2017)

单位:万亩、万吨

区(市)县	全年粮食		其中:夏收粮食		#小麦		其中:秋收粮食		#水稻		#玉米	
	面积	产量	面积	产量	面积	产量	面积	产量	面积	产量	面积	产量
新都区	30.36	14.46	7.45	2.28	6.60	2.05	22.91	12.18	21.08	11.55	0.92	0.38
双流区	27.07	12.14	2.74	0.74	1.00	0.30	24.33	11.40	15.02	8.29	5.77	2.31
郫都区	8.66	4.42	0.65	0.20	0.50	0.16	8.01	4.22	7.40	4.00	0.43	0.17
金堂县	73.72	26.51	13.60	3.50	3.90	1.21	60.12	23.01	12.23	6.62	27.46	11.15
大邑县	37.28	15.58	11.88	3.45	11.40	3.33	25.40	12.13	17.79	9.34	6.15	2.51
简阳市	170.55	56.67	25.05	3.88	6.00	1.18	145.50	52.79	26.66	13.12	70.71	27.58
都江堰市	21.02	10.30	0.86	0.25	0.70	0.21	20.16	10.04	16.67	8.70	3.00	1.24
彭州市	55.84	25.69	7.02	1.93	1.40	0.42	48.82	23.75	34.98	19.06	7.48	3.13
邛崃市	56.72	23.74	12.40	3.57	11.30	3.27	44.32	20.17	27.30	14.52	11.73	4.59
崇州市	47.28	21.93	11.99	3.50	11.16	3.27	35.29	18.43	30.96	16.90	2.87	1.15

15－17 成都生猪大县生猪生产情况(2017 年)

Situation of the Main Pig－producing County in Chengdu(2017)

县 名	期末存栏(万头)		能繁母猪(万头)		全年出栏(万头)		猪肉产量(万吨)	
	2017 年	比上年±%	2017 年	比上年±%	2017 年	比上年±%	2017 年	比上年±%
金堂县	43.10	0.94	4.70	－4.08	28.70	－2.05	2.17	－1.40
大邑县	39.30	－9.91	4.50	－10.60	36.10	4.21	2.68	5.20
蒲江县	46.40	－1.44	6.50	－2.99	27.70	－0.72	2.08	－1.00
彭州市	26.50	－16.82	2.90	－7.02	24.10	－2.03	1.80	－2.00
邛崃市	79.10	1.15	9.30	5.68	52.50	－15.32	4.00	－13.00
崇州市	34.80	－20.55	4.80	－4.00	32.20	－9.04	2.40	－7.70
简阳市	74.60	－1.32	8.60	1.18	52.90	－2.58	3.90	－2.50

15－18　区(市)县规模以上工业企业主要经济指标(2017年)

Main Indicators of Industrial Enterprises above Designed Size in Districts, Cities at County Level and Counties(2017)

单位:万元

	企业数(个)		#亏损企业	亏损面(%)	工业总产值	
	绝对数	占全市的比重(%)			绝对数	占全市的比重(%)
全　市	**3631**	**100**	**404**	**11.13**	**131019139**	**100**
#锦 江 区	10	0.28			207867	0.16
青 羊 区	28	0.77	1	3.57	3256988	2.49
金 牛 区	44	1.21	2	4.55	947432	0.72
武 侯 区	65	1.79	9	13.85	1449770	1.11
成 华 区	33	0.91	6	18.18	1045766	0.80
龙泉驿区	257	7.08	47	18.29	22006786	16.8
青白江区	271	7.46	19	7.01	6561292	5.01
新 都 区	344	9.47	35	10.17	9123820	6.96
温 江 区	202	5.56	15	7.43	4767185	3.64
双 流 区	306	8.43	30	9.80	12166233	9.29
郫 都 区	344	9.47	22	6.40	7136953	5.45
金 堂 县	212	5.84	29	13.68	2357022	1.80
大 邑 县	139	3.83	31	22.30	2045232	1.56
蒲 江 县	105	2.89	13	12.38	1266716	0.97
新 津 县	178	4.90	28	15.73	6318287	4.82
简 阳 市	163	4.49	3	1.84	5444614	4.16
都江堰市	98	2.70	10	10.20	1769520	1.35
彭 州 市	165	4.54	20	12.12	6849420	5.23
邛 崃 市	151	4.16	18	11.92	2141490	1.63
崇 州 市	166	4.57	20	12.05	3395583	2.59

注:规模以上工业企业指年主营业务收入在2000万元及以上的工业企业。

15－18　续表1

单位：万元

	利税总额		利润总额		亏损企业亏损额	
	绝对数	占全市的比重（%）	绝对数	占全市的比重（%）	绝对数	占全市的比重（%）
全　市	**16493837**	**100**	**9942305**	**100**	**565599**	**100**
#锦江区	46944	0.28	33783	0.34		
青羊区	264874	1.61	206164	2.07	190	0.03
金牛区	232007	1.41	150734	1.52	652	0.12
武侯区	227472	1.38	162369	1.63	7052	1.25
成华区	120241	0.73	88977	0.89	5636	1.00
龙泉驿区	4711555	28.57	1969144	19.81	107276	18.97
青白江区	294573	1.79	108376	1.09	116081	20.52
新都区	961270	5.83	512620	5.16	53652	9.49
温江区	608106	3.69	430206	4.33	26174	4.63
双流区	960150	5.82	670270	6.74	21720	3.84
郫都区	706658	4.28	435675	4.38	12867	2.28
金堂县	118708	0.72	77674	0.78	34008	6.01
大邑县	165857	1.01	99522	1.00	19796	3.50
蒲江县	54998	0.33	33245	0.33	12685	2.24
新津县	376865	2.28	236797	2.38	14165	2.50
简阳市	538295	3.26	351447	3.53	1673	0.30
都江堰市	197789	1.20	120238	1.21	6072	1.07
彭州市	1580225	9.58	563114	5.66	13363	2.36
邛崃市	181439	1.10	104510	1.05	18384	3.25
崇州市	295409	1.79	175148	1.76	4560	0.81

15－18　续表2

	资产总计(万元)		主营业务收入(万元)		从业人员平均人数(人)	
	绝对数	占全市的比重(%)	绝对数	占全市的比重(%)	绝对数	占全市的比重(%)
全　市	**121112964**	**100**	**124895558**	**100**	**919941**	**100**
#锦江区	426564	0.35	209311	0.17	2069	0.22
青羊区	5457604	4.51	2940361	2.35	30230	3.29
金牛区	1788939	1.48	915793	0.73	20660	2.25
武侯区	2383721	1.97	1408634	1.13	18038	1.96
成华区	1966217	1.62	1078814	0.86	11299	1.23
龙泉驿区	19145947	15.81	21252520	17.02	98587	10.72
青白江区	5099562	4.21	5867067	4.70	36937	4.02
新都区	8781583	7.25	9049098	7.25	99531	10.82
温江区	4701165	3.88	4729778	3.79	44543	4.84
双流区	8347914	6.89	10146320	8.12	71731	7.80
郫都区	3945210	3.26	6671448	5.34	45202	4.91
金堂县	2289659	1.89	2093328	1.68	21014	2.28
大邑县	2072290	1.71	1923226	1.54	26507	2.88
蒲江县	870033	0.72	1056822	0.85	9103	0.99
新津县	4184625	3.46	5487182	4.39	27058	2.94
简阳市	2339600	1.93	5507697	4.41	36015	3.91
都江堰市	2318381	1.91	1620808	1.30	16725	1.82
彭州市	6665681	5.50	6691381	5.36	30224	3.29
邛崃市	1814000	1.50	2170318	1.74	24568	2.67
崇州市	3221344	2.66	3260564	2.61	66580	7.24

15－18　续表3

单位:%

	产品销售率	总资产贡献率	成本费用利润率	资产负债率	流动资产周转次数(次)
全　市	**96.60**	**14.26**	**8.72**	**54.77**	**1.77**
#锦江区	99.48	11.10	18.89	32.29	1.25
青羊区	99.26	5.05	7.49	65.74	0.85
金牛区	93.36	13.29	18.53	33.41	0.78
武侯区	99.59	9.69	12.19	43.68	1.00
成华区	101.44	6.59	8.83	71.06	0.76
龙泉驿区	99.23	24.72	10.85	56.22	1.81
青白江区	92.12	7.67	1.82	62.87	2.41
新都区	99.09	12.17	5.90	53.88	2.05
温江区	100.02	13.79	9.88	41.82	1.77
双流区	85.65	12.01	6.92	60.36	1.90
郫都区	95.21	18.48	7.07	50.02	2.88
金堂县	93.53	5.97	3.81	59.96	1.75
大邑县	93.22	8.64	5.43	59.62	1.53
蒲江县	93.95	7.29	3.25	51.40	2.36
新津县	97.32	9.66	4.48	63.35	2.20
简阳市	98.56	24.17	6.77	47.43	3.97
都江堰市	91.62	9.80	7.68	50.76	1.66
彭州市	97.18	24.50	10.75	40.39	3.15
邛崃市	98.53	10.66	5.07	54.46	2.49
崇州市	97.75	9.75	5.63	60.30	1.86

15－19 区(市)县工业集中发展区主要经济指标(2017年)

Main Indicators of Centralized Industrial Development Zone(2017)

	企业数(户)		签约工业企业数(户)	开工建设工业企业数(户)	竣工投产工业企业数(户)
	绝对数	占集中区的比重(%)			
集中发展区合计	**2848**	**100**	**394**	**859**	**760**
#锦 江 区	4	0.14			
青 羊 区	24	0.84		2	
金 牛 区	35	1.23	35		
武 侯 区	38	1.33		14	10
成 华 区	16	0.56	16	1	1
龙泉驿区	220	7.72	30	29	32
青白江区	220	7.72		62	62
新 都 区	225	7.90	14	48	54
温 江 区	200	7.02	21	145	119
双 流 区	249	8.74	10	10	21
郫 都 区	317	11.13	93	254	209
金 堂 县	180	6.32	2	5	8
大 邑 县	110	3.86	10	65	44
蒲 江 县	59	2.07	21	16	16
新 津 县	126	4.42	15	112	99
简 阳 市	129	4.53			
都江堰市	72	2.53	33	35	28
彭 州 市	82	2.88	52	11	11
邛 崃 市	105	3.69	9	10	3
崇 州 市	107	3.76	15	40	43

15－19　续表 1

单位:亿元

	固定资产投资	# 基础设施投资	# 工业投资	工业技改投资	实际到位资金
集中发展区合计	**2011.3**	**221.2**	**1694.3**	**1157.5**	**278.0**
#锦江区	3.7	0.6	0.1		
青羊区					
金牛区	10.9	4.6	5.2	4.9	8.8
武侯区	0.9				
成华区					21.9
龙泉驿区	315.2	56.5	234.7	155.3	
青白江区					147.4
新都区	120.3	14.0	104.5	80.2	3.0
温江区	100.9	20.6	75.1	37.3	3.4
双流区	195.5	11.3	179.7	22.2	27.9
郫都区	124.0		119.9	96.4	5.4
金堂县	88.7	－38.3	105.6	97.8	
大邑县	140.9	3.1	136.8	109.3	14.7
蒲江县	15.0	15.0			1.3
新津县	190.7	24.8	168.9	120.6	25.4
简阳市	39.2	19.9	20.6	19.5	
都江堰市	51.5	2.4	48.9	48.9	8.5
彭州市	100.5	13.4	82.6	46.9	10.3
邛崃市	111.6	16.0	107.8	74.4	
崇州市	74.9	2.4	70.6	56.8	

15－19　续表2

	主营业务收入(亿元)		利税总额(亿元)	
	绝对数	比上年同期±%	绝对数	比上年同期±%
集中发展区合计	**11108.4**	**14.0**	**1354.0**	**1250.7**
#锦江区	4.5	15.3	0.5	0.4
青羊区	91.3	9.5	9.5	8.2
金牛区	75.4	2.5	21.2	10.3
武侯区	70.6	1.2	13.0	11.6
成华区	59.5	－25.1	6.1	3.4
龙泉驿区	2072.4	16.0	467.6	451.3
青白江区	550.4	22.5	25.5	5.8
新都区	778.9	19.5	87.8	75.0
温江区	484.0	12.4	48.8	39.7
双流区	949.9	22.9	77.6	61.1
郫都区	642.8	17.8	67.3	58.9
金堂县	191.9	24.4	8.4	10.4
大邑县	174.9	17.3	13.3	13.7
蒲江县	70.1	14.2	2.9	3.4
新津县	509.1	20.1	33.6	33.1
简阳市	532.1	1.7	50.4	46.7
都江堰市	121.1	20.3	12.8	9.3
彭州市	562.3	18.0	150.2	132.6
邛崃市	163.5	11.2	11.5	11.1
崇州市	275.9	21.6	24.1	26.4

15－20　区(市)县邮电通信、交通运输指标(2017年)

Main Indicators of Postal, Telecommunications and Transportation in Districts, Cities at County Level and Counties(2017)

	邮电主营业务收入(万元)	年末移动电话用户数(户)	年末固定电话用户数(户)	公路客运周转量(万人公里)	公路货运周转量(万吨公里)
全　市	**3127623**	**26728300**	**5899788**	**947909**	**2670095**
#龙泉驿区	60457	801865	139100		
青白江区	52522	582606	160222	134552	126192
新 都 区	172753	1866398	508017	220974	499621
温 江 区	89760	1107874	244335	153475	4675
双 流 区		2523848	654200		
郫 都 区	47051	634007	186655	124446	52552
金 堂 县	36200	735136	72832	29724	43874
大 邑 县	40741	586110	117545	31731	31146
蒲 江 县	61741	286971	92860		
新 津 县	36478	429000	84500	39220	169400
简 阳 市	11311			18352	13850
都江堰市	75806	861597	183208	210396	20544
彭 州 市	17539	897332	149940	49523	23776
邛 崃 市	39595	561391	97962	56751	39586
崇 州 市		310000	150000		

15 - 21 区(市)县全社会固定资产投资

Total Investment in Fixed Assets in Districts, Cities at County Level and Counties

单位:万元

	1978 年	1980 年	1990 年	2000 年	2010 年	2016 年	2017 年
全　市	**29391**	**55744**	**401156**	**4759020**	**42553662**	**83705026**	**94042382**
#锦 江 区						3708584	4658706
青 羊 区						3110752	4316598
金 牛 区						3503216	4880070
武 侯 区						3845064	4789512
成 华 区						4044636	5000814
龙泉驿区	551	878	16043	218244	2609703	5379710	6550362
青白江区	2177	1799	21266	99302	1509969	3199656	3602196
新 都 区	99	1344	14913	146479	2445310	4748866	5252364
温 江 区	872	756	8865	81182	2205890	3680874	4125420
双 流 区	427	725	20615	359317	3725208	5071458	5614596
郫 都 区	98	282	9611	220084	2046757	3309100	3733002
金 堂 县	597	657	11400	122368	1105387	3694114	4145544
大 邑 县	879	1130	3835	109986	1059553	2211844	2575872
蒲 江 县	522	768	3948	62290	521648	1526275	1750788
新 津 县	77	253	3000	73676	1265805	3014810	3511638
简 阳 市						3661115	3028662
都江堰市	1243	3070	16338	182365	2033638	2301604	2666430
彭 州 市	590	1117	18683	79965	1801041	2305703	2696616
邛 崃 市	1396	1356	6197	87677	1110943	2343369	2686554
崇 州 市	465	504	4353	93373	1063233	2538558	2928042

15－22 区(市)县全社会固定资产投资(2017 年)

Total Investment in Fixed Assets in Districts, Cities at County Level and Counties(2017)

单位:万元

	合　　计	#更新改造	#房地产开发
全　　市	**94042382**	**27809443**	**24878807**
#锦 江 区	4658706	730433	2868933
青 羊 区	4316598	946821	1232821
金 牛 区	4880070	726023	2090463
武 侯 区	4789512	551919	1327930
成 华 区	5000814	691732	2513141
龙泉驿区	6550362	2050530	1528250
青白江区	3602196	1643646	188613
新 都 区	5252364	1307152	1843876
温 江 区	4125420	1041758	1529046
双 流 区	5614596	2075269	1261477
郫 都 区	3733002	1227665	1513559
金 堂 县	4145544	1544663	555947
大 邑 县	2575872	1202519	217711
蒲 江 县	1750788	1013067	112222
新 津 县	3511638	1630369	183921
简 阳 市	3028662	1252861	312534
都江堰市	2666430	730492	550607
彭 州 市	2696616	1385247	85190
邛 崃 市	2686554	1425854	173900
崇 州 市	2928042	979874	331660

15－23 区(市)县教育情况(2017年)

Main Indicators on Education in Districts, Cities at County Level and Counties(2017)

	普通中学			普通小学			初中入学率（%）
	学校（所）	在校学生（人）	专任教师（人）	学校（所）	在校学生（人）	专任教师（人）	
全市	**601**	**584375**	**51111**	**569**	**941774**	**51118**	**100.00**
#锦江区	11	24259	2072	32	38457	1904	100.00
青羊区	15	22103	1775	32	49529	2525	100.00
金牛区	27	32793	2628	46	68564	3617	100.00
武侯区	31	28878	2464	40	66313	3483	100.00
成华区	20	24453	1976	26	52868	2759	100.00
龙泉驿区	20	30895	2669	34	51976	3230	100.00
青白江区	14	16822	1502	11	21792	1184	100.00
新都区	39	37623	3047	31	73293	3677	100.00
温江区	17	20024	1715	15	34258	2047	100.00
双流区	29	34254	3101	19	52789	2948	100.00
郫都区	38	28909	2454	13	51973	2157	100.00
金堂县	85	32914	2609	49	47654	2837	100.00
大邑县	20	16321	1587	15	23874	1307	100.00
蒲江县	13	7968	929	10	11460	816	99.98
新津县	16	11582	1209	15	15252	921	100.00
简阳市	85	46132	3443	26	67184	3259	100.00
都江堰市	26	24003	2313	25	33014	2265	100.00
彭州市	32	23192	2446	22	37567	2045	100.00
邛崃市	30	21996	1703	31	25589	1552	100.00
崇州市	18	30342	1989	31	30172	1903	100.00

15－24 区(市)县卫生情况(2017年)

Main Indicators on Health Care in Districts, Cities at County Level and Counties(2017)

	医疗卫生机构(个)	#医院	#社区卫生服务中心(站)	#乡镇卫生院	医疗机构床位数(张)	#医院、社区卫生服务中心(站)、乡镇卫生院床位数	卫生技术人员(人)	#医生
全市	**10183**	**596**	**253**	**292**	**134507**	**131446**	**158002**	**58159**
#锦江区	363	28	18		7896	7749	8940	3360
青羊区	516	45	30		12683	12619	17678	6307
金牛区	634	46	23		11562	11388	13500	4950
武侯区	846	79	29		17795	17387	27549	9705
成华区	543	41	29		5793	5663	8842	3435
龙泉驿区	409	25	9	9	4289	4108	5802	2312
青白江区	248	11	3	9	3068	2962	2934	1009
新都区	619	26	6	11	5880	5701	7588	2787
温江区	378	21	14	10	5351	5208	5561	1908
双流区	736	45	7	18	6601	6421	8943	3730
郫都区	439	20	9	12	4227	4097	5410	2142
金堂县	516	24	1	23	6654	6469	4377	1624
大邑县	428	17	1	28	4077	3951	3800	1415
蒲江县	181	7	2	12	1734	1674	1874	669
新津县	171	9	7	11	2326	2237	2510	880
简阳市	983	18	4	43	6637	6448	5743	2163
都江堰市	446	30	33	22	6138	6016	5828	1899
彭州市	510	31	3	19	5897	5675	5147	1858
邛崃市	394	20	1	23	4197	4121	3563	1304
崇州市	391	28	5	30	5633	5483	4835	1726

15－25 区(市)县社会消费品零售总额(2017年)

Total Retail Sale of Consumable Goods in Districts, Cities at County Level and Counties(2017)

单位:万元

	社会消费品零售总额	在总额中:		在总额中:	
		商品零售	餐饮收入	城镇的零售额	乡村的零售额
全　市	**64035285**	**56095448**	**7939837**	**61483727**	**2551558**
#锦 江 区	9562853	8719149	843704	9562853	
青 羊 区	8560335	7670868	889467	8560335	
金 牛 区	8248759	7451427	797332	8248759	
武 侯 区	8925051	8167148	757903	8925051	
成 华 区	4736237	4242086	494151	4736237	
龙泉驿区	1415848	1107230	308618	1065245	350603
青白江区	793846	584647	209199	600525	193321
新 都 区	1760116	1407549	352567	1581422	178694
温 江 区	1105728	847186	258543	907673	198055
双 流 区	2829181	2354193	474988	2398881	430301
郫 都 区	1149785	933510	216275	1026370	123414
金 堂 县	796427	629677	166751	635644	160783
大 邑 县	601294	481890	119404	423103	178192
蒲 江 县	316204	218105	98099	227412	88791
新 津 县	759889	600941	158948	638517	121372
简 阳 市	2099324	1590624	508699	1993343	105981
都江堰市	1350677	1023612	327065	1218346	132331
彭 州 市	893124	673862	219262	720270	172854
邛 崃 市	820477	657344	163132	763387	57089
崇 州 市	862902	719023	143879	803124	59777

15－26　区(市)县一般公共预算收入(2017 年)

General Public Budget Revenue in Districts, Cities at County Level and Counties(2017)

单位:万元

	一般公共预算收入	#增值税	#营业税	#企业所得税	政府性基金收入
全　市	**12755334**	**2998011**	**31270**	**1340578**	**13603966**
#锦 江 区	583455	112338	1090	73733	
青 羊 区	559769	123326	830	99190	
金 牛 区	567971	135874	2652	43256	29149
武 侯 区	652370	163040	1862	94611	
成 华 区	576495	97237	996	46753	320251
龙泉驿区	787310	273463	1102	111359	922413
青白江区	228354	57993	664	12930	533030
新 都 区	544334	144780	1415	33918	504994
温 江 区	369056	108149	2422	27665	513934
双 流 区	933113	245447	4387	103019	3259848
郫 都 区	418810	96589	1727	22771	465506
金 堂 县	306729	39662	238	5820	68085
大 邑 县	123628	36553	398	7060	104192
蒲 江 县	70899	13142	49	3729	132344
新 津 县	221012	37730	131	9587	287217
简 阳 市	214368	47154	609	11442	148781
都江堰市	258442	68799	1042	10023	177938
彭 州 市	272472	135353	125	7165	66438
邛 崃 市	181198	35309	1116	8857	667965
崇 州 市	205493	44561	1054	13919	114551

15－27　区(市)县一般公共预算支出(2017年)

General Public Budget Expenditure in Districts, Cities at County Level and Counties(2017)

单位:万元

	一般公共预算支出	#一般公共服务	#教育	#社会保障和就业	政府性基金支出
全　　市	**17566621**	**1806007**	**2505824**	**1591951**	**12387360**
#锦江区	604563	75409	75260	72232	3798
青羊区	597131	72293	88548	71414	24574
金牛区	637445	52883	115650	54926	24281
武侯区	748669	149060	134404	97265	31886
成华区	758814	79235	102101	47236	254941
龙泉驿区	975406	102863	178196	50568	759014
青白江区	344224	44384	60713	34306	451752
新都区	676417	74946	144248	55846	440341
温江区	512119	69222	87425	29133	374261
双流区	1571490	213307	240321	87165	2690234
郫都区	640856	73446	81372	54354	397226
金堂县	540133	55751	107364	63753	69225
大邑县	328152	51169	57616	45712	108668
蒲江县	200816	23742	32851	24004	124234
新津县	339427	41950	42726	32496	262083
简阳市	502908	54183	143215	82109	114535
都江堰市	444045	81287	83773	53981	148142
彭州市	455714	53478	86129	75937	60949
邛崃市	469598	53626	65263	63482	622288
崇州市	378592	36163	81612	46120	110067

15-28 区(市)县上划中央增值税和消费税情况

Value - added Tax and Consumption Tax Turned over to Central Government in Districts, Cities at County Level and Counties

单位:万元

	2012 年	2013 年	2014 年	2015 年	2016 年	2017 年
全　市	**3870118**	**4711333**	**5315456**	**5525663**	**6317720**	**8350420**
#锦 江 区	143800	175701	192730	233148	270232	409959
青 羊 区	223866	271033	253694	337219	471374	628245
金 牛 区	183084	195793	187962	194060	261671	408175
武 侯 区	203071	229284	212664	213432	287788	491421
成 华 区	144310	146228	136846	151329	181457	272602
龙泉驿区	1440898	1945214	1910853	1711544	1685302	1785648
青白江区	67889	68443	64007	62559	68274	92260
新 都 区	116413	126331	142390	150785	198073	243795
温 江 区	92796	111568	126448	117232	139641	168765
双 流 区	131138	148631	139693	144549	234860	296984
郫 都 区	81893	88754	81305	84599	107826	156366
金 堂 县	32756	35578	32319	33054	36670	64494
大 邑 县	39274	45403	51269	49720	45996	61406
蒲 江 县	10854	11773	10441	10612	16864	26124
新 津 县	56683	55201	49693	41736	42634	61514
简 阳 市					52948	75761
都江堰市	50758	51792	59484	68077	92668	118977
彭 州 市	51760	55408	460067	753177	754753	811296
邛 崃 市	41340	39058	43381	42320	45532	63579
崇 州 市	41790	47264	58898	55033	63656	77066

15－29 区(市)县税收情况(2017年)

Main Indicators of Taxation in Districts, Cities at County Level and Counties(2017)

单位:万元

	合计	内资企业			
		小计	#国有企业	#集体企业	#联营企业
全市	**26490801**	**20637106**	**2344784**	**53753**	**24930**
#锦江区	1795261	1298186	164079	2214	136
青羊区	2240434	2038614	501432	6083	169
金牛区	1522623	1361397	78884	3896	23
武侯区	2151111	1929939	41741	4561	1173
成华区	1314097	1082136	61600	4007	83
龙泉驿区	3320371	1962746	33276	5667	180
青白江区	336451	276015	8789	372	35
新都区	903893	755581	31813	2450	71
温江区	658019	462584	12764	1280	165
双流区	1288668	986804	32746	3868	197
郫都区	619220	504751	29604	4893	77
金堂县	345999	308004	8665	425	1
大邑县	210154	188209	5951	383	6
蒲江县	105796	87815	1944	1659	
新津县	287459	253134	4942	394	29
简阳市	302808	261390	6640	2508	
都江堰市	419704	373391	41034	892	73
彭州市	1162485	1099012	9569	449	32
邛崃市	255687	233656	18345	290	7
崇州市	335336	285399	9904	520	314

15－29 续表

单位:万元

	内资企业		港澳台及外商投资企业	个体经营
	#股份公司	#私营企业		
全　市	**2808736**	**2547189**	**4038764**	**1814930**
#锦 江 区	303433	173914	444696	52380
青 羊 区	560329	229651	153000	48820
金 牛 区	165705	150574	83830	77396
武 侯 区	436763	433609	157368	63804
成 华 区	181446	119176	171787	60174
龙泉驿区	65540	265570	1297100	60525
青白江区	39392	32066	42468	17968
新 都 区	39081	138089	79206	69106
温 江 区	21585	49106	116601	78835
双 流 区	165692	116322	214435	87428
郫 都 区	31652	53370	50930	63539
金 堂 县	13290	12684	14940	23055
大 邑 县	20511	23810	5021	16924
蒲 江 县	7382	7285	8255	9727
新 津 县	18425	23788	19747	14578
简 阳 市	21772	30763	7621	33798
都江堰市	18258	28877	10039	36274
彭 州 市	21504	12950	44567	18905
邛 崃 市	16003	30382	5485	16546
崇 州 市	14923	59039	30822	19115

15－30 区(市)县金融存贷款指标(2017年)

Main Indicators on Banking in Districts(2017)

单位:万元

	年末金融机构人民币存款余额	# 住户存款	年末金融机构人民币贷款余额
全 市	**344232848**	**119708368**	**283593083**
#龙泉驿区	9562877	5497907	6335124
新都区	8668659	6000032	4247908
温江区	6428247	3956666	4154207
双流区	14971548	8424217	8843271
郫都区	7326281	4579168	4731282
金堂县	4385893	2635084	2482429
大邑县	3098661	2267419	1442820
蒲江县	1801948	1158554	896312
新津县	2876834	1994229	2151284
简阳市	6421347	4325082	2618017
都江堰市	5115532	3896261	2628874
彭州市	5513225	3858721	2651341
邛崃市	3921805	2577583	1952675
崇州市	4719499	3423367	1896385

注:本表中双流区数据包含成都天府新区数据,简阳市数据包含高新东区12乡镇数据。。

15－31 区(市)县城乡居民最低生活保障情况(2017年)

Basic Statistics on Lowest Living Ensure Persons in Districts, Cities at County Level and Counties(2017)

	城市居民最低生活保障年末人数(人)	农村居民最低生活保障年末人数(人)	城镇居民最低生活保障支出(万元)	农村居民最低生活保障支出(万元)
全　市	**28474**	**105772**	**17627.9**	**45525.5**
#锦 江 区	2764		1953.6	
青 羊 区	2178		1582.6	
金 牛 区	2319		1725.3	
武 侯 区	1700		1112.2	
成 华 区	4345		2981.1	
龙泉驿区	899	1849	559.1	919.9
青白江区	654	3846	404.2	1853.9
新 都 区	964	4134	553.8	1848.5
温 江 区	534	1444	316.0	595.8
双 流 区	932	5937	656.4	3374.2
郫 都 区	475	1006	295.0	501.6
金 堂 县	1488	21724	645.6	8067.5
大 邑 县	915	6577	494.0	3140.3
蒲 江 县	341	2089	199.7	1103.0
新 津 县	286	1801	171.3	838.3
简 阳 市	1653	15453	674.3	5363.6
都江堰市	1277	7728	609.4	2933.6
彭 州 市	2052	12897	1098.4	6612.0
邛 崃 市	887	8285	507.9	3864.7
崇 州 市	673	7412	368.4	3535.2

15-32 区(市)县联网直报调查单位数(2017年)

Network Direct Reporting Unit Number in Districts, Cities at County Level(2017)

单位:个

	合计	规模以上工业	资质内建筑业	限额以上批发零售业	限额以上住宿餐饮业	房地产开发经营业	规模以上服务业
全市	**13620**	**3608**	**1733**	**1580**	**804**	**1519**	**2981**
#锦江区	775	10	77	219	119	84	238
青羊区	987	26	207	136	108	100	376
金牛区	1027	44	288	197	100	95	270
武侯区	1166	64	331	190	68	122	288
成华区	711	28	134	124	49	97	253
龙泉驿区	625	252	66	47	16	84	71
青白江区	554	271	28	59	16	35	95
新都区	760	340	46	94	18	88	93
温江区	478	201	31	29	22	61	86
双流区	977	325	99	71	64	171	134
郫都区	648	344	29	28	35	88	65
金堂县	504	212	37	20	14	53	39
大邑县	394	139	30	16	9	54	21
蒲江县	209	105	18	19	2	13	10
新津县	376	178	28	28	19	26	42
简阳市	372	163	42	28	18	40	37
都江堰市	429	98	42	39	57	98	60
彭州市	338	163	28	27	5	22	18
邛崃市	357	151	34	27	11	24	28
崇州市	365	166	50	10	6	30	11

注:1. 本表只含联网直报法人库单位,不含联网直报产业库单位。2. 本表合计含其他有5000万元以上在建项目的法人单位,其中1个为市直管。

附录　全国重点城市主要指标

简 要 说 明

主要内容

本部分资料反映各重点城市经济、社会发展的基本情况。

资料来源

本部分数据资料来源于各重点城市对外公布的统计快报、统计公报等数据。

附录:全国重点城市主要指标(2017年)

Main Indicators of Major Cities in China(2017)

	土地面积（平方公里）	年末户籍总人口（万人）	年末常住人口（万人）
直辖市			
北　京	16411	1359.2	2170.7
上　海	6341	1455.1	2418.3
天　津	11917	1050.0	1556.9
重　庆	82269	3389.8	3075.2
副省级城市			
成　都	14335	1435.3	1604.5
沈　阳	12860	737.0	829.4
长　春	20571	748.9	
哈尔滨	53068	955.0	1092.9
青　岛	11282		929.1
武　汉	8494	853.7	1089.3
西　安	10097	905.7	961.7
南　京	6587	680.7	833.5
济　南	8177	643.6	732.1
广　州	7434	897.9	1449.8
厦　门	1573	231.0	401.0
深　圳	1997		1252.8
大　连	12574	594.9	698.7
杭　州	16596	753.9	946.8
宁　波	9816	596.9	800.5
其他主要城市			
昆　明	21013	563.0	678.3
石家庄	15848		1088.0
太　原	6988	369.2	438.0
无　锡	4627	493.1	655.3
苏　州	8488	691.1	1068.4
合　肥	11445	742.8	796.5
南　昌	7402		546.4
长　沙	11816	708.8	791.8
贵　阳	8043	408.3	480.2
珠　海	1736	118.9	176.5

续表 1

	地区生产总值（亿元）		第一产业增加值（亿元）		第二产业增加值（亿元）	
	2017 年	比 2016 年 ±%	2017 年	比 2016 年 ±%	2017 年	比 2016 年 ±%
直辖市						
北　京	28000.4	6.7	120.5	-6.2	5310.6	4.6
上　海	30133.9	6.9	99.0	-9.5	9251.4	5.8
天　津	18595.4	3.6	218.3	2.0	7590.4	1.0
重　庆	19500.3	9.3	1339.6	4.0	8596.6	9.5
副省级城市						
成　都	13889.4	8.1	500.9	3.9	5998.2	7.5
沈　阳	5865.0	3.5	268.2	3.6	2261.4	2.7
长　春	6530.0	8.0	315.1	3.8	3175.2	7.5
哈尔滨	6355.0	6.7	688.8	3.7	1820.7	3.6
青　岛	11037.3	7.5	381.0	3.2	4546.2	6.8
武　汉	13410.3	8.0	408.2	2.8	5861.4	7.1
西　安	7469.9	7.7	281.1	4.6	2596.1	5.5
南　京	11715.1	8.1	263.0	1.2	4454.9	5.1
济　南	7202.0	8.0	317.4	3.3	2569.2	8.4
广　州	21503.2	7.0	233.5	-1.0	6015.3	4.7
厦　门	4351.2	7.6	23.2	2.1	1815.9	7.2
深　圳	22438.4	8.8	18.5	52.8	9266.8	8.8
大　连	7363.9	7.1	477.1	4.4	3052.6	8.3
杭　州	12556.2	8.0	311.7	1.9	4387.2	5.3
宁　波	9846.9	7.8	314.1	2.4	5105.5	7.9
其他主要城市						
昆　明	4857.6	9.7	210.1	6.0	1866.0	9.0
石家庄	6460.9	7.3	480.5	2.4	2913.9	3.7
太　原	3382.2	7.5	40.8	3.0	1271.4	7.0
无　锡	10511.8	7.4	135.2	0.8	4964.4	7.3
苏　州	17319.5	7.1	222.0	0.8	8235.9	6.0
合　肥	7213.5	8.5	272.8	3.7	3643.1	8.6
南　昌	5003.2	9.0	192.1	4.0	2666.1	8.4
长　沙	10535.5	9.0	379.5	3.0	4998.3	7.7
贵　阳	3538.0	11.3	147.3	6.3	1375.2	10.0
珠　海	2564.7	9.2	45.5	4.4	1288.8	11.6

续表 2

	#工业增加值（亿元）		第三产业增加值（亿元）		#交通运输、仓储和邮政业增加值（亿元）	
	2017 年	比 2016 年 ±%	2017 年	比 2016 年 ±%	2017 年	比 2016 年 ±%
直辖市						
北　京	4274.0	5.4	22569.3	7.3	1208.4	12.1
上　海	8303.5	6.4	20783.5	7.5	1344.2	12.0
天　津	6864.0	2.3	10786.7	6.0	780.4	6.1
重　庆	6587.1	9.4	9564.0	9.9	939.5	8.7
副省级城市						
成　都	5217.2	8.4	7390.3	8.9	587.5	9.6
沈　阳	1819.3	2.5	3335.4	4.0	310.6	6.3
长　春	2677.6	8.6	3039.7	9.0	285.3	7.1
哈尔滨	1206.7	4.8	3845.5	9.0	316.6	6.0
青　岛	3952.9	6.7	6110.1	8.4	776.6	7.3
武　汉	4724.9	7.5	7140.8	9.2	543.5	9.5
西　安	1677.5	5.8	4592.7	9.2	334.0	7.4
南　京	3853.4	6.0	6997.2	10.3	346.5	12.7
济　南		8.9	4315.3	8.2		
广　州	5459.7	5.2	15254.4	8.2	1523.7	11.5
厦　门	1541.9	7.8	2512.0	7.9	353.3	11.0
深　圳	8688.3	9.1	13153.0	8.8	722.3	10.5
大　连	2485.9	9.5	3834.3	6.4	465.1	4.0
杭　州	3982.1	6.5	7857.3	10.0	355.3	8.0
宁　波	4620.8	8.7	4427.3	8.1	413.8	8.5
其他主要城市						
昆　明	1159.2	10.1	2781.5	10.5		
石家庄			3066.4	11.6		
太　原			2069.9	7.9	173.9	13.6
无　锡	4553.2	8.0	5412.2	7.7	212.4	6.8
苏　州	7606.5	6.7	8861.7	8.2	518.4	7.5
合　肥	2952.2	9.3	3297.6	8.9	242.0	6.6
南　昌			2145.0	10.2		
长　沙	4101.5	8.1	5157.8	10.9		
贵　阳	872.6	9.5	2015.5	12.6	276.9	8.3
珠　海	1133.4	10.3	1230.5	6.9	49.5	7.1

续表 3

	批发和零售业增加值（亿元）		金融业增加值（亿元）		房地产业增加值（亿元）	
	2017 年	比 2016 年 ±%	2017 年	比 2016 年 ±%	2017 年	比 2016 年 ±%
直辖市						
北　京	2486.8	6.7	4634.5	7.0	1766.2	-1.6
上　海	4393.4	6.7	5330.5	11.8	1710.0	-19.1
天　津	2346.0	5.1	1951.8	8.0	783.3	-11.2
重　庆	1595.9	7.6	1813.7	8.1	1048.3	4.1
副省级城市						
成　都	901.9	6.4	1604.3	8.4	740.9	1.3
沈　阳	737.3	4.5	458.9	4.6	358.9	4.5
长　春	635.7	6.4	274.9	2.3	165.3	6.5
哈尔滨	811.9	5.9	418.3	7.6	205.4	5.7
青　岛	1337.9	9.4	751.0	8.1	587.4	1.1
武　汉	1122.3	6.1	1097.6	8.9	881.5	5.9
西　安	781.9	7.1	817.9	7.9	538.1	7.0
南　京	1323.3	10.6	1355.1	7.5	774.5	-0.9
济　南			776.0	4.7		
广　州	3143.7	5.0	1998.8	8.6	1833.9	-0.9
厦　门	409.6	8.1	491.4	8.0	301.0	1.5
深　圳	2324.4	5.2	3060.0	5.7	1882.1	1.7
大　连	875.1	8.8	682.2	2.1	393.2	6.2
杭　州	967.4	7.9	1055.2	6.8	745.0	-3.8
宁　波	1106.0	8.4	463.8	3.2	569.9	6.3
其他主要城市						
昆　明						
石家庄						
太　原	467.2	1.2	476.0	4.9	187.3	9.3
无　锡	1629.5	6.6	779.0	6.3	530.7	-0.5
苏　州	2233.7	8.7	1421.2	6.0	1066.9	-0.8
合　肥	514.4	5.3	551.3	8.8	440.2	1.6
南　昌						
长　沙						
贵　阳	295.0	8.6	381.6	9.7	102.8	4.8
珠　海	247.2	6.4	191.6	11.9	197.6	-15.0

续表 4

	人均地区生产总值（元）	规模以上工业增加值（%）	货运量（万吨）	客运量（万人次）
	2017 年	比 2017 年 ± %	2017 年	2017 年
直辖市				
北　京	129000	5.6	23879	67490
上　海	124600	6.8	97257	20856
天　津	119238	2.3	52992	19200
重　庆	63689	9.6	115346	63298
副省级城市				
成　都	86911	9.0	27121	99361
沈　阳	70722	2.8	22889	20320
长　春	86931*	9.0		
哈尔滨	66301*	5.0	8712	11922
青　岛	119357	7.5		
武　汉	123831	7.7	57271	29950
西　安	78346	5.8	25497	24287
南　京	141103	6.0	35462	16417
济　南	98967	9.8		
广　州	150678	3.5	120737	49442
厦　门	109740	8.1	30300	10100
深　圳	183127	9.3	32269	18142
大　连	105387	11.2		
杭　州	134607	7.0	34800	22300
宁　波	124017	9.6	53000	11000
其他主要城市				
昆　明	71906	10.4		
石家庄	59645	3.6	46000	4000
太　原	77536	9.0		
无　锡	160700	8.6	17385	8800
苏　州	162388	6.7	14937	31903
合　肥	91113	9.4	39000	12800
南　昌		9.5		
长　沙	135388	8.5		
贵　阳	74493	9.7	47789	73362
珠　海	149100	10.6	12110	5379

注：本表数据中，“人均地区生产总值”为当年价，按常住人口计算；带“＊”号的数据为按户籍人口计算。

续表 5

	固定资产投资额（亿元）		#房地产开发投资额（亿元）		社会消费品零售总额（亿元）	
	2017 年	比 2016 年 ±%	2017 年	比 2016 年 ±%	2017 年	比 2016 年 ±%
直辖市						
北　京	8948. 1	5. 7	3745. 9	-7. 4	11575. 4	5. 2
上　海	7246. 6	7. 3	3856. 5	4. 0	11830. 3	8. 1
天　津	11274. 7	0. 5	2233. 4	-2. 9	5729. 7	1. 7
重　庆	17440. 6	9. 5	3980. 1	6. 8	8067. 7	11. 0
副省级城市						
成　都	9404. 2	12. 3	2487. 9	-5. 7	6403. 5	11. 5
沈　阳	1484. 0	-9. 0	814. 2	14. 7	3989. 8	0. 1
长　春	5194. 8	11. 5	573. 8	-3. 8	2922. 8	10. 3
哈尔滨	5395. 5	7. 1	494. 3	-3. 5	4044. 8	8. 0
青　岛	7777. 1	7. 4	1330. 5	-2. 8	4541. 0	10. 6
武　汉	7871. 7	11. 0	2686. 3	6. 7	6196. 3	10. 4
西　安	7556. 5	12. 9	2333. 3	15. 0	4329. 5	10. 5
南　京	6215. 2	12. 3	2170. 2	17. 6	5604. 7	10. 2
济　南	4363. 6	13. 5	1232. 6	5. 9	4146. 1	10. 1
广　州	5919. 8	5. 7	2702. 9	6. 4	9402. 6	8. 0
厦　门			879. 9	14. 9	1446. 7	12. 7
深　圳	5147. 3	23. 8	2135. 9	21. 6	6016. 2	9. 1
大　连	1652. 8	15. 1	566. 6	5. 9	3722. 5	9. 2
杭　州	5856. 7	1. 4	2734. 0	4. 9	5717. 4	10. 5
宁　波	5009. 6	3. 5	1374. 5	8. 2	4047. 8	10. 4
其他主要城市						
昆　明			1683. 3	10. 0	2591. 0	12. 2
石家庄	6353. 2	6. 6	1243. 6	20. 0	3296. 0	10. 8
太　原	964. 9	6. 8	478. 1	-29. 9	1767. 8	6. 1
无　锡	4967. 5	4. 7	1201. 9	16. 3	3458. 0	10. 9
苏　州	5629. 6	-0. 3	2305. 8	6. 6	5442. 8	10. 3
合　肥	6351. 4	5. 0	1557. 4	15. 1	2728. 5	11. 6
南　昌	5115. 2	12. 7	790. 7	17. 2	2097. 0	12. 3
长　沙	7567. 8	13. 1	1489. 7	18. 2	4547. 7	10. 5
贵　阳	3850. 6	18. 1	1026. 4	10. 7	1335. 3	11. 7
珠　海	1662. 0	19. 6	666. 1	3. 9	1128. 2	11. 0

续表 6

	进出口总额(亿元)		#出口总额(亿元)	
	2017 年	比 2016 年 ±%	2017 年	比 2016 年 ±%
直辖市				
北　京				
上　海	32237.8	12.5	13120.3	8.4
天　津	7646.9	12.8	2952.4	1.2
重　庆	4508.3	8.9	2883.7	7.8
副省级城市				
成　都	3941.8	45.4	2064.9	42.3
沈　阳	867.6	15.9	317.7	13.4
长　春	952.5	1.9	129.8	2.8
哈尔滨	201.4	-15.1	91.7	-8.7
青　岛	5033.5	15.7	3031.8	7.5
武　汉	1936.2	23.2	1157.6	27.8
西　安	2545.4	39.1	1552.4	63.9
南　京	4143.0	24.8	2333.0	19.3
济　南	708.1	10.5	451.0	10.5
广　州	9714.4	13.7	5792.2	12.3
厦　门	5816.0	14.3	3253.7	5.2
深　圳	28011.5	6.4	16533.6	5.5
大　连	4132.2	21.7	1745.8	8.5
杭　州	5085.1	13.3	3455.6	4.3
宁　波	7600.1	21.3	4984.1	14.3
其他主要城市				
昆　明	78.2*	18.2*	29.4*	-27.5*
石家庄	862.2	12.3	531.2	14.8
太　原	915.3	4.1	572.2	4.1
无　锡	5502.5	19.4	3354.6	18.4
苏　州	21394.9	18.5	12670.5	17.2
合　肥	249.6*	33.6*	145.7*	15.3*
南　昌	669.2	8.3	428.3	12.7
长　沙	938.0	29.0	587.9	20.9
贵　阳	29.9*	25.3*	22.7*	17.7*
珠　海				

注:本表中带“＊”号的数据计量单位为亿美元。

续表 7

	金融机构人民币存款余额（亿元）		#住户存款余额（亿元）		金融机构人民币贷款余额（亿元）	
	2017 年	比 2016 年 ±%	2017 年	比 2016 年 ±%	2017 年	比 2016 年 ±%
直辖市						
北　京	137952		28962		63383	
上　海	105099		25763		61189	
天　津	29746	2.4	9558	4.7	30103	10.0
重　庆	33719	8.0	14367	7.2	27872	12.5
副省级城市						
成　都	34423	7.6	11971	6.8	28359	12.4
沈　阳	15559	9.2	6495	5.7	12953	3.0
长　春	11468	3.9	4567	3.9	10342	4.2
哈尔滨	10513	7.2	4938	5.7	9968	10.2
青　岛	14388		5394		13265	
武　汉	23968	10.0	6880	6.4	22558	16.4
西　安	20048	5.1	7497	6.6	16955	10.9
南　京	29945	8.4	6020	2.1	24578	13.4
济　南	15958	6.1	4466	4.3	12884	13.3
广　州	49333	7.4	14626	4.5	33313	15.3
厦　门	10015	9.0	2088	2.7	8851	14.3
深　圳	64487	9.2	10838	4.3	41047	16.7
大　连	13562	-4.4	5415	2.6	11213	1.9
杭　州	35322	8.6	8503	2.3	28574	12.2
宁　波	17393	7.4	5903	3.7	17125	8.3
其他主要城市						
昆　明	13467	6.4	4431	7.5	14789	9.4
石家庄	11703		5642		8925	
太　原	11621	5.0	4385	8.9	11340	12.2
无　锡	14607	3.6	5056	3.9	11099	6.9
苏　州	26468	2.3	8166	3.2	23987	9.4
合　肥	13882		3489		12866	
南　昌						
长　沙						
贵　阳	10815	8.9	2646	6.4	10403	13.7
珠　海	6506	14.4	1513	6.2	4701	20.1

续表8

	一般公共预算收入（亿元）		一般公共预算支出（亿元）		私人汽车拥有量（万辆）	
	2017年	比2016年±%	2017年	比2016年±%	2017年	比2016年±%
直辖市						
北　京	5430.8	6.8	6540.5	6.2	467.2	3.2
上　海	6642.3	9.1	7547.6	9.1	274.4	13.1
天　津	2310.1	-10.4	3282.2	-11.3	242.6	3.5
重　庆	2252.4	3.0	4336.7	7.9	320.7	14.9
副省级城市						
成　都	1275.5	11.3	1756.7	10.1	398.2	7.7
沈　阳	656.2	5.7	848.0	2.7	179.3	14.5
长　春	450.1	8.3	875.7	13.6	143.3	11.9
哈尔滨	368.1	8.4	958.5	9.4	165.7	13.6
青　岛	1157.1	7.1	1403.0	3.4	212.3	11.4
武　汉	1402.9	11.2			226.0	13.6
西　安	654.5	9.8	1045.1	7.1	246.7	11.0
南　京	1271.9	11.9	1354.0	15.3	201.6	4.6
济　南	677.2	10.5	834.2	12.6		
广　州	1533.1	10.9	2186.0	12.5		
厦　门	696.8	11.0	811.9	7.0		
深　圳	3332.1	10.1	4594.7	9.1	275.7	-0.7
大　连	657.7	7.5	919.8	5.7		
杭　州	1567.4	17.4	1540.9	9.7	199.9	9.4
宁　波	1245.3	10.9	1410.6	9.4	185.4	11.6
其他主要城市						
昆　明	560.9	8.2	775.9	12.7	193.8	10.6
石家庄	460.9	12.2	806.7	8.1	227.8	12.4
太　原	311.9	10.3	479.1	13.0	129.5	13.2
无　锡	930.0	6.3	989.4	14.1	148.9	11.3
苏　州	1908.1	10.3	1771.5	9.5	302.6	12.7
合　肥	655.9	12.8			144.9	19.5
南　昌	417.1	3.7	654.3	12.2		
长　沙	800.4	11.5	1186.6	13.9		
贵　阳	377.8	8.0	578.1	10.1	90.6	13.2
珠　海	314.4	10.4	493.9	18.4	48.4	17.1

续表 9

	国内旅游人数（万人次）		国内旅游总收入（亿元）		旅游外汇收入（亿美元）	
	2017 年	比 2016 年 ±%	2017 年	比 2016 年 ±%	2017 年	比 2016 年 ±%
直辖市						
北　京	29000	4.4	5122	9.4	51.2	0.9
上　海	31845	7.5	4025	16.9	68.1	4.3
天　津	20769	10.4	3292	12.8	37.5	5.5
重　庆	53871	20.3	3176	25.4	19.5	15.5
副省级城市						
成　都	20704	4.9	2946	21.5	13.1	5.2
沈　阳	7165	13.1	637	13.2	3.5	2.1
长　春	7781	16.9	1618	20.7	3.6	3.5
哈尔滨	7689	9.2	1168	13.3	1.3	6.8
青　岛	8672	9.2	1468	14.4	10.2	4.1
武　汉	25714	11.3	2699	12.2	16.9	11.7
西　安						
南　京	12221	9.7			7.6	12.8
济　南	7248	10.1	875	14.7	2.1	6.3
广　州	5375	5.8			63.1	7.6
厦　门	7444	16.1	951	20.7	32.2	16.3
深　圳	4815	6.4			49.9	5.5
大　连	8410	10.2				
杭　州	15884	16.0			35.4	12.5
宁　波	11000	18.6	1649	19.0	9.9	7.9
其他主要城市						
昆　明	13209	32.2	1573	50.7	5.3	10.5
石家庄	9216	20.8	988	32.5	0.9	39.6
太　原	6758	19.3	816	20.2	1.0	18.4
无　锡	9179	6.9				
苏　州	12406	6.6	2161	11.8	23.0	6.3
合　肥	11106	20.2	1468	27.0	3.3	-5.0
南　昌						
长　沙	13673	10.9	1714	15.6	8.5	6.1
贵　阳	14837	34.0	1860	34.4	1.9	134.9
珠　海	3481	2.1	286	15.5	12.1	15.8

续表 10

	城镇居民人均可支配收入（元）		农民人均可支配收入（元）		居民消费价格指数（%）
	2017 年	比 2016 年 ± %	2017 年	比 2016 年 ± %	2017 年
直辖市					
北　京	62406	9.0	24240	8.7	101.9
上　海	62596	8.5	27825	9.0	101.7
天　津	40278	8.5	21754	8.4	102.1
重　庆	32193	8.7	12638	9.4	101.0
副省级城市					
成　都	38918	8.4	20298	9.1	102.0
沈　阳	41359	6.1	15461	7.5	101.4
长　春	33168	6.8	13431	6.8	101.3
哈尔滨	35546	7.1	15614	8.1	101.6
青　岛	47176	8.2	19364	7.8	102.0
武　汉	43405	9.2	20887	9.1	101.9
西　安	38536	8.2	16522	8.8	102.0
南　京	54538	9.1	23133	9.3	101.9
济　南	46642	8.3	16594	8.1	102.0
广　州	55400	8.8	23484	9.5	102.3
厦　门	50019	8.1	20460	8.3	102.0
深　圳	52938	8.7			101.4
大　连	40587	6.7	16865	7.7	102.1
杭　州	56276	7.8	30397	8.9	102.5
宁　波	55656	7.9	30871	8.0	101.8
其他主要城市					
昆　明	39788	8.3	13698	9.1	100.5
石家庄	32929	8.1	13345	8.1	101.4
太　原	31469	6.2	15595	6.9	101.8
无　锡	52659	8.3	28358	8.4	101.9
苏　州	58806	8.2	29977	8.3	101.7
合　肥	37972	9.0	18594	9.0	101.4
南　昌	37675	8.8	16364	9.4	102.1
长　沙	46948	8.4	27360	7.5	101.3
贵　阳	32186	9.1	14264	10.0	101.0
珠　海	46826	10.1	23496	2.7	100.8